La régulation entre droit et politique

Collection «Logiques Juridiques»
dirigée par Gérard MARCOU

Déjà parus :

- SIMON J. P., *L'Esprit des règles: réseaux et règlementation aux Etats-Unis*, 1991.
- ROBERT P. (sous la direction de), *Les Politiques de prévention de la délinquance à l'aune de la recherche*, 1991.
- ROBERT P. (sous la direction de), *Entre l'ordre et la liberté, la détention provisoire, deux siècles de débats*, 1992.
- LASCOMBE M., *Droit constitutionnel de la Vème République*, 1992.
- HAMON F., ROUSSEAU D., (sous la direction de), *Les institutions en question*, 1992.
- LOMBARD F., *Les jurés. Justice représentative et représentations de la justice*, 1993.
- BROVELLI G., NOGUES H., *La tutelle au majeur protégé, La loi de 68 et sa mise en œuvre*, 1994.
- NIORT J.-F, VANNIER G. (sous la direction de), *Michel Villey et le droit naturel en question*, 1994.
- COUTURIER I., *La diversification en agriculture*, 1994.
- BOUDAHRAIN A., *Eléments de droit public marocain*, 1994.
- RAYNAL M., *Justice traditionnelle - Justice moderne. Le juge, le devin, le sorcier*, 1994.
- DUBOURG-LAVROFF S., PANTELIS A., *Les décisions essentielles du Conseil institutionnel*, 1994.
- VOLMERANGE X., *Le fédéralisme allemand et l'intégration européenne*, 1994.
- BONGRAIN M., *L'assistant de service social et l'enfant maltraité*, 1994.
- PROUDHON P.-J., *Théorie de l'impôt*. Texte commenté et présenté par Thierry Lambert, 1995.
- DESURVIRE D., *Le timeshare ou la multipropriété échangée*, 1995.
- LAVENUE J.-J., *Dictionnaire de la vie politique et du droit constitutionnel américain*, 1995
- MARCOU G (sous la direction de), Ouvrage collectif, *Mutations du droit de l'administration en Europe*, 1995.

La régulation entre droit et politique

Textes réunis sous la direction de
Michel MIAILLE

Colloque du
Centre d'Études et de Recherches
sur la Théorie de l'État

1 et 2 octobre 1992

Université de Montpellier I

Éditions L'Harmattan
5-7, rue de l'École-Polytechnique
75005 Paris

ISBN : 2-7384-3374-X

SOMMAIRE

III Les expériences à l'étranger

AVANT - PROPOS

Les textes qui sont ici rassemblés ont été la matière des communications du Colloque intitulé "La régulation : Droit et Politique", organisé les 1er et 2 octobre 1992 par le centre d'Etudes et de Recherches sur la théorie de l'Etat (C.E.R.T.E.) de l'Université de Montpellier I .

L'introduction du professeur M. MIAILLE, directeur du C.E.R.T.E. précise les conditions dans lesquelles le thème de la régulation avait été choisi et travaillé par les membres de ce centre de recherche. Le colloque est donc le point d'aboutissement de trois années de travail et réunit chercheurs français et étrangers autour des principales questions : quels usages peut-on faire de cette notion ? Quelles sont les manifestations de la régulation tant dans le domaine du droit qu'en dehors de cette discipline ?

C'est ainsi que le lecteur pourra parcourir les deux perspectives ouvertes dans cette recherche. D'une part, celle épistémologique des usages que ce terme recouvre en droit comme en science politique : usages différents quelquefois contradictoires, dans le bilan ou l'évaluation qui en est tiré dans les exposés de J.P GAUDIN, J.L AUTIN, M. CHEMILLIER-GENDREAU et J. CHEVALLIER. D'autre part, la perspective à la fois descriptive et explicative des manifestations de la régulation dans les champs juridiques et politiques : communications de A. JEAMMAUD, B. STIRN, G. BRAIBANT, A. MARCHAND, G. DEZEUZE et J. LOLIVE ainsi que celles des collègues étrangers travaillant avec le CERTE, M.A.L de LYRA-TAVARES (Brésil), L. AMMANNATI (Italie), X. ARBOS et E. MALARET (Espagne).

Le colloque dans les interventions des chercheurs comme dans les débats n'a pas voulu tenter et aboutir à une synthèse rassurante, à partir des positions différentes des participants et des groupes de travail qui, au sein du CERTE, s'étaient exprimées. Il a considéré que la régulation restait une question posée dans les sciences sociales et en tant que paradigme, pouvait être maintenue dans la tension inévitable entre plusieurs sens et plusieurs usages . C'est ce parti de "question vive" qui est pris dans le rapport de synthèse de M. MIAILLE .

Depuis la tenue de ce colloque, de nouveaux travaux ont approfondi la question de la régulation : ainsi l'ouvrage collectif sous la direction de R. BOYER et Y. SAILLARD (1). Mais ils ne rendent que plus utile la contribution ici présentée, par le projet encore sous-estimé d'une application de la notion ou du paradigme au droit et à la science politique. La régulation ne peut pas rester une théorie seulement économique (2).

En conservant les particularités des points de vue, le Colloque a voulu être fidèle à l'esprit des Rencontres pour la recherche juridique (mais on pourrait ajouter : et politique) qui avait prévalu lors des Assises nationales organisées à Paris par la Direction de la Recherche et des Etudes doctorales du Ministère de l'Education Nationale, B. STERN étant alors directrice.

L'espoir du directeur et de l'équipe du CERTE est que ce colloque soit la première manifestation de Rencontres régulières de ce type là, proposées et organisées par des équipes de recherche en France et permettant de faire circuler informations et réflexions dans la plus grande liberté sans laquelle il ne pourrait y avoir de recherche.

Pour l'équipe du CERTE,

M. Miaille

---

(1) R. BOYER ET Y. SAILLARD, *Théorie de la régulation. L'État des savoirs* (sous la dir. de), Éd. La Découverte, 1995.
(2) B. BILLAUDOT, *La théorie de la régulation est-elle une théorie économique ?* (À propos du statut épistémologique de la théorie de la régulation), La lettre de la régulation, n°14, 1995.

LA REGULATION : ENJEUX d' un CHOIX

par

Michel MIAILLE
Directeur du CERTE
Professeur Université Montpellier I

1- La rencontre de ce jour à Montpellier est d'une certaine manière une des conséquences - ou un des résultats - des Assises Nationales pour la Recherche Juridique tenues à Paris l'an dernier, pour faire en sorte que l'assemblée des enseignants et chercheurs de ce domaine ne se limite pas à une unique expérience mais qu'elle ouvre une voie supplémentaire aux débats et aux questionnements .
Que tous ceux qui ont répondu favorablement à cette initiative et qui se sont déplacés jusqu'ici en soient remerciés : car c'est leur présence qui justifie et valorise les échanges que nous allons développer pendant ces deux jours.

2- Mais le thème lui-même, la Régulation, n'est pas aussi lié à l'événement parisien de 1991. Il avait fait l'objet d'un choix par l'équipe qui organise ces rencontres et, à l'opposé d'une conception anarchiste de la connaissance, donné lieu à des discussions au sein de. ce groupe depuis plus de deux ans. D'une certaine façon, c'est une invitation à partager avec cette équipe des interrogations et des pistes [1]

3- Précisément, nous savons qu'un tel choix n'est jamais innocent et que dés lors, conformément à une conception critique minimum, nous devons en justifier le contenu. Mais cela n'est pas encore suffisant. Tout jeu scientifique révèle des enjeux, pour parler comme un sociologue du savoir.

Choisir le thème de la Régulation suppose donc des raisons (I) mais révèle des enjeux (II) .

I - LES RAISONS D'UN CHOIX

4 - Sans entrer dans des détails qui n'auraient qu'une consistance anecdotique, il suffit de dire que le centre de recherche sortait d'une période de quatre ans et demi consacrée au thème de l'Etat de Droit[2]. Ce thème qui a suscité une assez abondante littérature à la fin des années 80, est apparu aux yeux de l'équipe à la fois comme une figure conventionnelle de l'Etat contemporain et comme le cas particulier d'une série possible d'organisations étatiques dont le fondement était plus vaste que celui de la Légalité .

5 - L'Etat de Droit est d'abord une appréhension juridique de l'Etat et correspond assez bien à notre tradition occidentale qui pense le Pouvoir dans ses relations avec le Droit. Certes, des différences existent, dans l'Europe par exemple, entre deux pôles possibles : celui qui met l'accent sur le Droit, c'est le cas des pays anglo-saxons ; celui qui met l'accent sur le Pouvoir, dans lequel la France se trouve sans

(1) Le travail du CERTE a donné lieu depuis 1990 à des Cahiers réguliers (12 cahiers actuellement disponibles) et des publications dans diverses Revues nationales. (RDP notamment).

(2) Les points de vue du CERTE sont bien représentés dans trois articles de MM .AUTIN, MIAILLE et ROUSSEAU et deux interventions du Premier président de la Cour d' Appel et du Président du T.A. de Montpellier in, ouvrage coll, sous la dir. de D. COLAS, *l'Etat de Droit*, PUF, 1987 .

conteste. Mais, dans tous les cas, le débat est bien circonscrit d'une manière très institutionnelle. Les discussions réactivées, ces temps-ci, sur l'opposition des Républicains (le Pouvoir d'Etat) et des Démocrates (le Droit de l'Etat) montrent que le terrain ainsi balisé (3) entre bien dans la tradition socio-politique de notre continent .

6 - Mais la question se posait alors d'aller au-delà de cet horizon et d'explorer au-delà des institutions du Politique les plus apparentes. Bref, on pouvait poser comme hypothèse que l'Etat de Droit n'était qu'une expérience historique exceptionnelle et qu'il constituait ainsi une forme, certes privilégiée et hégémonique mais fragile en même temps, de l'organisation politique de nos sociétés .

7 - C'est ainsi que l'équipe de recherche a rencontré le thème de la Régulation pour penser ce cadre plus général d'organisation politique, spécialement dans l'époque contemporaine. La loi, fondement de l'Etat de Droit ne serait plus alors qu'un des éléments de l'organisation et du fonctionnement politiques .
Qu'est ce qui pouvait expliquer cette rencontre avec ce thème ?
Tout autant des raisons pratiques que théoriques .

A - LES RAISONS PRATIQUES DU CHOIX

8 - Chaque époque semble avoir son vocabulaire : il y avait eu fonction, puis structure; il y a aujourd'hui régulation. Le terme apparaît constamment dans les textes les plus divers de la vie sociale courante .
Dans l'univers des juristes, la régulation a fait une entrée en force depuis dix ans, au sein des textes juridiques eux-mêmes .
Les débats ont commencé à propos des premières autorités administratives indépendantes, le Médiateur en particulier (1973) : les interventions des parlementaires faisaient déjà usage du mot et celui-ci devient de plus en plus présent tant il semble bien caractériser ces nouvelles institutions .
Mais l'usage ne se limite pas à des discussions de type politique : il pénètre l'écriture juridique. Des textes législatifs et réglementaires incorporent le terme. Et bien évidemment, des circulaires interprétatives reprennent le mot sans qu'il soit besoin de le définir plus avant .

---

(3) Voir l'article de Blandine KRIEGEL, *Le front du reflux*, in, Libération 14 septembre 1992.

Enfin, c'est le juge lui-même qui s'autorise à cet emploi : depuis le Conseil constitutionnel jusqu'au Conseil d'Etat, des décisions portent la trace de ce nouveau vocable .
Ainsi, les juristes doivent se préoccuper de la régulation dans une perspective minimale de droit positif : le Droit qui est, en principe, une langue précise doit donner un sens déterminé à ce mot qui n'est plus réservé aux échanges savants mais occupe désormais une place dans la légalité posée .
Que dire alors du vocabulaire du champ politique ? Celui-ci s'est enrichi de la régulation qui apparaît très couramment dans les discours des acteurs politiques et dans les programmes des partis. Le retour à la question de l'Etat et de ses fonctions depuis la crise de 1974 a relancé la nécessité de caractériser le rôle de l'Etat au sein de la société. Les néo-libéraux ont réutilisé un terme qui revenait d'Outre Atlantique, non sans quelque quiproquo : "deregulation" signifiait bien la dérèglementation et donc, dans le vocabulaire français, la régulation. La réactivation des politiques libérales a conduit en Europe occidentale pendant toute la décennie quatre vingt à considérer que la fonction régulatoire de l'Etat était désormais la qualité essentielle de son action.

De leur côté, les partis de gauche qui traditionnellement avaient pensé l'Etat dans la perspective d'une intervention, administrative sinon autoritaire, se convertissaient aussi à ce principe de fonctionnement étatique, d'un "moins d'Etat" qui serait un "mieux Etat". La crise économique dont on prenait conscience du caractère structurel et non conjoncturel semblait apporter la solution au sein même des problèmes découverts : un autre mode de présence de l'Etat dans la reproduction sociale par la régulation .

9 - Comme on le comprend aisément, l'irruption et le développement du mot ont vérifié la loi d'Aristote selon laquelle l'extension d'un terme est inversement proportionnelle à sa compréhension. Plus le terme est utilisé, plus on court le risque d'une imprécision croissante. Déjà du champ politique au champ du droit, le passage nécessite réflexion. S'il est loisible à l'acteur politique d'utiliser ou de proposer un mot nouveau, en revanche l'inscription dans le vocabulaire juridique pose un problème.

Pour le premier, il s'agit d'un enrichissement ou d'une modification du discours politique : cette situation n'est pas négligeable car on sait que le discours politique n'est pas seulement l'expression d'un rapport de forces : il en est constitutif. Mettre dans la balance des représentations autorisées, le terme de régulation signifie que l'on transforme, au moins partiellement, le cadre dans lequel fonctionne le rapport politique, ceci est très visible dans le cas des partis de gauche comme le P.S. où les changements de discours sont, en même temps, des changements de pratiques et de projets depuis 1982-1983. En prenant au sérieux le discours politique, on découvre la manière dont évoluent et se transmuent les pratiques d'exercice du pouvoir politique. Ainsi, par exemple, une étude du discours concernant "la crise" serait éclairante depuis dix ans pour montrer comment le jeu discursif même participe aux transformations de l'action (4) . La régulation apparaît en fin de parcours comme la réponse à la crise, et légitime au moment même où elle est dite, la politique qu'elle inspire.

Mais déjà transparaît la première question : la régulation désigne-t-elle un mode global de fonctionnement de l'Etat ou, tout simplement, certains procédés nouveaux de l'Etat contemporain ?
C'est précisément la question posée aux juristes. L'irruption de ce terme a-t-elle une véritable signification juridique qu'il faut alors comparer aux autres signifiants du vocabulaire juridique ? Quel rapport ce mot peut-il entretenir avec des mots comme coordination, partenariat, concertation ? C'est tout le problème de la nature nouvelle du mot et de ce qu'il représente qui est en cause.
On sait que des courants d'opinion ont souvent tendu, dans les années précédentes à parler d'innovation là où il y avait seulement réactivation de certains procédés parfaitement traditionnels. Ainsi en est-il de la promotion du vocabulaire lié à la concertation, l'arbitrage, la négociation.
Déjà des auteurs éminents avaient mis en garde contre l'excessive "naïveté" de juristes (5) qui croyant découvrir, ne font que redécouvrir les multiples potentialités du droit le plus classique.
Les interrogations pratiques nous renvoient donc à des raisons plus théoriques du choix de ce thème.

---

(4) Nous avons tenté cette recherche sous forme de contributions encore très incomplètes à propos de trois discours de "crise", Général de Gaulle (Mai 1968), V. Giscard d'Estaing (1978) et F. Mitterrand (1988, Lettre aux français). Cahiers du CERTE, 1991 et 1992 .

(5) CERCRID, *Consécration et usage de droits nouveaux*, université de St Etienne, 1987; A. JEAMMAUD, Consécration de droits nouveaux et droit positif : sens et objet d'une interrogation, p.9 et s.

B - LES RAISONS THEORIQUES DU CHOIX

10 - Le thème de la régulation ne tombe pas du ciel : il a une histoire et son utilisation commence à être bien connue maintenant [(6)].
L'idée de régulation dans les sciences témoigne déjà d'un parcours qui traverse plusieurs disciplines avant de pénétrer le droit et la science politique. La première conception de la régulation pourrait être trouvée dans la pensée théologique et, plus largement métaphysique, comme une manière de réduire le hasard ou le chaos et de penser un ordre du monde. Le mot est pris dans son sens le plus large, dérivé de "régula". Mais, ce sont d'autres terrains, plus tardifs, qui vont donner matière à l'usage du vocable : d'ailleurs, non pas régulation, mais régulateur dans le domaine de la mécanique horlogère. Le régulateur est la pièce qui permet de régulariser le fonctionnement uniforme des rouages d'une horloge. Le champ de la physique apparaît comme un domaine privilégié pour penser les forces et les contrepoids, les accélérateurs et les régulateurs. Ainsi, en réalité, l'image technicienne d'un monde organisé comme une mécanique prévaudra et promotionnera l'idée de régulation.

Celle-ci, par un saut qui est qualitatif - et non celui d'une simple extension - sera utilisée par les sciences du vivant lorsque les explications téléologiques ou simplement vitalistes se révéleront inefficaces. Pour penser le fonctionnement des corps vivants, on sera amené à présenter certains organes ou certaines sécrétions comme des modes de régulation de l'ensemble. L'exemple, peut-être le plus saisissant, est celui des sécrétions hormonales. On est loin du corps-machine du XVIIème siècle, et pourtant le même mot peut désormais s'appliquer pour exprimer le fonctionnement et la reproduction de cellules ou de corps vivants.

On comprend comment les sciences sociales qui se développent au XIXème siècle sous la figure analogique du corps (le corps social) peuvent se saisir du terme, même tardivement. Au XXème siècle, la fortune du mot sera liée à la pensée systémiste et aux plus récentes théories de l'auto-organisation et l'autopoïèse des institutions sociales. En réalité, c'est dans le domaine de la science économique que la régulation a donné naissance à une véritable école dite "régulationniste" depuis les premiers travaux de DESTANNE de

---

(6) A. LICHNEROWICZ et al. *L' idée de régulation dans les sciences*, Paris, Ed. Maloine-Doin, 1977 Paris,

BERNIS et AGLIETTA [7] . Dix ans plus tard, l'heure est aux bilans et aux analyses critiques [8] qui montrent bien au moins deux choses : d'une part le caractère très composite de ce courant de pensée qui réunit marxistes et libéraux ce qui ne simplifie pas la tâche de mise en ordre des propositions faites et qui laisse subsister des différences importantes entre les représentants de ce courant;

D'autre part, le caractère encore difficilement transposable de cette théorie dans d'autres champs, ce qui pose le problème de l'interdisciplinarité et de la légitimité d'usage d'un même mot dans des domaines différents. Dans le domaine de la pensée savante en Droit, les tentatives théoriques seront beaucoup plus limitées par comparaison avec l'usage plus banalisé dans la pratique, même si de nombreux travaux portent désormais la trace du terme [9] .

Pendant longtemps le terme de régulation a été presque exclusivement utilisé par les constitutionnalistes à propos de la fonction du conseil constitutionnel, comme "organe régulateur du fonctionnement des pouvoirs publics" (M. DUVERGER, 1960) ; par la suite, le développement du rôle de ce conseil a entraîné une certaine inflation du terme.

Ce qu'il est important de souligner, c'est qu'au delà de la désignation de processus ou d'institutions nettement déterminés, le mot est souvent pris dans un sens très général d'ordre dynamique et traverse le texte sans autre explication. Le procédé est fréquent aussi bien en Droit qu'en Science Politique [10] . Dans ce dernier cas, il est courant de voir, dans les travaux les plus savants, le mot régulation utilisé sans aucune définition comme préalable à d'autres définitions : ainsi, en est-il dans le magistral Traité de Science Politique à propos du concept de pouvoir [11] .

---

(7) DESTANNE de BERNIS (G), *Régulation ou équilibre dans l'analyse économique*, in , LICHNERONICZ, op. cit., 1977.

(8) R. BOYER, *La théorie de la régulation : une analyse critique*, Paris, La Découverte, 1986

(9) Voir par exemple : G. BOISMENU et J.J. GLEIZAL, *Les mécanismes de régulation sociale, Justice, Administration, Police*, P.U.L., 1988.

(10) Ainsi A. JEAMMAUD, *Consécration de droits nouveaux et droit positif*, op. cit. où le mot régulation scande régulièrement le propos.

(11) GRAWITZ (M.) et LECA (J.), *Traité de Science Politique*, Paris, PUF, 4 tomes; spécialement le tome 1, *Le pouvoir politique*.

11 - La régulation a une histoire : elle a aussi une politique, si l'on ose dire. On sait qu'aucune représentation du social n'est neutre : la transposition du vocabulaire de la Technique physique à celui des rapports sociaux si couramment utilisé chez les juristes et les politistes ("poids" , "contrepoids" , "forces" , "équilibre" , etc ...) n'est pas innocente. Elle suggère une homologie entre le social et le mode matériel organisé comme mécanisme qui peut se comprendre, sinon se justifier, dans une société de développement marchand et de production rationalisée.

Ainsi, l'idée de régulation renvoie à tout un contexte d'équilibre et de reproduction de système qui porte la marque d'une théorie dont, depuis longtemps la critique a été faite[12] . Même si l'on n'a pas une conception aussi simpliste de la régulation comme retour à l'harmonie et à la paix sociale, reste que cette idée propose une représentation de la vie sociale qui élimine la possibilité de conflits irréconciliables et qui donc pense le consensus comme mode indépassable de gestion des rapports sociaux.
C'est assez dire que les raisons pour lesquelles l'équipe du CERTE a choisi l'étude de ce thème ouvraient immanquablement des enjeux qu'il faut maintenant préciser.

II - LES ENJEUX D' UN CHOIX

12 - Nous éliminerons, tout de suite, les enjeux strictement politiques que peut receler tout choix scientifique car nous ne pensons pas qu'il y ait une correspondance directe et univoque entre une pensée théorique et une pratique politique. Cela est d'autant plus légitime sur la régulation que les tenants de cette théorie se revendiquent aussi bien d'une Droite moderniste que d'une Gauche non dogmatique.

Il serait enfin un peu vain de vouloir justifier ou au contraire disqualifier une pensée théorique uniquement à partir de ses effets politiques ou des usages auxquels elle peut conduire. Cela ne signifie pas que l'on doive se cacher ces enjeux : mais ils ne doivent pas être déterminants pour les choix dans la mesure où il y a de l'espace et des médiations entre une réflexion scientifique et un engagement.

---

(12) B. LACROIX, *Systémisme ou systé-mystification ?*

Ce qui est certain, c'est que ce type de réflexion entraîne de plein pied sur le terrain des controverses les plus actuelles concernant le rôle de l'Etat, la nature d'un système juridique aussi bien que les pratiques et les idéologies politiques. Mais c'est précisément la tâche d'un juriste ou d'un politiste que d'affronter ces questions au lieu de s'y soumettre.

13 - En revanche, il y a des enjeux sur le terrain proprement intellectuel que nous ne pourrons éluder. Je privilégierai deux niveaux de difficulté croissante en partant de ce qui, à priori, semble s'imposer : je veux dire la méthode. Cette démarche empiriste révélera ses limites, si elle n'obligeait à poser des questions plus fondamentales que je nommerai épistémologiques.

A - LES ENJEUX METHODOLOGIQUES

14 - La première question qui semble, en effet, se poser, concerne la manière d'aborder ce thème. Plusieurs réponses sont possibles.
On peut étudier, très empiriquement, les lieux et les moments où cette notion apparaît de manière pratique. Il y a des normes que l'on appelle régulatoires ; il y a une "fonction régulatoire" reconnue à certaines instances ; il y a des acteurs eux mêmes qui se disent ou se reconnaissent "régulateurs". On peut donc imaginer une espèce de répertoire des institutions dénommées ou auto proclamées régulationnistes. Cette enquête mettrait en évidence les caractéristiques spécifiques de ces institutions et permettrait peut-être de tracer un idéal-type de l'instance de régulation.

15 - Il y a une autre approche qui concernerait le discours tenu sur la régulation aussi bien d'un point de vue pratique que savant. Le mot circule dans les débats parlementaires, dans les discussions internes à l'administration, mais aussi dans les rédactions de journaux et dans les proclamations politiques. On peut tracer un programme qui mettrait en concordance ces différents usages et pourrait repérer, au delà de la polysémie, les cas où le mot correspond à une finalité déterminée : susciter l'adhésion, désigner un nouveau comportement, transformer un rapport entre partenaires. On sait que l'étude de ces combats langagiers est loin d'être un luxe pour linguistes mais permet, par exemple, dans l'analyse des prises de décision de rendre compte des

pratiques réelles [13]. Mais il y a, plus fondamental le discours savant : à la manière de J. BOYER pour l'économie, il faudrait faire un retour critique sur l'emploi de la notion dans les articles ou ouvrages de droit et de science politique [14]. On verrait, au delà du plan quantitatif, comment la notion est reçue dans ces disciplines et si l'on peut considérer qu'elle a acquis le statut de concept. On sait que "la régulation croisée" chez P. GREMION avait l'ambition de constituer une explication théorique des phénomènes complexes de relation entre le centre et la périphérie.
On pourrait avancer la même chose pour les travaux de science administrative sur les autorités administratives indépendantes [15], mais aussi sur le rôle du chef de l'Etat ou de tel organe d'après la Constitution.

16 - L'équipe de recherche n'a pas voulu négliger ces différentes pistes et les a, au moins, tentées dans la mesure de ses forces. Dans cette expérience, deux perspectives ont été retenues.

17 - La première considération de méthode a consisté à partir de l'éclatement, de la polysémie, de la dispersion plutôt que d'un sens défini à l'avance. En particulier l'équipe a décidé de respecter les différences entre les disciplines représentées, Droit et Science Politique, plutôt que d'essayer de les unifier dans une acception de la régulation qui leur serait commune. C'est dire la difficulté du travail lorsque des "points de vue" différents se présentent. Pour ne prendre qu'une interprétation minimale, la régulation apparaît alors comme le terme désignant de nouvelles pratiques institutionnalisées "intermédiaires" entre l'espace étatique et celui de la société civile. Répudiant un ordre seulement sociétal des rapports sociaux, mais aussi une organisation étatique classique (de type hiérarchisé et rigide), les institutions régulatoires sont une organisation d'un autre

---

(13) La thèse de J. LOLIVE, en préparation sous ma direction, au sein du CERTE est éclairante sur ce point. Voir sa communication sur *Régulation et mise en oeuvre d'une politique publique*, infra

(14) P. MONTFRAIX,*Le discours savant sur la régulation*, ce sujet sert de thème à une thèse de science politique préparée sous ma direction, au sein du CERTE, par P. MONTFRAIX, Cahier du CERTE, 1992.

(15) H. MAISL, *Les autorités administratives indépendantes : protection des libertés ou régulation sociale ?*, PUF, 1988, p.75. Voir la communication de J.L. AUTIN infra.

Le discours tenu sur la régulation exprime assez nettement cette particularité d'une réorganisation du mode normatif de la société contemporaine. Reste évidemment à mesurer la part d'originalité qui séparerait les procédés régulatoires d'autres procédés antérieurs proches (commissions de type corporatif, règles négociées).

18 - La deuxième perspective méthodologique s'est attachée à saisir d'emblée sous un angle comparatif, les manifestations de la régulation. Plusieurs raisons y incitaient. D'abord le fait que si la régulation est l'expression des sociétés modernes - ou post modernes - on doit pouvoir la retrouver dans des sociétés comparables, notamment celles de l'Europe. Ensuite, le mouvement d'unité européenne repose, en partie sur cette idée, d'associer et de transcender en même temps, des modes de régulation sociale différents. L'échéance de 1993, nous est apparue comme un bon indice de cette marche un peu forcée vers une régulation européenne.

C'est évidemment, alourdir et aggraver les difficultés de méthode que d'ajouter dans la balance, des usages et des sens encore différenciés de la régulation. Depuis l'inscription dans la constitution hellénique du rôle de "régulateur" du Président de la République jusqu'aux instances "régulatoires" espagnoles, l'espace est démultiplié pour une telle étude. Le risque existe donc d'une irréductibilité ou pire d'une pseudo-compréhension des termes employés. Mais il n'y a pas d'entreprise de recherche sans risque.

L'argument décisif consiste en ce que le comparatisme spatial permet de relativiser nos propres conceptions : un bon exemple nous en est déjà donné par une enquête sur les associations en Europe du Sud comme instrument de la régulation sociale, enquête dont les réponses montrent la grande diversité de conception et de pratique associative entre la France, l'Espagne, l'Italie et la Grèce (16).

Cela réduit d'autant les prétentions à une théorisation un peu hâtive sur la régulation qui risque fort de n'être qu'une régulation "à la française" (17). Et cela prouve qu'un autre niveau de réflexion doit être sollicité, de nature épistémologique.

---

(16) Cette enquête conduite par le CERTE est la réponse à un appel d'offre du M.E.N. sur le thème "la restructuration du champ juridique en Europe". Les premiers résultats à partir du travail de terrain de l'été 1992 seront donnés par G. DEZEUZE et A. MARCHAND, voir leur communication, infra.

(17) Pour reprendre une partie du titre d'une communication de notre collègue brésilienne, E. JUNQUEIRA, dans le cadre de la coopération avec l'Université Pontificale de Rio.

B - LES ENJEUX EPISTEMOLOGIQUES

19 - L'enjeu essentiel réside dans le contenu de la notion d'épistémologie et partant, dans le statut qui est le sien dans nos disciplines.

20 - On peut, sans ironie ni mépris, considérer que la régulation n'est pas un concept, mais une simple transposition d'un terme ayant pour effet de "faire voir" une situation nouvelle : en grec, "métaphore". On sait le bonheur - et les difficultés - des métaphores dans l'univers des sciences sociales : si dans de nombreux cas, les images ont occulté le savoir ou l'ont bloqué, c'est précisément parce qu'elles n'étaient pas prises comme métaphores mais comme le réel lui-même.
Au contraire, il peut y avoir un usage fécond de l'image, donc d'une représentation dés lors qu'une distance critique est gardée par rapport à celui-ci. Ce pourrait, au minimum être le cas de la régulation.

21 - On peut cependant aller plus loin et considérer la régulation comme un concept. Mais alors deux possibilités s'ouvrent.
22 - Ou bien la régulation désigne un objet - une institution, une norme, une pratique, une fonction - qui posséderait (ou plutôt se verrait attribuer) des caractéristiques propres et nouvelles. A ce moment là, le concept sert à nommer, à identifier et à juger éventuellement une partie de l'univers social de la société contemporaine.
Les instances comme les pratiques de régulation seraient une création récente pour aider à la gestion de nos sociétés, coexistant avec d'autres instances et d'autres pratiques notamment fondées sur le droit classique, pensé en termes d'autorité, de légalité, de hiérarchie. Dans cette hypothèse, la régulation n'occupe qu'une partie des institutions sociales : ce faisant, en en restreignant l'usage, on peut préciser le contenu de la régulation. Resterait alors à mesurer son degré d'originalité réelle et la rupture que ces procédés réalisent par rapport à d'autres dits plus classiques.
C'est finalement le sens "minimum" sur lequel l'équipe du CERTE s'est accordée, permettant de comparer des institutions différentes sur la base d'un idéal-type construit comme modèle heuristique à partir des exemples les plus significatifs.

23 - Mais, il y a une autre possibilité : c'est de prendre comme les économistes, la régulation comme l'expression d'une théorie du social. On sait que dans l'école régulationniste, la régulation est un processus

de reproduction de l'ensemble du système qui intègre différents facteurs notamment l'Etat, les procédures de négociations, à côté des lois strictement économiques comme celles gouvernant le rapport salarial. Autrement dit, la régulation a pour fonction et pour objet d'ordonner dans un ensemble théorique une totalité de faits pour en rendre compte, et non de désigner tel ou tel phénomène particulier.

On mesure aisément la différence par rapport à la précédente perspective, par exemple si on appliquait cette théorie à l'univers socio-politique. Déjà, des théorisations actuelles sur l'Etat s'apparentent à ce projet. "L'Etat stratège" [18], "L'Etat sans qualité" [19] ou "L'Etat moderne et modeste"[20] de M. CROZIER ne sont pas sans lien avec l'idée de régulation.
Ce qui prévaut dans ces propositions, c'est l'idée que l'Etat post-moderne redéploie ses modes d'intervention et ne se limite pas à les diminuer du point de vue quantitatif : toute une partie de l'ouvrage de M. CROZIER est consacrée "aux régulations de l'économie et aux régulations du social" (p. 121 à 200) pendant qu'un chapitre de l'ouvrage de M. BAUBY s'occupe des thèmes de "l'agrégation, régulation, orientation légitimation et alliances" (p. 148 et s.). On y voit des allusions dans un ouvrage de J.L. QUERMONNE [21] qui met en lumière, à partir de l'exemple des autorités administratives indépendantes, l'idée d'un modèle polycentrique de gestion de la vie sociale, véritable défi à notre tradition mais plus souple et plus vigilant à la fois que l'ancien modèle administratif.

24 - Et encore ne s'agit-il, d'une certaine manière, que d'une théorie "locale", celle qui concerne l'Etat. On pourrait élargir à la "régulation juridique" qui pour une large partie dépend de l'Etat. Le système de droit comme instance de régulation pourrait constituer une autre théorie du droit que celles plus classiques, énoncées aujourd'hui.

Ainsi est à l'ordre du jour une reconstitution théorique à propos du social, qui intégrerait les phénomènes actuellement considérés parce

---

(18) P. BAUBY, L' état -stratège, *Le retour de l'Etat*, Ed. ouv. 1991.

(19) G. GILBERT et G. SAEZ, *L'Etat sans qualités*, PUF, 1982.

(20) M. CROZIER, *Etat modeste, Etat moderne, Stratégies pour un autre changement*, Paris, Fayard, 1987.

(21) J.L QUERMONNE, *L'appareil administratif de l'Et*at, Le Seuil, 1991, p. 266 et S.

que vus à partir d'une théorie homogène du social, comme des faiblesses, des dysfonctionnements ou des dérives. La théorie de la régulation aurait pour ambition d'inscrire dans son explication les "exceptions" et les "crises", les catégories "sui generis" et les innovations, dans un ensemble où le désordre ne serait pas répudié. Car c'est bien de cela qu'il s'agit : penser un désordre durable où les ajustements multiples recomposent sans cesse les rapports sociaux.
Cette problématique du désordre, développée depuis quelques années dans le champ des sciences sociales [22] constituerait donc la toile de fond implicite d'une recherche sur la régulation. Les arguments ne manquent pas pour montrer que la faillite d'un ordre rigide qui se veut omniscient oblige à changer de paradigme et à passer, au "désordre organisateur" .

25 - On comprend que cette position est en même temps une prise de parti et s'inscrit d'une certaine manière dans les politiques étatiques de redéploiement des moyens et des projets. Mais, précisément, c'est aussi une façon de penser notre temps, au sein de la communauté des juristes et des politistes dont l'ambition de recherche doit consister à essayer de répondre aux questions que ce temps nous pose.

---

[22] G. BALANDIER, *Le désordre, Eloge du mouvement,* Paris.
M. GUILLAUME, *Eloge du désordre*, Paris, Gallimard, 1978.
J.L. MELANCHON, *A la conquête du chaos*, Paris.
M. VAN de KERCHOVE et F. OST, *Le système juridique entre ordre et désordre,* PUF, 1988.

I

LES USAGES DE LA NOTION DE RÉGULATION

LA REGULATION ET LES SCIENCES POLITIQUES *

par

Jean Pierre GAUDIN
Directeur de recherche au CNRS
CEPEL Montpellier I

Il aurait été exaltant de pouvoir brosser un tableau d'ensemble de la régulation dans les "Sciences Politiques" (comme annoncé au programme de cette rencontre). Mais plutôt que d'embrasser tout ce pluriel, je me situerai du côté du singulier, d'une approche particulière des sciences politiques : c'est en effet du point de vue de l'analyse des politiques publiques que sera présenté ce court rapport introductif.

L'approche des politiques publiques ambitionne de ne pas traiter des institutions seules, mais sans pour autant les négliger. Comme on le sait, l'étude privilégie alors l'analyse de l'action, et plus précisément de "l'effectivité" de l'action publique, laquelle dans le monde moderne devient une composante directe de l'acquisition et de la conservation du soutien politique (P. DURAN, 1990). Au centre de ce type d'analyse, apparaît donc la question de

* Ce texte reprend pour partie des éléments d'un Que sais-je ?, *Nouvelles politiques urbaines*, PUF, 1993, par Jean Pierre GAUDIN.

l'interdépendance entre les politiques publiques et le soutien politique, mais dans un pays qui a été longtemps centralisé comme la France et qui connaît un processus nouveau de transfert des compétences depuis les années 80, se pose non seulement le problème de l'interdépendance entre l'énoncé de la règle générale et ses conditions locales d'application, mais aussi désormais, celui de l'articulation entre règles centrales et règles locales.

Pour prendre la mesure des dynamiques actuelles de réflexion, il fallait donc revenir d'abord brièvement sur les approches de la régulation au regard des politiques publiques avant la décentralisation, lors des années soixante/soixante-dix.

L'approche générale des politiques publiques s'est peu à peu construite à partir des années cinquante (et, au point de départ, dans les pays anglo-saxons) selon une double perspective qui n'a pas été en effet, sans concourir à former une certaine conception de la régulation :

D'une part un certain empirisme : plutôt que de privilégier des valeurs universalisables, il s'agissait de construire une critique pragmatique (ou qui se présentait comme telle, surtout aux U.S.A) des conséquences de certains objectifs ou finalités. A distance d'un raisonnement juridique qui a été historiquement longtemps dominant dans l'analyse de l'architecture administrative, l'analyse des politiques publiques repérait et analysait des conflits, des blocages, des processus de négociation et des compromis, manifestations empiriques d'une régulation des désajustements entre les sphères de l'activité sociale (B. JOBERT, P. MULLER, 1987), se diffusant à mesure du développement des interventions publiques économiques et sociales.

D'autre part, l'analyse des politiques publiques a manifesté une volonté de contextualisation, c'est à dire de mise en situation élargie de l'action explicite des acteurs publics et de l'énoncé de la règle générale. Comme le rappelle G. PADIOLEAU, l'Etat existe (de ce point de vue) peut-être moins "en soi" que sous l'angle des rapports avec d'autres acteurs.

L'analyse des politiques publiques abordait donc l'action publique comme se construisant sans cesse à l'intersection entre les découpages sectoriels de l'administration et les rôles sociaux tenus structurés par des groupes professionnels, des intérêts organisés, des leaderships locaux. Cette pluralité d'acteurs mis en interaction et développant des logiques souvent conflictuelles, allait amener à étudier des processus de boucles et rétroactions dans la formulation et la conduite des politiques publiques.

C'était là une première construction de la régulation dans les politiques publiques, d'abord formulée dans la littérature anglo-saxonne. Mais cette approche générale allait être développée et spécifiée en France, essentiellement dans les travaux de sociologie des organisations, sous l'impulsion en particulier de M. CROZIER, dans les années soixante/soixante-dix.

A partir de la période de la décentralisation, les repères classiques d'analyse, calés sur des hiérarchies de droit ou de fait, se sont estompés de plus en plus : dans la conduite des politiques urbaines, on perd alors de vue les rôles classiques du bureaucrate gestionnaire de la règle impersonnelle, du notable intercesseur et même du spécialiste de l'aménagement appuyé sur ses certitudes techniques. Encore aujourd'hui, la situation parait à beaucoup opaque ou "brouillée", l'intelligibilité actuelle de l'action publique urbaine est devenue difficile, à défaut d'un schéma centraliste ancien, dont l'application et le détournement réglé étaient bien connus.

C'est pourquoi, à propos des pouvoirs locaux et de la contractualisation des politiques urbaines, on parle à présent volontiers d'une nouvelle logique de la "complexité". Lorsqu'il ne s'agit pas simplement de suggérer que la situation apparaît bien compliquée, cette formule peut viser différents processus, qui d'ailleurs se combinent entre eux : d'un côté, une multiplication impressionnante des acteurs et des centres d'initiative, également impliqués dans ces politiques publiques, conduit à remettre en cause des rapports de nature simplement binaire entre un "centre" et une "périphérie", l'autorité de l'Etat et la ruse des municipalités; de l'autre, des logiques ostensiblement divergentes souvent, mais amenées à se combiner dans une perspective de contrat consensuel, ce qui amène à aborder ces situations de coopération/concurrence en termes de jeu obligé entre "associés-rivaux" (A. MABILEAU); et surtout, le développement d'actions et de programmes structurés non plus selon une logique en arbre, mais élaborés à travers quantités de boucles et de rétroactions.

Une possible matrice de compréhension de tous ces phénomènes nouveaux pourrait être alors celle de la théorie des systèmes. Cependant, ce cadre théorique ne devient véritablement opérant que lorsqu'on a pu définir les limites du "système" considéré, c'est-à-dire ici, les contours nouveaux et les logiques du dispositif polycentrique d'acteurs impliqués dans ces politiques, au delà du cercle des notables traditionnels et des élites politiques et administratives du schéma de décision classique. Corrélativement, il faut donc pouvoir introduire dans un cadre d'analyse actuel les multiples configurations de négociation qui sont liées à ces contractualisations, des diverses modalités de formation du consentement et de la différence, et les formes de gratifications croisées et échanges politiques qui s'opèrent à cette occasion.

Deux étapes d'analyse se présentent successivement, si l'on souhaite mieux caractériser les éléments constitutifs de cette "complexité" contemporaine : dans la définition et la conduite actuelle des politiques contractuelles d'urbanisme et d'aménagement, comment se définit l'espace de la négociation entre une pluralité de pôles d'initiative ? Et comment les modes classiques d'agrégation des intérêts se combinent-ils avec les échelles locales de mobilisation portant sur des projets situés ?

L'ESPACE DE LA NÉGOCIATION

La sociologie américaine du "local power" s'est, dés les années soixante, intéressée aux stratégies d'acteurs dans la formation des politiques publiques. Mais elle l'a fait, d'abord, dans une perspective qui se concentrait sur l'échelle locale. S'appuyant pour partie sur ces travaux initiaux, P. GREMION (Le pouvoir

périphérique) a cependant montré qu'il fallait, dans cette perspective, relier l'étude du local avec celle de la globalité politique, selon une dialectique du centre et de la périphérie. Au centre, apparaît le pouvoir d'impulsion et de contrôle des politiques, et les arbitrages faits au nom d'une culture de l'intérêt général. A la périphérie, se fait l'application de la règle impersonnelle.
Néanmoins, analyse-t-il, ces relations ne sont pas simplement hiérarchiques et descendantes, mais dynamiquement liées par des rétroactions, car "c'est à la périphérie que se comprend le centre" : en particulier, il faut tenir compte de l'environnement de l'administration, c'est-à-dire le monde des élus locaux et des représentants des intérêts constitués, en somme les relais parallèles de pouvoir.

Ce raisonnement le conduit, cependant, à développer deux équivalences, qui sont implicitement marquées par le modèle de l'Etat républicain en France : le "centre" est le lieu même de la centralisation politique, culturelle et administrative, c'est-à-dire Paris; la "périphérie", c'est le local, et en quelque sorte le reste du pays, (même si son analyse intègre des rapports centre-périphérie se reproduisant également, à une échelle plus petite, entre simples préfectures et capitales régionales, par exemple).

Ce schéma de relations entre centre et périphérie, concernant la France, n'est pas sans rapport avec celui qui avait été mis en avant dans les années soixante pour caractériser les relations entre colonies et métropoles, puis entre pays du Tiers Monde accédant à l'indépendance et pays développés. Il exprime une bi-polarisation, presque un dualisme, qui est structuré autour de rapports de dépendance ou de domination. Mais appliqué à l'analyse de l'intérieur d'un espace national, ce schéma a pu conduire à des conclusions de même type. Tandis qu'à travers la problématique de P. GREMION, les rapports entre l'Etat et les élus locaux s'avèrent plus dynamiques et contradictoires à la fois. La périphérie politique au sein de l'espace national français n'apparaît pas, en effet, être dans un rapport réel de domination. Si le corset réglementaire de principe est étouffant, son emprise est en réalité molle, car toute application de la règle générale requiert sans arrêt une négociation locale avec les relais du système administratif. "L'Etat universaliste brise son efficacité sur des isolats de leaderships sociaux, qu'il génère en même temps", écrit-il. Cette re-négociation permanente de la règle donne un rôle d'autant plus significatif aux pouvoirs locaux, avant la décentralisation qu'elle s'inscrit dans une "régulation croisée" entre les acteurs des hiérarchies administratives locales et ceux des différents échelons de la représentation élective, en ce sens que les fonctionnaires contournent volontiers leurs supérieurs pour négocier directement avec les élus situés à une échelle de recours plus élevée, et réciproquement.

On voit que si, dans ce contexte, l'impulsion centrale est effectivement forte, la négociation et la régulation croisée la nuancent singulièrement et compliquent le jeu. Mais l'analyse de la décision et de la conduite des politiques publiques peut cependant rester organisée autour d'un binome-clé, le fonctionnaire de décision et ses notables-relais.

En est-il de même quand la situation se transforme, et qu'à la décentralisation institutionnelle et au transfert de nombreuses compétences d'urbanisme vers les communes, s'ajoute à présent tout un foisonnement de démarches contractuelles, pour aboutir à un jeu désormais très réciproque d'impulsions et de réactions, où chaque acteur public ou opérateur tend à occuper tantôt la place du "centre", tantôt celle de la "périphérie", au point de brouiller ces références ?
Après 1981-82, le mouvement de localisation des politiques publiques, amorcé au cours des années soixante-dix dans un esprit de "responsabilisation" des communes (rapport O. GUICHARD, 75-76), s'affirme vigoureusement en s'élargissant également à différents partenaires de droit privé, groupements d'habitants, structures du tiers-secteur, ou organismes professionnels et consulaires.

Qualifier cette situation neuve de "multipolaire" parait à la fois stimulant mais insuffisant.
Car les polarisations des politiques contractuelles d'aménagement et d'urbanisme, s'avèrent en réalité assez diversifiées : les contrats Etat-

Régions, insérés dans la planification française actuelle, dépendent toujours essentiellement d'impulsions et d'arbitrages nationaux; les chartes de développement local, à l'opposé, sont gouvernées essentiellement par des initiatives locales; quant aux programmes contractuels (développement social des quartiers, insertion des jeunes, prévention de la délinquance), rassemblés aujourd'hui sous le timbre de la "politique de la ville", ils ont connu depuis 1988, un certain renversement dans leurs polarisations, puisqu'aux initiatives majeures de certains maires urbains et de leurs équipes, dans un premier temps, a succédé un plan plus systématique venu de l'Etat. Les entrecroisements des initiatives sont, en fait, multiformes et variables; dés lors, comment sur un plan analytique, caractériser le développement de politiques publiques qui ne sont plus aujourd'hui, à strictement parler, ni "centrales" ni "locales" ?

Puisqu'ouvertement, désormais, la différenciation locale de l'action étatique est reconnue et revendiquée; puisque la spécification contractuelle des normes est officialisée, sans qu'il soit besoin de "ruser" comme autrefois avec l'universalité de la règle générale, on parle couramment d'un mouvement de "localisation" des politiques urbaines.
Mais ne s'agit-il pas, plus précisément, d'un processus de territorialisation de certaines politiques publiques, si le qualificatif de "territorial" implique la capacité d'une politique à trouver son inscription dans des revendications d'appartenance, mais aussi à agencer transversalement des ressources en mobilisant des relations de nature horizontale entre différents pôles d'acteurs.

- La capacité de coordination administrative en serait un premier critère. La politique de la ville et beaucoup d'actions publiques contractualisées suscitent de ce point de vue autant d'espoirs que de difficultés. Des contrats ayant chacun leur "cible", que ce soit l'insertion des jeunes, le développement social des quartiers, le soutien aux familles, les zones d'éducation prioritaire, la prévention de la délinquance, mais aussi le développement économique et les aménagements touristiques, etc... se sont multipliés par intense germination et se recoupent donc souvent ou se superposent sur les mêmes périmètres.
Cependant, au moins autant que la création de la Délégation interministérielle à la ville, chargée d'un rôle fédérateur au plan

national, ce sont les complémentarités des actions sur les quartiers ou les cantons et surtout les affinités d'engagement entre les porteurs locaux de projets qui ont articulé en pratique ces démarches. C'est par contre, la coordination et le phasage entre les différents financements ministériels nécessaires à ces opérations, qui font sans doute plus insidieusement problème.

- La capacité à entretenir une mobilisation politique locale, en même temps qu'à prendre appui sur elle, peut constituer un autre critère-clé de la territorialisation d'une politique publique. Expérimentée d'abord par quelques municipalités au sein de relations conflictuelles avec des mouvements sociaux de quartier, cette capacité à mobiliser largement l'électorat sur des enjeux urbains s'est ensuite affirmée à partir des élections municipales de 1977. Mais c'est surtout à la suite de la décentralisation des compétences d'urbanisme que le processus s'accentue. On observe alors, tout à la fois, une politisation nationale des campagnes électorales municipales et une valorisation forte des enjeux localisés d'aménagement.
La mobilisation des citoyens locaux deviendrait-elle une ressource dans la conduite de certaines politiques publiques ? On sait combien de politiques culturelles de prestige, de projets d'architecture médiatisables, de politiques urbaines d'image, se sont orientées dans ce sens. Si l'attachement à la "petite partie" peut exister, si le sentiment de fierté locale se cultive et peut être politiquement capitalisé, il est cependant souvent difficile d'indexer clairement ses effets sur le verdict du suffrage universel, parmi tant d'autres variables qui entrent en ligne de compte. La survalorisation des politiques d'image présume autant du narcissisme des élus et dirigeants locaux que du soutien d'un très large éventail de l'opinion citoyenne.

- Un des critères les plus progressifs de la territorialisation, dés lors, serait celui de l'émergence actuelle de démarches locales de "projet". Ce que manifeste un projet sur lequel portera un contrat, c'est la formulation de priorités correspondant à des engagements d'action, priorités hiérarchisées et organisées entre elles, en visant une cohérence d'ensemble. Tout cela n'est bien sûr pas toujours évident; et même lorsque le discours d'intention est sans faute, le contenu peut s'avérer décevant. Les démarches contractuelles risquent toujours de se ramener à une logique de "guichet", de devenir des procédures-types où le financement est quasi-certain, si les codes implicites sont respectés : la méthode contractuelle peut participer, elle aussi, d'une rhétorique répétitive et consensuelle (développement local, insertion, promotion culturelle, etc..).

Mais l'essentiel est moins ici dans l'énoncé formel que dans une démarche qui procède d'une élaboration particulière. La pratique d'un dialogue, aussi étroit que codé, entre le préfet et ses notables a en effet laissé place à la formation de réseaux multipolaires d'opérateurs. Ce sont ces coalitions d'intérêts et de motivations, nées en fonction de la négociation en amont des projets, qui spécifient les "modes d'emploi" des politiques nationales, manifestant l'engagement coordonné des représentants des services de l' Etat sur le terrain et concrétisant des mobilisations locales et qui, en somme, travaillent à une territorialisation de l'action publique.
Comment naissent et se structurent ces réseaux de projet, liés à la contractualisation des politiques publiques ? Pour en saisir la dynamique actuelle, il faut étudier les multiples situations d'interface entre opérateurs publics et privés qui gèrent ces coalitions, et qui les reproduisent en retour. La variable relationnelle apparaît donc être au centre de l'analyse des politiques contractuelles, moins dans une perspective anthropologique générale, qu'en fonction des positions spécifiques des opérateurs, acquise à la fois dans la société locale et l'action publique.

AGRÉGATION DES INTÉRÊTS ET RÉSEAUX DE PROJET

Dans l'examen de ces nouvelles situations d'interface liées à des politiques publiques contractuelles, un des problèmes essentiels d'analyse concerne les modalités d'agrégation d'intérêts particuliers, et leurs significations au regard des actions publiques.
Comment une politique publique s'inscrit-elle à l'interface entre la mobilisation collective et la logique institutionnelle, dans un contexte de contractualisation ? La question de l'agrégation des intérêts concrets a longtemps été oblitérée en France, par une philosophie politique valorisant l'idée de volonté générale et le

mystérieux rôle de synthèse, entre les intérêts que joueraient les représentants élus. La représentation est en France, d'abord celle du citoyen en général, c'est-à-dire non situé; et les quelques expériences de chambre socio-économiques ont été marginalisées pour des raisons diverses mais de manière récurrente dans l'histoire.

C'est l'administration, ou plutôt ses multiples segments individualisés à mesure de la sectorisation progressive des politiques publiques, qui, en pratique, a structuré les articulations avec des intérêts, qu'elle contribuait en même temps à organiser. Depuis un siècle, les hauts comités et autres conseils supérieurs, sont ainsi devenus une des manifestations tangibles de "l'administration consultative". Ils participent à un travail diversifié de tutelle mais aussi d'agrégation des intérêts, où l'osmose est parfois poussée jusqu'à intériorisation par l'administration des valeurs des groupes professionnels et sociaux "administrés" (P. GREMION, Le pouvoir périphérique). Ce dont rend compte en France l'analyse des élites, administratives et socio-professionnelles, a permis de caractériser ainsi une sorte de "néo-corporatisme à la française", qui n'est clairement structuré qu'à l'échelle des administrations nationales (B. JOBERT, P. MULLER, L'Etat en action). Tandis qu'au plan local, la problématique des pouvoirs périphériques aux administrations avait permis, avant la décentralisation, de mettre au jour d'autres processus, caractérisés par les phénomènes de contournement et de ruse par rapport à la règle générale et par le rôle classique d'intercession des "notables", élus locaux et représentants légitimes des intérêts consulaires.

Elites, corporatisme, notables, ces stratégies désormais classiquement appliquées à la sectorisation des politiques publiques et à l'agrégation des intérêts apparaissent donc très marquées par leur contexte de développement, celui de la structuration de l'Etat républicain avant la décentralisation. L'idée de médiation correspondait, dans ce cadre, plus à l'attitude de courtage, qu'à celle de projet, qui est aujourd'hui en émergence. Dés lors, sur quelles perspectives méthodologiques prendre aujourd'hui appui, pour caractériser les articulations actuelles entre l'action collective et les institutions, pour construire une analyse des transactions sociales à l'oeuvre au sein de l'action publique contractualisée ?

L'étude des politiques publiques urbaines, impulsées par un Etat aménageur puissant dans les années soixante et soixante-dix, avait été l'occasion pour la recherche critique de conduire une remise en cause des discours de rationalisation et des idéalités urbanistiques portées par les acteurs politiques et administratifs. A distance des représentations que ceux-ci avaient de leur pratique et de ses significations, de telles approches des politiques urbaines avaient cherché à dégager, ex-post, différentes logiques socio-économiques. Ces travaux ont mis en valeur une dimension macroscopique d'analyse, celle des groupes sociaux, classes et couches, saisis dans leur structuration momentanée lors des Trente Glorieuses. Par la suite, cependant, l'étude des groupes sociaux s'est redéveloppée dans une optique plus diachronique.

La genèse de ces différents groupes et des investissements sociaux nécessaires à leur formation, et en particulier les opérations pratiques mais aussi les processus mentaux par lesquels des groupes et des organisations collectives en évolution acquièrent des formes de stabilité et parfois d'institutionnalisation. Le déplacement vers une perspective microsociologique (E. GOFFMAN, La mise en scène de la vie quotidienne) s'est d'ailleurs poursuivi, jusqu'à faire, à présent, dans l'analyse de l'action, une grande place à l'interactionnisme et à l'ethnométhodologie.

L' important serait de ne pas récuser chacune de ces optiques, au nom de l'autre, mais bien de tenter de saisir les acteurs, dans leur pratique individuée, et tout à la fois, le rôle de leurs univers sociaux, de leurs dispositions et positions institutionnelles, et de leurs appartenances à des groupes (M. DOBRY, Sociologie des crises politiques). Ce qui signifie que, dans l'analyse des politiques publiques, il faut chercher à aborder de manière liée les processus d'agrégation institutionnelle des intérêts et les opérations d'interface entre individus, à travers lesquels les politiques publiques s'accomplissent doublement.

Des analyses anglo-saxonnes des politiques publiques offrent de ce point de vue plusieurs points de repère méthodologiques intéressants. On n'en sera pas surpris, du fait de l'empreinte d'une tradition politique spécifique, marquée par une propension à la

mobilisation des citoyens associés, celle d'une "civic culture" liée au débat et à la négociation. Il n'est pas vraiment étonnant, donc, que ces analyses des politiques publiques aient rencontré assez vite la question des "communities".
La notion de "policy community", développée a propos des politiques publiques, indexe un des sens multiples du terme très générique et fréquent de "community" en Grande-Bretagne et aux Etats-Unis. Il désigne ici le groupe d'acteurs qui définit et conduit officiellement une politique publique, le "groupe décideur". Cette notion, développée dans des travaux britanniques à partir des années 1970 (J.K. FRIEND, et al, Public planning : the intercorporate dimension), englobe alors trois pôles d'acteurs : des élus spécialisés sur une politique donnée, des professionnels des services publics concernés, et enfin, les groupes d'intérêts organisés directement visés par ces politiques. Cette catégorisation s'avère assez proche de celles qui ont été employées dans les analyses du néo-corporatisme et dans les approches françaises du pouvoir périphérique, bien qu'elle fasse une place accrue au rôle des bureaucrates et techniciens locaux.

Mais, pareille conception plutôt étroite de la négociation entre "groupes décideurs", centrée sur des acteurs institutionnels, partageant les mêmes valeurs d'action et fonctionnant sous forme de groupes fermés, a été critiquée, notamment par des chercheurs qui estimaient pouvoir rendre compte plus précisément de la réalité observable, en proposant la notion plus large de "issue network", de réseau de débat, pour analyser des situations de décision multipolaires et plus ouvertes institutionnellement (H. HECLO, A. WILDLAVSKY, The private government of public money). Ce cas, assez fréquent aux Etats-Unis dans les années soixante-dix, se rencontrait dans des situations où le débat politique était ouvert sur de forts enjeux de société (environnement, emploi, etc..), avec une mobilisation active de différents milieux professionnels, et devant conduire à des accords contractuels entre opérateurs.

Aujourd'hui, dans l'analyse des situations anglo-saxonnes, beaucoup plaident, en fait, pour une mobilisation conjuguée de ces deux types d'échelles d'analyse, "policy communities" et "issue network", et surtout pour une prise en compte de leurs complémentarités et de leurs inter-relations (M. LAFFIN, Professionalism and policy, A. STRAUSS, Negociation : value contexts, processes and social order). Ces différents cercles de négociation s'entrecoupent en effet, que ce soit en termes d'organisation des intérêts, de structuration des "problèmes et solutions", ou de déploiement des négociations et expertises.

Dans cette perspective d'analyse, il faut cependant que les approches de type "network analysis", tournées initialement vers les études réputationnelles et les relations interindividuelles de sociabilité, puissent être transposées à l'échelle macroscopique des groupes de décision et des processus de la négociation publique. Dans ces conditions, des compléments méthodologiques doivent être recherchés, pour pouvoir rendre compte des situations liées au transfert décentralisé des compétences et au conventionnement poussé des politiques publiques.

Ceci conduit à intégrer aux perspectives actuelles d'analyse, la notion de "réseaux de projet" pour caractériser des coalitions qui s'organisent autour d'une intentionnalité rationalisée, c'est-à-dire d'une hiérarchie argumentée de priorités (que la démarche de projet soit formalisée ou non).

- Dans ces réseaux de projet, les processus d'agrégation des intérêts et de négociation sont fréquemment de type intermédiaire entre ceux, fermés, des "policy communities" et ceux, ouvertement conflictuels, des "issue network". Ce sont aussi souvent des réseaux de réseaux, des agrégations conjoncturelles entre des coalitions d'intérêts plus durables. Ils peuvent être circonstanciels à un projet, et en même temps réapparaître à différentes occasions avec quelques modifications : ils sont évolutifs et multiformes. Car leur structuration s'opère dans plusieurs dimensions à la fois : ce qui est mis en réseau relève assez classiquement des appartenances institutionnelles ou des statuts, et également de l'agrégation d'intérêts sociaux, mais encore des effets de génération, des proximités de formation, des appartenances locales, et des solidarités de conviction ou de militantisme. Ce sont là les dimensions multiples de ce qu'on peut appeler une coalition de projet.

- Dans ce type de réseaux, l'organisation du dispositif relationnel est également caractérisée fréquemment par son degré d'instabilité, ou plutôt de renégociation permanente. De manière générale dans ces réseaux, il s'agit de relier des débats d'idées et le registre de l'action, ou encore des initiatives locales et nationales dans la conduite d'actions publiques. Cependant, la gestion des compétences et de l'expertise, ressource très importante dans la dynamique de ces réseaux, n'y est pas garantie par des organisations professionnelles stables et des hiérarchies administratives, de manière aussi nette que pour les pôles d'acteurs institutionnels analysables à l'échelle des "policy communities" : les savoirs mis en jeu, fréquemment renouvelés ou très expérimentaux, ne sont reconnus institutionnellement que dans des situations temporaires et des négociations toujours recommencées.
Et l'opérationnalisation des politiques contractuelles n'est pas étayée de manière stable, sur des hiérarchies de fonctionnaires et des organisations administratives, qui restent plutôt à la marge de ces réseaux. L'impulsion en revient donc généralement à ce qu'on appelle couramment aujourd'hui des "chefs de projet" qui tirent, en effet, une part de leur pouvoir d'initiative, de leur position non institutionnelle.

- Ces points conduisent, enfin, à une dimension d'analyse plus générale, celle de l'échange politique au sein des réseaux de projet. Les termes de "ce qui s'échange" à l'occasion de la structuration des coalitions et de la négociation des contrats, peuvent être de nature assez différente. La mobilisation de ressources d'expertise, par exemple, peut avoir pour contre partie sur un autre plan, l'émergence ou la confirmation symbolique d'un statut. Mais la logique de l'échange peut consister également à tenter de faire circuler et partager, en définitive, des valeurs d'action, pour les rendre communes.

La multiplication actuelle des procédures contractuelles peut susciter de par leur souplesse, autant d'inquiétude que de satisfaction. Empiriquement, la manière dont elles sont négociées, acceptées et conduites dans le temps, est un champ d'analyse en soi, mais aussi de réflexion sur l'insuffisance éventuelle de leur sanction et plus encore de leur évaluation.

C'est également la place du contractualisme dans l'imaginaire politique contemporain qui doit être étudiée aujourd'hui sous l'angle en particulier de la charge symbolique qui s'attache au partenariat et qui se développe dans une vision plutôt pacifiée de la régulation politique, apparentée aux modèles anglo-saxons.

Sans risquer, je crois, de forcer l'importance de la décentralisation, on peut conclure au rôle incitateur qu'elle a eu dans le déplacement des approches qui ont été relatives aux politiques publiques, à la régulation et au devenir de l'Etat providence depuis quelques décennies.
Les caractères uniques et surplombants longtemps attribués au centre politique ont été délaissés, au profit d'un développement croissant des problématiques de la complexité, mais ceci en faisant surgir de nouvelles difficultés d'analyse. Les approches critiques de la participation et de la concertation, ont en effet du coup, été un peu négligées. Et l'étude des logiques collectives risque de passer très en arrière-plan de l'engouement nouveau pour les interactions individuelles. Quand à la notion de complexité, elle est elle-même souvent plus suggestive qu'éclairante. Du moins, l'approfondissement de cette notion conduit-il à mettre mieux en valeur, en contre-point de la positivité et parfois du positivisme du droit, les phénomènes d'incertitude et de rationalité limitée. Et l'idée de complexité, liée à la notion de régulation, peut stimuler ainsi la réflexion relative à l'altérité, et dégager une représentation de ce qu'est l'Etat, différente de celle qui prédominait en France, il y a quelques dizaines d'années.

BIBLIOGRAPHIE

M. DOBRY, *Sociologie des crises politiques*, Presses FNSP, Paris, 1986.

J.K. FRIEND et al, Public planning : *The intercorporate dimension*, Tavistock, London, 1974.

J.P. GAUDIN, *Technopolis*, PUF, Paris, 1989.

E. GOFFMAN, *La mise en scène de la vie quotidienne*, Ed. Minuit, Paris.

P. GREMION, *Le pouvoir périphérique*, Le Seuil, Paris, 1976.

H. HECLO, A. WILDLAVSKY, *The private government of public money*, Mac millan, London, 1974

B. JOBERT, P. MULLER, *L' Etat en action*, PUF, Paris, 1988.

M. LAFFIN, *Professionalism and policy,* Tavistock, London, 1986.

A. MABILEAU, C. SORBETS, *Le gouvernement des villes moyennes,* Pedonne, 1990.

A. STRAUSS et al, *Négociation : value contexts, processes and social order*, Jossey-Bass, London, 1978.

J.C THOENIG, Traité de science politique IV, *les politiques publiques,* PUF, Paris, 1988.

REFLEXIONS SUR L'USAGE DE LA REGULATION EN DROIT PUBLIC

par

Jean-Louis AUTIN
Professeur à l'Université de Montpellier I

La fortune du terme régulation dans le débat juridique français est proprement stupéfiante. Pour s'en tenir au droit public, il est frappant de constater qu'après quelques apparitions furtives, il s'est imposé - à partir des années 1970 - dans les travaux de sociologie administrative (le fameux thème de la régulation croisée) (1), pour se propager ensuite à travers de mystérieux canaux dans les différentes branches du droit, au point de devenir l'un des mots-clés, pour ne pas dire passe-partout, de la pensée publiciste contemporaine.

Car c'est sans doute l'une des raisons de son succès, si le terme est devenu usuel et son utilisation presque banale, c'est au prix d'une sorte de mystification qui consiste le plus souvent à recourir à la notion sans avoir au préalable cherché à en définir le sens ou le contenu. Or la régulation a une histoire qui à travers son parcours dans les différentes disciplines scientifiques - de la mécanique à l'économie politique en passant par la physique et la biologie - lui a

(1) J.Cl.THOENIG, *La relation entre le centre et la périphérie en France : une analyse systémique*, Revue IIAP 1975, numéro 36, p.77.

conféré diverses acceptions entre lesquelles les juristes n'ont pas tranché. Sa théorisation - en droit - est donc encore balbutiante.

Aussi bien ne saurait-il être question d'en proposer, l'espace d'une communication, une construction achevée. Mais, plus modestement, le propos se limitera à quelques considérations de méthode. Après avoir dressé un constat empirique de l'utilisation qui est faite couramment de la notion de régulation (I), on s'efforcera d'en présenter ensuite une vue plus ordonnée et systématisée (II).

I - LE CONSTAT EMPIRIQUE DE L'UTILISATION

Ce qu'un terme gagne en extension, il le perd en compréhension. L'irruption et la généralisation de la notion de régulation dans la sphère du droit illustre parfaitement cet aphorisme. Surgie brusquement dans la langue des juristes, son utilisation s'est répandue par ondes successives dans les différents secteurs de la vie juridique, mais avec des significations et des implications théoriques très différentes.

A - LA DIVERSITE DES EXPRESSIONS

Quelques jalons permettent de prendre la mesure du phénomène.

Un repérage dans le temps tout d'abord - du moins celui des administrativistes - nous conduit à dater - provisoirement sans doute ! - des années 1930 une des premières apparitions du terme régulateur pour désigner le Conseil d'Etat lui-même [(2)]. Toujours à son propos, l'expression sera employée quinze ans plus tard par R.CASSIN, qui n'hésitera pas à faire du Conseil d'Etat tout à la fois "la pièce régulatrice de la bonne marche des affaires publiques" et

---

(2) G.PICHAT, futur vice-président, estimait à l'époque en effet : "pour que le Conseil d'Etat puisse être ce "régulateur" dont parle volontiers la doctrine, il faut qu'il statue avec une extrême rapidité" ; c'est dire que le terme était déjà usité. (Note sur l'instruction des affaires contentieuses, Décembre 1934, arch. CE, in *le Conseil d'Etat à travers les documents d'époque*, Ed. CNRS, Paris 1974, p.755).

"le régulateur de la jurisprudence des tribunaux administratifs" (3); formule reprise à son compte par J.RIVERO en 1954 (4) et qui connaît, depuis, un certain succès.

Ce premier repérage conduit d'ailleurs à constater que le terme de régulateur précède celui de régulation (5) qui sera ultérieurement employé pour qualifier les missions ou les fonctions tant du Conseil d'Etat que d'autres organismes publics comme les autorités administratives indépendantes par exemple.

Mais entre-temps - et c'est donc le second jalon - la régulation a essaimé dans d'autres branches du droit. Sans prétendre à l'exhaustivité et pour aller à l'essentiel, on peut noter que deux d'entre elles se sont montrées particulièrement réceptives. Le droit politique d'une part, ou la forte pensée de Georges Burdeau, qui analysait l'Etat comme "régulateur de la dialectique de l'ordre et du mouvement" (6) a laissé des traces chez les constitutionnalistes contemporains ; et le droit financier d'autre part où le vocable de "régulation budgétaire" consacré par la pratique administrative (7) est aujourd'hui d'utilisation courante chez les spécialistes de finances publiques (8).
C'est dire par là-même - ce que l'on pressentait déjà un peu - que la régulation est une catégorie essentiellement doctrinale, mais à la diffusion de laquelle de nombreux courants s'emploient. Non seulement la doctrine universitaire bien sûr, pour qualifier différentes institutions : le Conseil d'Etat on l'a dit, le Conseil

---

(3) R.CASSIN, Avant-propos, EDCE 1948, p.15.

(4) J.RIVERO, *Le Conseil d'Etat, Cour régulatrice*, Dalloz 1954, Chr. XXVIII, p.157.

(5) Comme le remarque sur un plan plus général C. CANGUILHEM dans son article sur la régulation paru à l'Encyclopedia Universalis, 1980, vol. 14, p.1.

(6) Selon le titre du tome 2 de son Traité de Science Politique, LGDJ 1981 et du même auteur, *l'Etat*, Seuil Collection Politique, 1970, p.103 et s.

(7) Rapport numéro 2382 A.N. sur le projet de loi de finances rectificatives pour 1991, p.33 et s.

(8) cf. G.ORSONI, *Régulation budgétaire et non utilisation des crédits dans l'exercice.*, Revue française de finances publiques, 1985, numéro 12 p.131 ; et du même auteur, *Régulation budgétaire*, article du dictionnaire encyclopédique des finances publiques, Economica 1991, p.1329.

Constitutionnel (9), les autorités administratives indépendantes (10), ou encore l'action des collectivités locales (11).

Mais aussi la doctrine des membres du Conseil d'Etat, qui en font la même utilisation pour désigner aussi bien les organes juridictionnels (12) que la nébuleuse des autorités indépendantes (13).

En revanche, la régulation est pratiquement exclue du système officiel des sources du droit. Les textes n'y font qu'exceptionnellement référence pour consacrer d'ailleurs une expression déjà reçue (14), les pouvoirs publics préférant parfois utiliser le terme moins énigmatique de régularisation pour qualifier l'action - pourtant "régulatrice" - d'organismes qu'ils mettent en place, comme le fonds de stabilisation des changes (1936) ou le FORMA (1960).

Et la jurisprudence est à peine plus accueillante. Car si le terme est venu à plusieurs reprises sous la plume de Commissaires du gouvernement à propos notamment des autorités indépendantes, il n'a semble-t-il jamais été repris à son compte par le Conseil d'Etat dans ses décisions juridictionnelles.

---

(9) L.FAVOREU, *Le conseil constitutionnel, régulateur de l'activité normative des pouvoirs publics*, RDP 1967, p.5.
G.KNAUB, *Le conseil constitutionnel et la régulation des rapports entre les organes de l'Etat*, RDP 1983, p.1149.

(10) J.CHEVALLIER, *Réflexion sur l'institution des AAI*, JCP 1986, I, 3254.
M.J.GUEDON, *Les autorités administratives indépendantes*, LGDJ, Coll.Systèmes, 1991.
H.MAISL, *Les autorités administratives indépendantes : protection des libertés ou régulation sociale* , in Cl A. Colliard et G.Timsit. Les AAI. PUF 1988, p.75.
C.TEITGEN-COLY, *Les instances de régulation et la constitution*, RDP 1990, p.153.

(11) J.B.AUBY et J.F.AUBY, *Droit des collectivités locales*, Thémis Droit, 1990, p.125.

(12) A propos du Tribunal des Conflits, cf. J.MASSOT et J.MARIMBERT, *Le conseil d'Etat* , NED numéro 4869-70. La documentation française, 1988, p.97. Pour les autres juridictions, B.STIRN, *Ordres de juridiction et nouveaux modes de régulation*, AJDA 1990, p.591.

(13) F.GAZIER et Y.CANNAC, *Les AAI*, EDCE 1983-1984, numéro 35 p.13.

(14) Loi numéro 67-1176 du 28 décembre 1967, relative à la régulation des naissances.

De manière plus significative cependant, le Conseil constitutionnel y a fait au moins deux fois référence : d'abord pour s'auto-désigner comme "organe régulateur de l'activité des pouvoirs publics" dans sa fameuse décision du 6 novembre 1962 (15) puis pour qualifier le CSA d' "instance de régulation de l'audiovisuel" dans sa décision du 17 janvier 1989 (16).

La régulation demeure donc dans l'anti-chambre du droit positif, faute peut-être de voir sa signification éclaircie et précisée.

B - LA PLURALITE DES SIGNIFICATIONS

Le terme de régulation est souvent employé sans qu'un sens précis lui soit assigné. Par effet de mode lié à l'attraction du modèle anglo-saxon ou par facilité intellectuelle devant une institution ou une situation qu'il est malaisé de désigner autrement, il émaille sans plus d'explication nombre de considérations doctrinales. Et lorsque les auteurs s'efforcent de lui donner une acception explicite, c'est un large éventail de positions qui s'offrent à la réflexion, conférant à la notion un caractère véritablement polysémique.

- L'écart sémantique peut être considérable sur le plan strictement technique. Ainsi le terme de régulateur utilisé pour désigner une même institution renvoie-t-il souvent à des réalités très différentes. S'agissant par exemple du Conseil d'Etat, il est appliqué tout autant pour qualifier son rôle à l'égard des juridictions administratives inférieures en termes d'harmonisation et d'unification de la jurisprudence, que pour rendre compte de l'office qu'il remplit à l'intérieur du système administratif pour équilibrer le fonctionnement des institutions publiques. La même ambivalence se manifeste à propos du Conseil constitutionnel. A-t-il vocation à réguler la seule activité normative des pouvoirs publics (L.FAVOREU précité) ou bien à veiller à l'ajustement des rapports entre les organes de l'Etat (G.KNAUB précité) ?

---

(15) Mais il n'a pas repris cette formule en septembre 1992, à propos de la loi référendaire autorisant la ratification du Traité de Maastricht. cf. L.FAVOREU et L.PHILIP, *Les grandes décisions du Conseil constitutionnel*, 6ème éd. 1991, p.175.
E.PICARD, obs. sous C.C. 23 septembre 1992, AJDA 1993, p.151.
(16) L.FAVOREU et L.PHILIP, op.cit. p.724.

Dans les deux cas, l'accent est porté alternativement soit sur les prérogatives de l'institution entendues d'un point de vue purement juridique, soit sur sa mission globale qui intègre leurs effets induits dans la sphère politique.

Au fond, s'opposent ici comme pour d'autres notions - par exemple celle de contrôle [17] souvent utilisée en équivalent - une acception large, un peu vague mais résolument interdisciplinaire [18], et une conception plus étroite, plus précise et volontairement cantonnée dans la sphère du droit [19].

- La même ambivalence se retrouve sur le plan de la théorie du droit. Certes, on ne peut manquer d'observer que dans la majorité des cas, c'est l'analyse systémique qui inspire de manière explicite ou implicite la doctrine publiciste lorsqu'elle fait usage de la notion de régulation. Et de l'une à l'autre, le cheminement peut être aisément reconstitué. Le thème de la régulation - avec son référent théorique - s'est d'abord imposé dans les travaux de sociologie des organisations (20) où il conserve toute sa vitalité (21) ; il a été relayé

---

(17) cf. G.LESCUYER, Le contrôle de l'Etat sur les entreprises nationalisées, LGDJ, Paris 1962, p.34 et s.

(18) La régulation apparaît alors comme synonyme d'une troisième voie, intermédiaire entre l'interventionnisme étatique direct et l'autorégulation par le marché, et manifestant un autre type de rapports entre l'Etat et la société civile. cf. L.COHEN-TANUGI, *La métamorphose de la démocratie*, éd. O.Jacob, 1989, p.34 et du même auteur : *une doctrine pour la régulation*. Le débat numéro 52 novembre 1988, p.56.
N.DECOOPMAN, *Droit et déontologie. Contribution à l'étude des modes de régulation* , in Les usages sociaux du droit, CURAPP, PUF 1989, p.87.

(19) La régulation peut être en revanche définie comme activité "intermédiaire entre la détermination des politiques - laquelle relève des autorités élues et les tâches proprement administratives de gestion" in F.GAZIER et Y.CANNAC, op.cit., p.30.

(20) L'intitulé de l'étude de J.C.THOENIG sur la régulation croisée portait en 1975 le sous-titre "une analyse systémique", op.cit.

(21) cf. par exemple, M.CROZIER lorsqu'il écrit que "la notion de régulation s'impose pour désigner l'action des mécanismes correcteurs qui maintiennent un système en existence" in *Etat modeste, Etat moderne. Stratégie pour un changement*, Paris Fayard, 1987, p.123.

par des recherches de science administrative (22), et c'est généralement avec cet arrière-plan fonctionnaliste qu'on le rencontre dans des études doctrinales plus ponctuelles.

C'est ainsi par exemple que F.GAZIER et Y.CANNAC y font clairement allusion lorsqu'ils emploient la notion de régulation à propos des autorités administratives indépendantes, en indiquant qu'elle implique ce qu'on appelle aujourd'hui une "vision systémique de la société et de ses rapports avec l'Etat" (23) ; et c'est aussi dans ce courant de pensée que J.Cl.HELIN a inscrit ses analyses sur le contrôle de légalité des actes des autorités locales depuis 1982, en évoquant l'image de la "boîte noire" pour caractériser la régulation administrative qui s'opère le plus souvent en marge de l'intervention juridictionnelle (24).

Mais le recours à la régulation ne saurait se réduire à une simple résurgence du point de vue systémique dans la sphère du droit. Il est en effet des utilisations de la notion, théoriquement moins fermées, idéologiquement plus dynamiques et scientifiquement plus heuristiques. Car si l'usage du terme se confond le plus souvent avec une vision statique et conservatrice de l'ordre social, il s'inscrit parfois aussi dans une perspective dialectique. Telle était déjà la voie ouverte par G.BURDEAU qui sans rompre ouvertement avec le systémisme et les idées d'équilibre et de stabilité qu'il véhicule mettait l'accent sur la dimension dialectique de la régulation - le dépassement des contradictions sociales - qui ne se résoud pas en une simple reproduction du système existant (25). Plus tard, et dans le même ordre d'idées, a été mise en relief, la vitalité du terme régulation qui "rend compte de la contradiction suscitée par la simultanéité des expériences sensibles : elles expriment à la fois l'écoulement, le changement irréversible, le vieillissement de l'univers perçu et la permanence, la stabilité,

---

(22) J.CHEVALLIER, *Science administrative*, PUF Thémis, 1986.

(23) op.cit. p.20.

(24) J.Cl.HELIN, *La régulation administrative du contrôle de légalité et le droit*, RFDA 1987, p.765. et du même auteur, *Les contrôles sont-ils efficaces ?* in Pouvoirs numéro 60, 1992. La décentralisation, p.115.

(25) op.cit. p.105.(4)

l'unité identitaire de l'acteur qui perçoit et se perçoit" [26]. Mais c'est probablement J.J.GLEIZAL qui a poussé le plus loin la réflexion sur cette piste de la dialectique entre rupture et continuité exprimée en termes de régulation .

Renonçant à un schéma de pensée figé dans la dogmatique marxiste sans pour autant épouser l'approche libérale du droit, il soutient la thèse selon laquelle la notion de régulation permet d'exprimer la contradiction du droit qui tout à la fois "établit la paix sociale et participe au système de domination" [27].

La régulation se prête donc aux constructions théoriques les plus contrastées, parmi lesquelles la dernière présentée est sans doute la plus séduisante. C'est à partir de ses énoncés que l'on s'efforcera maintenant d'en présenter une vue plus ordonnée.

II - UNE TENTATIVE METHODIQUE DE SYSTEMATISATION

L'idéal serait bien sûr de parvenir à une élaboration théorique faisant la part de la régulation dans le droit et celle du droit dans la régulation. Mais à défaut, et pour dépasser le point de vue pragmatique adopté jusqu'alors, on suivra une démarche intermédiaire consistant à réfléchir sur les conditions du recours à la régulation avant de s'interroger sur le bon usage qu'il est possible de faire de la notion.

A - DU RECOURS A LA REGULATION

Les conjonctures dans lesquelles ce recours s'impose appellent trois séries de remarques qui s'articulent l'une l'autre.

---

(26) A.J.ARNAUD (sous la direction de). *Dictionnaire encyclopédique de théorie et de sociologie du droit*, LGDJ Scientia, 1988, p.347.

(27) J.J.GLEIZAL, *Critique du droit et théorie de la régulation* , in Economies et Société, Tome XVIII, 1984, numéro 11 p. 91.

On peut tout d'abord banalement constater que c'est en période de crise ou face à des phénomènes perturbateurs de l'ordre établi qu'il est fait appel à l'idée de régulation. Au fond, et de manière paradoxale, on parle de régulation lorsqu'elle fait défaut et pour remédier aux dysfonctionnements repérés ou proposer une solution aux dérèglements constatés. Les exemples abondent dans la langue courante. Ainsi est-il devenu usuel devant le déclin des syndicats et le développement du phénomène des coordinations d'évoquer la défaillance des modes traditionnels de régulation sociale. Ou encore dans un autre ordre d'idées, d'en appeler à l'action régulatrice de la Communauté européenne face à l'internationalisation des échanges et à la crise des États-nations.

Pareillement, le mot surgit sous la plume des juristes lorsque surviennent des moments de tension ou se produisent des situations de déséquilibre. C'est ainsi par exemple - et pour s'en tenir à la justice administrative - que les périodes, où sa réorganisation était à l'ordre du jour (dans les années 1950 puis 1980) ont été propices à la diffusion du thème. Mais c'est aussi pour parer à ses déficiences que l'on a pu caractériser plus récemment l'intervention des autorités administratives indépendantes comme un autre mode de régulation de l'action publique.

Plus fondamentalement ensuite le terme de crise recouvre et dévoile tout à la fois des contradictions dans l'ordre institutionnel que les anciens dispositifs correcteurs ne parviennent pas à résoudre et qui appellent par conséquent de nouveaux modes de régulation. Aujourd'hui, il en est schématiquement de deux sortes, étroitement liés, mais que l'on peut distinguer dans un moment de raison. La contradiction principale affecte la relation Etat/société civile et s'exprime à travers des phénomènes comme la crise de la représentation, le discrédit du politique ou la déroute des corps intermédiaires. Elle induit dans la sphère étatique l'apparition d'organes inédits et le développement d'une compétition institutionnelle dont l'enjeu réside dans la conquête de nouvelles positions de régulation. Il n'est point surprenant dès lors de constater que c'est souvent sur le mode de l'auto-proclamation que s'opère la désignation d'organes régulateurs. Il en a été historiquement ainsi pour le Conseil d'Etat, plus récemment pour le Conseil constitutionnel et dans la dernière période pour les autorités indépendantes.

Sans se prononcer ni sur la pertinence respective de ces qualifications, ni sur leur compatibilité, force est du moins de reconnaître qu'elles présentent une réelle valeur heuristique. Car elles aident à la compréhension des phénomènes juridiques en marge du formalisme souvent réducteur de l'analyse classique. Appliquée au Conseil d'Etat, la notion de régulation permet par exemple de penser son unité fonctionnelle, au-delà de la dualité d'attributions sous la figure de laquelle l'institution est généralement présentée. S'agissant du Conseil constitutionnel, elle permet d'expliquer la spécificité de son intervention en des termes plus féconds que ceux résultant de l'analyse liée au principe d'autorité de chose jugée. Et la fonction de régulation, dont la doctrine a investi les autorités indépendantes, traduit certainement mieux la réalité de leur mission ou de leur mandat que l'appréciation détaillée de leurs différentes prérogatives.

Enfin, et c'est sans doute l'intérêt majeur du recours à la notion, l'approche en termes de régulation conduit le juriste à sortir de la sphère du droit strictement entendue pour déboucher sur des analyses de science administrative ou politique. Soit que l'objet étudié invite à une telle démarche, soit que le chercheur en ressente la nécessité scientifique. Les exemples précédemment cités méritent d'être appréciés sous cet angle.

Ainsi, lorsque le Conseil constitutionnel s'est lui-même désigné en 1962 comme un organe régulateur de l'activité des pouvoirs publics, il a invoqué l'esprit de la constitution, invitant le commentateur à appréhender le rôle de la nouvelle institution non simplement au regard des dispositions textuelles fixant ses attributions, mais en fonction des nouveaux équilibres souhaités par le Constituant. De même, les autorités administratives indépendantes sont considérées comme des instances de régulation, dès lors qu'elles exercent un pouvoir d'influence ou une magistrature morale qui ne peuvent être appréhendés du seul point de vue de la technique juridique.
La même observation peut être formulée à propos de l'usage qui est fait de l'idée de régulation pour caractériser le contournement de l'intervention du juge dans le domaine du contrôle de légalité des actes des autorités décentralisées, l'ajustement des relations entre les services préfectoraux et les élus locaux s'effectuant praeter legem sinon contra legem. Dernier exemple qui traduit une préoccupation analogue dans le domaine des finances publiques.

L'expression de régulation budgétaire y est en effet utilisée pour décrire les procédures permettant au gouvernement, lorsque l'exécution des dépenses apparaît trop rapide, soit de geler soit de reporter, soit même d'annuler certains crédits de paiement ou même des autorisations de programme pourtant régulièrement inscrits à la loi des finances. Or, à l'évidence, le fondement légal de telles mesures est extrêmement douteux et le terme de régulation vient précisément sous la plume pour désigner une pratique administrative, dont l'analyse juridique ne suffit pas à rendre compte.

C'est aussi reconnaître sur un plan général la complexité des rapports entre Régulation et Droit, dont il faut bien proposer en fin de compte un modèle opératoire.

B - DU BON USAGE DE LA NOTION ?

En supposant donc qu'il soit pertinent de recourir à l'idée de régulation pour rendre compte de certains phénomènes dont l'analyse juridique classique ne permet pas d'appréhender toute la complexité, il reste à se demander à quelles conditions - quittant le registre de l'incantation - elle peut devenir réellement opératoire. Pour ce faire, on recourra paradoxalement au triptyque traditionnel du raisonnement administrativiste qui décompose chaque notion en trois éléments : organique, matériel et formel.

- D'un point de vue organique, la figure du régulateur se présente de la manière suivante. Elle suppose la distinction au sein d'un ensemble - dont le fonctionnement harmonieux ne peut être que la résultante de forces complexes - de deux ou plusieurs entités, entre lesquelles l'articulation n'est ni naturelle ni spontanée et dont l'ajustement dépend de l'entremise d'un instrument spécifique qui coordonne des actions initialement étrangères l'une à l'autre. Le régulateur occupe donc une position charnière ou d'interface entre deux structures dont il s'agit de concilier les logiques de fonctionnement.

C'est pourquoi si l'on conserve la représentation commode d'un Etat séparé de la société civile, la métaphore du régulateur apparaît particulièrement appropriée pour désigner les instances qui - entre l'un et l'autre - établissent la relation, reformulent le lien ou renouent la communication. Elles peuvent être d'origine publique ou privée, mais elles doivent toujours témoigner d'une ouverture sur l'autre pôle par des formules de mixité dans la composition ou de partenariat dans l'action. Dès lors, et s'agissant d'initiatives étatiques, la formule est parfaitement adéquate pour qualifier les autorités indépendantes, dont le collège comporte le plus souvent des représentants du secteur régulé et dont l'action est soustraite à l'emprise directe du politique.

- Matériellement, la notion de régulation est entendue, on l'a dit, dans des sens très variés, parmi lesquels l'acception large est la plus intéressante - car elle renvoie à l'origine du concept - et la plus signifiante, car la plus démonstrative dans le domaine du droit. Assurer le fonctionnement correct d'un ensemble complexe, c'est assurément remplir une fonction majeure dont la traduction en termes de technique juridique revêt une grande portée.

Car l'approche en termes de régulation conduit à remettre en cause le cadre institutionnel forgé à l'image de la séparation des pouvoirs. Il est frappant en effet de constater que les institutions auxquelles la doctrine assigne une fonction régulatrice voient leur action s'inscrire en transversale de cette coupure théorique et participent à des titres divers à l'exercice de chacun des trois pouvoirs distingués par l'analyse classique.

Le législatif, auquel collabore en amont le Conseil d'Etat - même si ses attributions dans ce domaine sont moins prestigieuses que dans le passé -, sur lequel empiètent aujourd'hui - selon nombre de commentateurs - les autorités administratives indépendantes, et que contrôle en aval le Conseil constitutionnel. L'exécutif, sur les compétences duquel celui-ci a longtemps veillé, à la manifestation duquel le Conseil d'Etat reste bien sûr étroitement associé et au démembrement duquel les autorités indépendantes participent. Le juridictionnel enfin, puisque si le Conseil d'Etat est le juge naturel de l'administration, le Conseil constitutionnel reste celui des élections "politiques" et que plusieurs autorités indépendantes se sont vues récemment reconnaître un pouvoir de sanction propre.

- Sur le plan formel enfin, la régulation invite à une réflexion sur les modes d'élaboration et d'effectuation du droit.

Cette approche nous donne d'abord à voir un processus de formation de la règle qui sans être totalement inédit tranche nettement avec le schéma classique. D'une part par la généralisation des procédures de concertation préalable et de participation des intéressés à la prise de décision, témoignant sinon d'une volonté de consensus du moins d'une recherche systématique de l'adhésion des citoyens aux normes en gestation. D'autre part, par le développement de formes progressives et graduées d'émergence du droit visant, par l'édiction de règles souples ou flexibles, à encadrer la pratique des acteurs sociaux, à orienter leur comportement, à favoriser leur auto-discipline avant d'en arriver à l'énoncé de normes contraignantes.

Ce faisant, elle ouvre ensuite de nouvelles perspectives sur le processus d'application de la règle et le rapport du droit au fait. Car si la vision classique nous incline à distinguer nettement prescription et influence, procédés impératifs et techniques incitatives, mesures de sanction et dispositifs correcteurs, la régulation subvertit ces classifications et nous offre un modèle d'analyse, où se combinent techniques juridiques et pratiques extrajuridiques, certainement plus représentatif de la réalité sociale.

En ce sens et sans avoir à adhérer aux postulats du systémisme, la régulation peut être considérée comme une bonne méthode d'analyse, particulièrement pertinente pour comprendre les transformations contemporaines du champ juridique.

LE DROIT INTERNATIONAL ET LA REGULATION

par

M. CHEMILLIER-GENDREAU
Professeur à l' Université PARIS VII

Y a-t-il une problématique spécifique de la régulation à l'échelle mondiale ?
D'entrée de réflexion, la réponse à cette question est positive dans la mesure où le travail sur la régulation à l'échelle interne tourne autour du rôle de l'Etat, la régulation se faisant par lui, à travers lui ou contre lui, éventuellement. Or le droit international n'entretient pas avec l'Etat les mêmes rapports que le droit interne.

Le mot régulation occupe une place récente mais importante dans les travaux juridiques. Il est cependant utilisé le plus souvent sans définition.
Comme toujours lorsqu'un terme largement utilisé n'est pas défini, il y a à parier qu'il y a du sens sous cet usage. Là est l'intérêt de la recherche, semble-t-il.

Il s'agirait du fait de maintenir un système en équilibre, d'en assurer le fonctionnement. Je ne parlerai d'ailleurs pas tellement du mot mais plutôt de la chose, considérant qu'il s'agit de s'interroger sur les modalités globales de l'organisation sociale.
Il est proposé ici d'ouvrir la question des rapports entre la régulation et le droit international en partant d'abord d'un point de

vue formel et organique, pour gagner progressivement un point de vue matériel et éthique.

- La problématique de la régulation dans les sociétés nationales se construit autour de l'Etat. C'est lui qui réglemente, ou qui du moins contrôle l'ensemble des réglementations. Mais on ne peut pas affirmer de la même manière que c'est l'Etat qui régule.
La question (déjà posée dans les travaux du CERTE) du pouvoir politique englobant la régulation, ou de la régulation englobant le pouvoir politique, est importante.
Il semble qu'il y ait dans les sociétés internes, à la fois choix par l'Etat de modes de régulation alternatifs, par rapport à l'outil classique de la réglementation et domination de l'Etat, lui-même régulé par des forces qui le dépassent.

Ce sont tous les rapports de l'Etat et de la société civile qui sont en cause dans la dialectique du pouvoir : les forces économiques ou techniques tentent d'utiliser l'Etat, l'Etat s'emploie à orienter les comportements autrement que par l'appareil normatif de contrainte ou encore à transformer les destinataires de la norme en co-auteurs.
Mais en réalité, on ne peut mener cette analyse dans le cadre purement national. La régulation se fait au-dessus de l'Etat, par des forces qui le dominent.
Elle se fait aussi en-dehors de l'Etat, depuis l'extérieur, par des rapports internationaux. Et à cet égard, il faut distinguer les rapports inter-gouvernementaux dans lesquels on retrouve l'Etat dans sa fonction externe, et les rapports non-gouvernementaux, ce qui renvoie à la notion de société civile internationale.
La régulation internationale se fait donc aussi par les Etats et en de hors des Etats, ils en sont à la fois sujets et objets.

- On constate que l'érosion de la souveraineté à laissé place à d'autres modes de guidage que celui du bras politique de l'Etat.

Dans l'espace international, il y a perte de souveraineté des Etats, (renoncement à l'emploi de la force, supranationalité de certaines institutions européennes, principe de subsidiarité). Mais cela ne correspond pas ou très peu à un changement d'échelon.
La souveraineté était une clôture sur un espace rendu homogène par le principe de territorialité des lois et de définition de la loi

comme expression de la volonté générale. Elle ne s'est aucunement déplacée pour s'exercer dans un autre espace clos plus large, fût-il aux dimensions d'un continent ou de la planète. Il y a désormais jeu des pouvoirs, soit entre Etats, car certains exercent la souveraineté des autres (c'est là une figure banale des mécanismes de coopération), soit bien autrement par le marché mondial, la maîtrise des médias, le déploiement des O.N.G. ... etc.

Michel MIAILLE écrivait dans un travail de ce Centre, que l'éclatement des figures de l'Etat témoignait de la perte de son sens (Etat régalien, Etat instituant le social, Etat providence, Etat régulateur et gestionnaire).
Il est vrai que cette forme de la contractualité qu'était l'Etat centralisé est affaiblie, mais elle n'est pas pour autant transposée. Le champ de la société mondiale est traversé, tissé de formes multiples de contractualité, soit entre individus, bilatérales, soit entre groupes, formes associatives, multilatérales. Elle n'est pas dominée par une nouvelle contractualité centrale, pas même de vrai projet de celle-ci. La scène internationale est juridiquement et institutionnellement décentralisée.

S'il y a production d'un ordre (qu'on puisse identifier par opposition au désordre, ce qui reste à démontrer), c'est-à-dire règlement des conflits et éventuellement modes de règlement des conflits, c'est autour des Etats, dans un enroulement avec eux, mais sans qu'ils en aient ni la maîtrise ni l'exclusivité. Ce n'est pas à dire que dans le champ interne, les Etats aient cette maîtrise, c'est évidemment affaire de plus et de moins, car seules les formes les plus totalitaires de l'Etat ont atteint une totale maîtrise sociale. Disons seulement, que la décentralisation institutionnelle de la société internationale fait la place plus belle à la régulation extra-juridique.

- Se pose toutefois la question (encore de type formel) de l'universalité de la réponse juridique aux situations sociales.
Parce que le droit, comme l'Etat, avec l'Etat (qui le produit ou le cautionne) contribue à instituer le peuple et à fonder le social, il a vocation à l'universel. En effet, la norme a vocation à anticiper les situations qui pourraient être conflictuelles, toutes les situations. De même, l'organisation judiciaire tend à faire en sorte que tout procès ait son juge.

La situation internationale réalise de ce point de vue un changement, non pas de nature, mais de degré. Le droit et le recours aux tribunaux y ont moins de place que dans les sociétés internes. Ils sont, moins encore que dans les sociétés internes, le mode général et de dernière instance de règlement des dysfonctionnements. Il faudra revenir sur la rareté des prétoires internationaux et la difficulté d' y accéder. Notons seulement ici la question du critère qui est de grande importance, pour le champ international. Ce droit est récent, incomplet, inachevé, en cours de construction, etc ... Le droit international progresse à petits pas. Mais pour quelles raisons voit-on telle question (par exemple l'exercice des droits civils et politiques en Europe, ou encore le règlement des délimitations maritimes entre Etats) progresser, et du point de vue du contenu des normes, et du point de vue des mécanismes juridictionnels ?
Et pourquoi les autres ne progressent-elles pas (celles des crimes internationaux, du statut des minorités, d'un statut international de l'embryon humain, etc ....) ?

Le critère de la limite du champ du droit est-il lui même posé par le droit ? ou s'agit-il de la régulation de la régulation ?
La réponse est nuancée. L'Assemblée Générale des Nations-Unies participe au programme de travail de la Commission du droit international, elle-même chargée de préparer les projets de convention qui tissent la trame du droit international.
Mais les facteurs extra-juridiques interviennent lourdement dans ce cheminement, pour l'accélérer ou le ralentir.

- Cette incomplétitude du droit international comme processus normatif est paradoxalement accompagnée de l'importance grandissante des procédures. S'il n'y a ni norme internationale, ni juge, on réglera ou on tentera de régler l'affaire dans l'ordre interne, ou on aura recours à l'arbitrage international, considérablement développé, ou encore on inventera de nouvelles procédures (médiation, conciliation) qui fleurissent et se donnent leur code, tentant de gagner les mêmes galons d'objectivité que les juridictions.

Mais derrière cette plasticité des formes juridiques, se dessine le problème de fond. La frontière du droit et du non-droit s'efface, se délite sous nos yeux. La crise de l'objet droit éclate. Quel est-il ? Où en sont les bornes, les caractères ? Le paradigme positiviste d'un objet donné montre sa faiblesse. L'heure vient de situer le droit par rapport aux autres disciplines régulatrices, c'est-à-dire de mieux identifier le droit. On ne saurait le faire sans passer par la question de la méthode, car les contours de l'objet juridique sont fonction de la méthode d'analyse retenue.

L'indétermination du champ du normatif d'une part et l'abus des procédures d'autre part, ne sont-ils pas le signe de l'absence de méthode et de la crise des définitions ?
Mais cela n'est-il pas lié à la question du contenu ? C'est-à-dire des valeurs dont le droit est porteur ? Cette question là est cruciale dans une période de transition comme la nôtre car le droit (à finalité de paix sociale) doit gérer la transition et pour cela à la fois dire les normes et les normes de changement des normes. Dans les deux cas, on retrouve les valeurs.

Toute norme juridique, parce qu'elle a un contenu, est porteuse de valeurs. Mais les normes de changement le sont aussi, car la façon dont s'opère le changement n'est pas sans incidence sur celui-ci.

- La régulation, comme le droit, peut perpétuer ce qui existe ou le bouleverser en douceur. Mais la régulation est indifférente aux valeurs, ce qui ne veut pas dire qu' elle ne soit pas affectée dans son mouvement, de valeur positive ou négative.
La réflexion doit porter sur deux aspects des rapports du droit international et de la régulation :

- la transformation du droit d'outil normatif en outil de régulation,

- la combinaison du droit à d'autres outils de régulation internationale.

I - LE DROIT INTERNATIONAL SE TRANSFORME, POUR PARTIE, D'OUTIL NORMATIF EN OUTIL DE REGULATION.

Ce qui est visé ici, est une sorte de dénaturation du droit, et renvoie à la nécessité et aux difficultés de la définition.

La norme juridique est un mélange intime de formes et de valeurs qui réalise (ou est censée réaliser) le fonctionnement social dans la stabilité ou le changement.
On la définira comme une obligation de comportement, directe ou indirecte, exprimée selon des formes particulières, et acceptée socialement.

Puisqu'il faudra départager entre des sujets rivaux, ou dire ce qui est en commun entre eux, il faut affecter la norme d'une valeur d'objectivité (son acceptation sociale en dépend). Il y faut des formes préétablies et respectées.

Mais lorsque les formes enveloppent une norme injuste, elles ne suffisent pas à assurer son acceptation sociale (les événements récents de Los Angeles le démontrent). Avec le mot injuste, est introduit un jugement de valeur sur le contenu de la norme.
En réalité, à moins de relier le droit à une religion, il n'y a pas de critère externe du juste et de l'injuste. Le constat se fait ex-post par l'acceptation des partenaires. C'est le dépassement de la contradiction.
Les formes servent à prendre acte de ce dépassement.

La fragilité et la spécificité du droit international tiennent à ce que les formes y soient moins élaborées et n'y sont pas forcément accompagnées de la garantie étatique comme en droit interne. L'introduction de la notion d'effectivité et l'importance qu'elle a prise rappellent que les formes et les valeurs sont liées.
La sentence de Max HUBER, dans l'affaire de l'île de Palmas (1928) en est l'illustration par excellence. Le traité hispano-américain de 1898 était formellement correct. Le titre alors cédé par l'Espagne aux Etats-Unis sur l'île de Palmas avait antérieurement été acquis dans des conditions conformes au droit international de l'époque. Mais vidé de substance par la non-occupation espagnole et la réalité de l'occupation néerlandaise, le titre dûment transmis aux Etats-Unis, n'était porteur d'aucun droit.

Ainsi était introduite l'idée que les formes les plus confirmées ne fondent pas un droit et que la régulation juridique devait répondre à d'autres exigences que purement formelles. L'introduction du critère d'effectivité devait semer une profonde perturbation.

La perturbation a été largement amplifiée dans les développements contemporains du droit international que l'on dit "malade de ses normes ".
Le déséquilibre mondial et l'hétérogénéité de la société internationale ont conduit à la prolifération d'un discours juridique incantatoire. Il est surabondant sur certains thèmes et l'effectivité est en rapport inverse de la quantité des énoncés juridiques. Le droit du développement et le nouvel ordre juridique international relèvent de cette évolution.
Une importance essentielle a longtemps été attribuée aux catégories formelles. Et un ensemble de textes relevant de certains organes ou de certaines catégories (par exemple, les résolutions, et plutôt de l'Assemblée Générales des Nations-Unies ou de la C.N.U.C.E.D.) a été qualifié de soft-law ("droit-mou") ou encore de droit programmatoire.

Mais cette analyse ne rend pas compte des réalités et certains traités internationaux (qui devaient être du "droit-dur"), ou parties de traités, restent ineffectives ou le deviennent, y compris certains articles de la Charte des Nations-Unies, ainsi que de nombreuses résolutions du Conseil de Sécurité. A l'inverse, certaines résolutions, y compris d'organes faibles, sont vite et bien appliquées. La distinction traverse l'ensemble des formes juridiques et la surproduction incantatoire (et inassurée de ses résultats) relève d'un procédé de guidage particulier.

Il faut y voir le choix délibéré de ceux qui s'inscrivent dans un rapport de forces favorable, mais préfèrent l'exprimer dans des formes moins directives.
Plus souvent en droit international, ce droit mou exprime le souci de ceux qui sont en position de faiblesse réelle mais ont des possibilités d' expression juridique par le jeu des majorités. Ils tentent alors de prendre date, d'inscrire leur volonté dans un texte, sans illusion immédiate.

On n'est plus face à des normes mais au coeur de la régulation. Elle emprunte cependant la voie des formes juridiques ou para-juridiques. Déclarations, résolutions, programmes, projets participent à cet ensemble.

On est dans le flou du droit, "penser et ordonner le multiple sans pour autant le réduire à l'unité ou l'abandonner à la dispersion" (1).

De cela découlent plusieurs choses :

- on est loin d'un processus d'objectivation des situations qui dirait clairement : "ceci est le tien, cela est le mien". Les acteurs sociaux croisent leurs prétentions et tissent de l'inter-subjectif.

- la figure qu'ils composent aussi est associative, mais non centralisée.

- aucun ordre juridique véritable n'émerge de cela. Le seul embryon en est le droit impératif général (jus cogens), ensemble de normes situé au-dessus des volontés contractuelles mais dont le contenu reste à définir.

Mais quelles sont les retombées sociales, concrètes de ce détournement de la nature du droit ?
Une régulation qui ne se fait pas dans le sens des valeurs affichées par le droit (droits de l' Homme, des peuples, justice sociale, etc ...) mais qui emprunte la pente d'un rapport de forces rarement contrarié.
De résolution en résolution, de commission en comité, la situation se dégrade dans certaines zones de conflits (Cambodge, Sahara Occidental, Palestine, etc ...).
Les techniques de dérive de la "norme qui décide" vers la "régulation qui gère", s'affinent avec le temps.

N'ayant pas décidé ni ainsi prévenu le conflit, le dégât, l'injustice, le droit s'affaire autour des réparations : droit assurantiel dans les catastrophes de l'environnement, droit humanitaire comme service après-vente des contrats d'armement, conventions de Lomé et système du Stabex ou du Sysmin qui ancrent les pays faibles dans les cultures et productions d'exportation.

Par ailleurs, aucune réforme de la Cour Internationale de Justice n'intervient pour étendre sa saisine et sa compétence. Aucun

---

(1) M. DELMAS-MARTY, *Le flou du droit*, Paris, PUF, 1986.

tribunal pénal international n'est mis sur pied. Le prétoire est rare et le reste.
Les questions de substance sont évacuées (que décide-t-on ?) au profit des questions de procédure (comment fait-on ?). Dans celles-ci, la négociation devient centrale même si elle s'enlise.

Le G.A.T.T. est le modèle type de ce fonctionnement para-juridique. Accord toujours remanié par grands cycles de négociations successives, il engendre des groupes spéciaux de conciliation pour le règlement des litiges. On a bien compris qu'il ne s'agit pas de juridictions, même si leurs conclusions ont une autorité comparable.
Une étude pointue de l'évolution de l'arbitrage en matière d'investissements internationaux et du fonctionnement du C.I.R.D.I., montrerait la vertu régulatoire de ce fonctionnement.

Tout ce qui est mentionné là, est cependant soigneusement répertorié et sans doute attrait par les juristes dans le champ de leur domaine.
L'identité du droit en est atteinte.

II - LE DROIT INTERNATIONAL SE COMBINE A D'AUTRES OUTILS DE REGULATION

Nous entrons au coeur de cette hypothèse sur nos sociétés, tendue de Michel FOUCAULT à Gilles DELEUZE.
Elle consiste à identifier les procédés propres aux sociétés disciplinaires (enfermement, punition) puis le passage à des procédés distincts caractérisant les sociétés de contrôle et de surveillance dans lesquelles nous sommes entrés.

Les outils de régulation sont alors les machines (au sens deleuzien de ce mot).
Le droit en est une parmi d'autres.
Mais il y a des relations d'autonomie relative entre les institutions centrales d'intégration (Etats et droit) et les sous-systèmes qui fonctionnent à la régulation : économie, religion, éducation, science.

Il y a ainsi co-existence et éventuellement concurrence entre la régulation proprement juridique et les autres multiples formes de la régulation.
Il faut noter aussi au passage les résistances plus ou moins diffuses, plus ou moins efficaces aux diverses régulations. Une série de têtes de chapitres y suffira. Il n'y aurait pas d'intérêt à les développer ici (car ce serait se lancer dans une entreprise démesurée) si ce n'est pour montrer comment, parfois, les outils de la régulation internationale tentent de se donner des formes para-juridiques en sorte qu'il y a une convergence entre la dénaturation des outils de droit en moyens de régulation et la tentative de juridiciser tous les outils de la régulation.

1. La démographie est le premier exemple. Les Nations-Unies se sont emparées de la question démographique comme sujet d'études et de résolutions. Elles tentent de guider, réguler les politiques nationales, en particulier depuis la Conférence de Bucarest en 1974 (Plan Mondial d'Action sur la Population). On sait l'extrême difficulté de cette question. Des succès relatifs sont constatés dans les grands pays asiatiques mais aussi des résistances et des échecs un peu partout, surtout en Afrique.
Les sociétés les plus démunies s' entêtent à compenser leur pauvreté par une richesse d'enfants. La régulation démographique apparaît comme précaire sans la maîtrise d'autres facteurs.

2. L'endettement est évidemment un puissant mode de contrôle et de régulation de la part de ceux qui ont la maîtrise financière. Ils ne se sont pas privés de l'employer à l'échelle internationale dans un rapport précis à la monnaie qui aboutit à ce que la Puissance encore la plus forte soit endettée autant et plus que l'ensemble de ceux que l'endettement conduit à la plus extrême faiblesse.
Des institutions souples, fondées sur des accords mal connus et peu recensés, participent à cette régulation. On en donnera pour exemple le Club de Paris et le mécanisme de solidarité exprimé au sein de cet accord entre puissances occidentales. Il en résulte que tout mauvais débiteur à l'égard d'un pays du Club est privé de source de financement en provenance des autres.
Combiné à la règle de la conditionnalité présidant aux mécanismes du Fonds Monétaire International, ce procédé concourt à une régulation permettant la montée permanente des capitaux des pays du Sud vers le Nord par le jeu du service de la dette.

3. On a déjà cité les mécanismes du G.A.T.T.. Un travail précis montrerait par le jeu des clauses spéciales les types de régulation commerciales mises en place.

4. Le marché des matières premières est actuellement un enjeu considérable de la régulation et du sens qu'elle pourrait prendre. Aucun changement de direction n'est réellement perceptible. Les associations de seuls producteurs sont tombées en léthargie, celles regroupant producteurs et consommateurs ont un parcours chaotique et ne remplissent aucune fonction régulatrice, c'est-à-dire de freinage de la spirale descendante des prix.
Les producteurs de cacao, de café en Amérique Centrale mais aussi maintenant en Afrique, arrachent leurs plants au profit du pavot ou de la cocaïne...

5. Le marché de la drogue est régulé dans le sens de sa croissance. Les flux de cocaïne importés en Europe et aux Etats-Unis ont été multipliés par quatre en dix ans. Les coups de filet spectaculaires sur les trafiquants font partie de cette régulation.
La guerre à la drogue a remplacée celle au communisme dans la politique étrangère américaine. Là est le substitut qui permet et justifie la survie des polices secrètes.
En réalité, le commerce de la drogue remplit une fonction précise dans le jeu des capitaux.

6. La protection de l'environnement à l'échelle mondiale ne fait pas l'objet d'une régulation précise. Un envahissement de droit mou pour lutter contre des pollutions dures ... Le sommet de Rio en a été l'expression.

7. Aucune régulation juridique des ventes d'armes n'apparaît. Elles résultent seulement des contrats. L'article 26 de la Charte qui avait chargé le Conseil de Sécurité d'élaborer un système de réglementation des armements a sombré dans l'oubli. Et la fin des blocs n'a pas été l'occasion de sa réactivation. Les grandes braderies d'armement des pays de l'Est aiguisent les dangers régionaux. En Occident, la fabrication et la vente continuent.
L'association Handicap International crie son indignation devant les 30 000 cambodgiens amputés par l'effet des mines anti-personnelles.

L'association Droit contre Raison d'Etat, lance des poursuites et s'est félicitée récemment de l'arrêt de la Cour de Cassation du 30 juin 1992. Les contrats de vente d'armes y sont déclarés détachables de la conduite des affaires étrangères.

On a ici un exemple doublement intéressant, d'une part du rôle des associations (société civile) dans la régulation en général (et elles s'y placent contre les Etats), et d'autre part du rôle faible de la régulation juridique lorsqu'elle entre en contradiction avec des régulations plus larges.

8. Le champ de la communication et des médias est évidemment un espace de régulation décisif. Deux temps forts de la vie politique internationale en ont montré l'importance : la guerre du Golfe et la campagne européenne récente.
Le rôle des médias comme outil de régulation internationale a été cristallisé en 1987 autour de la bataille menée par la direction de l'U.N.E.S.C.O. et de l'action que cette institution spécialisée pouvait ou devait mener pour la démocratisation internationale de l'information et la diversification des discours.

9. La régulation telle qu'elle se dégage de l'issue de cette importante péripétie va dans le sens d'une normalisation internationale. Cette normalisation n'est pas seulement en germe dans les critères de convergence posés par le Traité de Maastricht - et qui sont économiques et monétaires. Elle découle d'un discours devenu universel sur la démocratie représentative et les droits de l'Homme, dans la conception civile et politique de ceux-ci.
La régulation internationale accentue et confirme pour le moment une grave coupure entre l'espace privé et l'espace public d'une part, entre l'économique et le politique de l'autre. Le premier gérerait l'économique et le financier, tout l'économique et le financier, par effet de l'extension du marché.
L'espace public international serait relégué au contrôle des formes politiques et de l'exercice des droits formels.
Le travail produit par la C.S.C.E. va dans ce sens.

Une analyse serait à faire sur la régulation par les institutions nationales de promotion ou de protection des droits de l'Homme, ou les nouveaux bureaux d'ingénierie démocratique mis en place.
Ces institutions mi-privées, mi-publiques, participent au réseau serré de la régulation.

La régulation-tension résultant de l'affrontement Ouest-Est a prévalu longtemps et avait conduit à des aménagements de la régulation juridique notamment au sein des organes des Nations-Unies.

La régulation d'aujourd'hui est plus fluide. Elle a introduit de forts présupposés en amont des mécanismes juridiques.
Il est toujours dit que les Etats sont dans une relation d'égalité souveraine et que chacun a le droit de choisir le régime politique et social de son choix.
Mais en réalité, il n'y a plus qu'un modèle à l'étalage, c'est le couple démocratique politique-économie de marché.
Il ne revêt pas le même sens selon que l'on se trouve d'un côté ou de l'autre du rapport de forces.

Il faut conclure (provisoirement). Droit International ou Régulation ?
Faut-il choisir ? Peut-on choisir ? Et quel en est l'enjeu ?
L'enjeu est simple : système régulé ou communauté fondée.
L'enjeu est donc l'institution d'une communauté humaine universelle.
Pour qu'il y ait communauté, il faut repérer ce qui est en commun, en partage. Tout est dans le "en". Cela n'empêche pas l'individuel, le privatif. Mais les individus sont séparés par l'individuel et unis par le commun.
Après la "régulation-tension" de la période des blocs, est venue la "régulation-exclusion" du tout négocié.

La régulation comme idéologie a évacué la violence révolutionnaire, outil de rupture et de changement accéléré. En se rapprochant du droit pendant que celui-ci se rapprochait d'elle, elle a abouti à un système, ce qui n'a rien à voir avec une communauté. Système souple de procédures et de négociations qui n'a jamais de point fixe.
La rencontre d'un droit mou et de la régulation se fait à la fois sur l'effritement des formes et sur la perte des valeurs.

Au sein du droit, la dialectique des formes et de la substance produit de l'objectivité et l'objectivité est une valeur en soi. Ce n'est pas la seule.

Le droit s'inscrit dans une éthique sociale parce qu'il est de la même matrice que la justice? Or il n'y a pas d'éthique de la régulation.
Le droit, dans ses formes classiques, était dépendant de l'Etat mais la notion de d'Etat de droit s'était imposée comme l'idée que le droit était au-dessus de l'Etat.
Le "tout-régulation" qui englobe la régulation juridique ne correspond-il pas à un affaissement éthique qui contaminerait le droit lui-même en vulgarisant l'Etat de droit comme le simple recours à la norme (fut-elle scélérate) et aux procédures (fussent-elles abusives) ?

Réduit à une forme ou à des formes, imprécises d'ailleurs, le droit perd de sa noblesse.
Oubliant son rôle de fondateur de la communauté, il participe seulement au système.
Si la régulation est plus forte que le droit, le danger de l'exclusion est là. La régulation peut exclure et si les exclus se taisent, elle accomplit son projet.
Les jeunes touchés par le chômage et la drogue se taisent, les réfugiés en zone de transit se taisent, les victimes civiles irakiennes se taisent, les amputés cambodgiens des mines anti-personnelles se taisent, les affamés de Somalie n'ont pas de voix, non plus que les embryons surnuméraires congelés ... Le système est régulé.

"L'homme n'est plus l'homme enfermé mais l'homme endetté. Il est vrai que le capitalisme a gardé pour constante l'extrême misère des trois-quarts de l'humanité, trop pauvres pour la dette, trop nombreux pour l'enfermement; le contrôle n'aura pas seulement à affronter les dissipations de frontières mais les explosions de bidon-villes ou de ghettos" (Gilles Deleuze).

N'est-il pas temps de faire retour au droit, dans des formes affirmées et porteuses de valeurs pour lui confier la mission de contrôle des régulations ?

Ne nous trompons pas : le droit, comme la régulation, est dans le rapport de forces. Mais si la deuxième l'exprime librement et sans entraves, le premier, le droit, par la symbolique dont il est chargé (objectivité, justice, démocratie) permet un certain contrôle anticipatoire de la décision et l'entrée de ces symboles dans le rapport de forces.

DE QUELQUES USAGES DU CONCEPT DE RÉGULATION

par

Jacques CHEVALLIER

Professeur à l'Université Panthéon-Assas (Paris 2)

Directeur du Centre universitaire de recherches administratives et politiques de Picardie (CURAPP - CNRS)

La réflexion qui sera ici menée sur les usages du concept de régulation sera sous-tendue par la problématique suivante. Le concept de régulation est devenu au cours des dernières années un *paradigme majeur* des sciences sociales. Ce n'est certes pas le fait du hasard, si l'on admet que la construction de paradigmes scientifiques entre toujours en résonance avec une certaine réalité sociale et politique. La promotion du paradigme de la régulation correspond à un souci de rationalisation de l'organisation sociale : elle traduit un besoin de penser cette organisation comme intégrée, cohérente, au moment où les sociétés deviennent toujours plus fragmentées et hétérogènes ; elle entretient la croyance (donne l'illusion ?) d'une maîtrise de cette complexité. Mais ce paradigme a été d'une certaine manière victime de son succès : la régulation est devenue un de ces mots passe-partout, "*omnibus*", un de ces "gadgets" par lesquels passe le discours politique ; son contenu conceptuel devient de plus en plus vague, imprécis, incertain alors même que se développe son utilisation - et cette dérive ne peut manquer d'atteindre le paradigme scientifique lui-même. On a ainsi assisté à un processus d'*idéologisation* d'un concept qui, paré des attributs de la scientificité, est utilisé comme *argument d'autorité* dans le débat politique.

Cette présentation peut soulever d'emblée une objection : n'opère-t-elle pas une distinction trop tranchée et trop simple entre le monde des *paradigmes scientifiques* et l'univers des *représentations idéologiques*? Les paradigmes scientifiques ne sont-ils pas, dans les sciences sociales surtout - particulièrement perméables à l'influence des idéologies -, imprégnés, poisseux des représentations sociales dominantes, des conceptions de la nature, de l'homme, de la société qui prévalent dans la société ? Et ne vient-on pas de dire que tout paradigme scientifique renvoie à une certaine réalité sociale et politique : il est marqué par "l'air du temps" ; c'est l'expression d'une "époque". Il serait aisé de montrer, d'une part que le chercheur est inévitablement conditionné par les représentations sociales dominantes, qui limitent l'univers du "pensable", du "dicible", d'autre part que les constructions scientifiques modifient en retour les représentations sociales. La frontière entre science et idéologie est ténue et les interférences inévitables. Néanmoins, cela ne signifie pas que les deux se confondent : la démarche scientifique a sa logique propre et les modèles ou paradigmes construits par les chercheurs dans le cadre de leur activité professionnelle spécifique ont une autonomie relative - et toujours "en décalage" par rapport aux représentations dominantes, à la *doxa*, si tant est que la démarche scientifique vise à aller "au-delà" des croyances ou des préjugés d'une époque. L'*idéologisation des paradigmes scientifiques*, c'est aussi le moment où ces paradigmes, perdant leur dimension subversive, leur portée créatrice, tombent dans le "domaine public", en servant de point d'appui aux certitudes sociales.

On examinera donc successivement :

- la régulation comme *paradigme scientifique* (I) ;

- la régulation comme *représentation idéologique* (II).

I - LA REGULATION COMME PARADIGME SCIENTIFIQUE

Il convient ici de rappeler ce qu'on entend par "paradigme scientifique", en suivant l'analyse de Kühn (1962). Un paradigme, c'est d'abord, selon Kühn, une *matrice disciplinaire*, c'est-à-dire l'ensemble des croyances et valeurs reconnues, des techniques et méthodes qui sont communs aux membres d'un groupe scientifique donné : il fournit à une communauté scientifique les références nécessaires pour se reconnaître et s'institutionnaliser. Mais un paradigme est aussi un moyen de résoudre un problème qui surgit, la solution d'une "énigme concrète" : le paradigme sera, sur ce plan, un *modèle*, un *raisonnement-type* qu'on utilisera pour rendre intelligible une situation donnée. A ce titre, les paradigmes débordent et transcendent les cloisonnements disciplinaires : c'est en effet souvent par la transposition des modèles de raisonnement utilisés ailleurs, dans un autre champ disciplinaire, que les sciences, et notamment les sciences sociales, progressent : les sciences sociales avancent en prenant appui l'une sur l'autre, en empruntant l'une à l'autre. Dès l'instant où un modèle de raisonnement se diffuse, se banalise, s'universalise, il se transforme en paradigme.

Le concept de régulation présente tous les aspects d'un paradigme de ce type, dès l'instant où il tend à être utilisé par la plupart des sciences sociales, en permettant dès lors aux chercheurs venant d'horizons disciplinaires variés de dialoguer. On évoquera brièvement comment ce paradigme a été construit (A), avant d'insister sur ses limites (B) - problème classique dans la mesure où tout paradigme cherche à se substituer aux paradigmes précédents, en se posant comme mode d'explication "total", comme horizon indépassable, en niant ses propres limites.

A - LA CONSTRUCTION DU PARADIGME

Le concept de régulation est apparu d'abord au XVIIIème siècle dans les *sciences techniques* : dès 1728, le terme "régulateur" apparaît en tant que système de commande destiné à maintenir constante la valeur d'une grandeur, quelles que soient les perturbations qui pourraient la faire varier - la machine à vapeur de Watt comporte ainsi un régulateur à boules destiné à éviter les risques d'explosion ; on parlera du régulateur de vitesse, du régulateur de température ou thermostat etc... Au XIXème siècle, l'usage se répand en *physiologie* ; même si Claude Bernard ne l'emploie pas, le concept renvoie aux équilibres dynamiques du corps (par exemple la "régulation thermique") : par régulation on entend la fonction qui assure la constance des caractéristiques du milieu intérieur d'un être vivant, en dépit des variations du milieu extérieur. On voit dès ce moment se profiler les caractéristiques essentielle du concept de régulation, qui vise à 1° *maintenir un milieu en équilibre* ; 2° *m a lgré les perturbations extérieures* ; 3° *grâce à un ensemble d'ajustements* : Cannon recourra en 1929 au concept d'"homéostasie" pour désigner "les ajustements automatiques à l'intérieur d'un système biologique perturbé".

La diffusion du concept de régulation dans les *sciences sociales* sera beaucoup plus tardive : c'est seulement après la seconde guerre mondiale, sous l'influence du développement de la cybernétique qu'il commence à être utilisé. On sait cependant que dès l'instant où un paradigme scientifique nouveau apparaît, son enracinement passe par la construction d'une généalogie rétrospective et fictive : une série d'auteurs anciens vont être relus et leur oeuvre réinterprétée à la lumière du paradigme nouveau (comme H. Simon le fera au moment où il construira la théorie des organisations) ; les écrits de Durkheim (pour la sociologie), Kelsen (pour le droit), Keynes (pour l'économie) pourront ainsi être considérés comme le soubassement théorique et la préfiguration du concept de régulation.

1 - La vision cybernétique

La cybernétique se développera à partir des recherches menées par les spécialistes du radar de l'Institut de technologie du Massachussets au cours de la seconde guerre mondiale : le but était de maintenir l'axe des radars de défense aérienne vers l'objectif et de commander le canon selon les ordres élaborés par le calculateur de tir. Les échanges instaurés à cette occasion entre physiciens, électroniciens et mécaniciens se poursuivront après la guerre dans les séminaires organisés à Princeton par le mathématicien Norbert Wiener - avec la participation d'autres scientifiques (biologistes, généticiens, physiologistes, psychologues, sociologues, économistes) ; ces travaux seront concrétisés en 1948 par la publication du premier ouvrage de N. Wiener.

L'idée fondamentale de la cybernétique est de construire une *science globale de l'action*, en étendant les théories valables pour les mouvements des organes des machines au comportement des êtres vivants et des sociétés. Elle couvre "le champ entier de la théorie de la commande et de la communication, tant dans la machine que dans l'animal" (Wiener). Refusant la séparation traditionnelle entre systèmes mécaniques et systèmes organiques, elle conduit donc à établir des analogies entre les principes de fonctionnement des êtres vivants et les concepts sur lesquels s'appuient les théories de physique mathématique, c'est-à-dire entre le cerveau, le système nerveux humain et les mécanismes électroniques.

Le modèle cybernétique suppose d'abord que l'on distingue l'être humain - ou le système considéré - du milieu extérieur. L'environnement du système est constitué par la partie du milieu extérieur susceptible d'agir sur le système ou d'en subir l'action. L'action comporte quatre éléments : le but, c'est-à-dire la modification escomptée de l'environnement ; la préparation, qui aboutit à un programme d'action ; la décision ; l'exécution. La réaction de l'environnement conditionne l'action du système, qui modifie son programme en fonction du critère de l'efficacité. Le *guidage de l'action* est l'ensemble des moyens mis en oeuvre pour que cette action soit efficace. L'activité intellectuelle qui organise le guidage de l'action comprend deux éléments : la commande (le commandement ou le gouvernement s'agissant des systèmes sociaux) ; la communication, qui permet de connaître la réaction du système extérieur. Le modèle cybernétique implique toujours : un système d'autorégulation ; la circulation de l'information à l'intérieur du système et entre le système et l'environnement ; le contrôle par *feedback* du fonctionnement du système par rapport à l'environnement.

Le concept de régulation est un élément essentiel de la vision cybernétique : c'est ce qui permet aux systèmes organisés de corriger leurs actions, par l'information qu'ils reçoivent sur les résultats obtenus et les réactions de l'environnement. Cette vision repose sur un certain nombre de postulats : l'existence de *systèmes organisés* ; la dialectique d'*échanges avec l'environnement* ; la mise en oeuvre de *processus adaptatifs* pour assurer la survie du système (rétroaction négative) en annulant l'effet des perturbations extérieures.

Cette démarche tendra à la généralisation dans le cadre de la construction de la théorie générale des systèmes.

2 - La théorie générale des systèmes

La théorie générale des systèmes est née vers 1950 de la jonction d'un courant de biologie théorique, animé par Bertalanffy, et des travaux de cybernéticiens comme N. Wiener sur les systèmes de communication. Le but de ces recherches est de constituer une nouvelle discipline ayant pour objectif de formuler des principes valables pour tous les systèmes et d'élaborer un ensemble cohérent de concepts applicables dans tous les domaines du savoir : l'hypothèse de départ est que les correspondances que l'on trouve entre les différentes disciplines ne sont pas de simples similitudes mais révèlent des isomorphismes fondamentaux, découlant de ce que les entités étudiées constituent d'une certaine manière des systèmes ; il semble en effet y avoir des lois générales des systèmes qui s'appliquent à tout système indépendamment de ses propriétés particulières ou de celles de ses éléments.

Le concept de régulation constitue un élément clef de la théorie générale des systèmes. Tout système organisé, formé d'un ensemble d'éléments interdépendants et interagissants, serait en effet en permanence confronté aux facteurs de déséquilibre et d'instabilité provenant de son environnement : la régulation recouvre l'ensemble des processus par lesquels les systèmes cherchent à maintenir leur "état stationnaire", en annulant l'effet des perturbations extérieures ; il s'agit donc d'une activité fondamentale, dans la mesure où elle conditionne la survie des systèmes et le maintien de leur identité. Elle suppose des circuits d'information rétroactive.

Ces *processus de régulation* seront évidemment extrêmement variables :

- Ils peuvent d'abord être *de plusieurs types*. B. Walliser (*Systèmes et modèles. Introduction critique à l'analyse de systèmes,* Seuil 1977, pp. 89 ss) distingue ainsi : régulation *passive* (consistant à atténuer les perturbations de l'environnement à la frontière - effet de filtre - ou au sein du système - effet "tampon") ou *active* (consistant à absorber les perturbations de l'environnement et à les compenser à l'intérieur du système par l'intervention de dispositifs spécifiques) ; régulation par *interaction* (agissant "en boucle ouverte", par *feedforward* ou "par anticipation") ou *rétroaction* (agissant "en boucle fermée", par *feedback* ou "par erreur") ; régulation *négative* ou *positive* - selon que le régulateur amortit l'effet des perturbations de l'environnement ou au contraire les amplifie (la rétroaction positive étant cependant contraire aux finalités même de la régulation). Ces différents types peuvent être combinés, les systèmes complexes se caractérisant par la superposition, l'entrecroisement et la hiérarchie d'un grand nombre de mécanismes de régulation.

- Ils sont aussi variables selon le *degré de complexité* des systèmes. J.W. Lapierre (*L'analyse des systèmes politiques*, PUF 1983) distingue ainsi, par ordre de complexité croissante : les systèmes relativement clos, seulement capables d'*auto-conservation statique* ; les systèmes ouverts auxquels on adjoint un appareil de régulation exogène, capables d'*auto-conservation dynamique* ; les organismes vivants capables d'*auto-organisation* ; les organismes vivants capables d'homéostasie, c'est-à-dire capables de maintenir par *auto-régulation* les constantes de leur milieu interne ; les organismes capables d'*auto-adaptation* par apprentissage, la mémoire des expériences passées leur permettant de modifier leurs comportements; les groupements humains capables d'*auto-transformation*, c'est-à-dire de déstructuration et restructuration auto-contrôlée. Dans un sens assez proche, J. Lesourne distingue : les systèmes *à états*, qui disposent seulement d'un mécanisme entrée/sortie ; les systèmes *à buts*, dans lesquels le contrôle est intégré ; les systèmes *à apprentissage*, avec supercontrôle et mémoire ; les systèmes *complexes*, à décideurs multiples, tels que les organisations et les sociétés.

La finalité de la régulation sera également différente selon qu'on est en présence de *systèmes allopoiétiques*, dont le produit est différent d'eux-mêmes, et les *systèmes autopoiétiques*, qui ne produisent pas autre chose qu'eux-mêmes - la régulation visant alors seulement à maintenir l'équilibre homéostatique, les perturbations de l'environnement étant absorbées par un processus d'auto-organisation.

En postulant l'applicabilité du point de vue systémique à tous les niveaux de la réalité et l'existence de propriétés communes à l'ensemble des systèmes physiques, biologiques ou sociaux, la théorie générale des systèmes allait du même coup entraîner la diffusion du paradigme de la régulation dans l'ensemble des sciences, et notamment des sciences sociales : dès l'instant en effet où un phénomène quelconque est envisagé à travers la grille de lecture systémique, on est conduit à privilégier l'étude des mécanismes par lesquels il parvient à préserver son équilibre.

3 - La diffusion

La diffusion du concept de régulation a suivi très logiquement la diffusion de la démarche systémique - même si la profusion des usages fera progressivement sortir de ce cadre. Le mode de raisonnement systémique, qui envisage chaque élément de la réalité sociale, non pas isolément, mais à travers les relations d'interdépendance et d'interaction qui l'unissent à d'autres, s'est en effet progressivement imposé dans toutes les sciences sociales ; et la construction du paradigme de la régulation en est le sous-produit logique.

Paradigme, la régulation l'est dans la double mesure où le terme est utilisé par l'ensemble des chercheurs, indépendamment des divergences théoriques et des querelles d'école qui les séparent (la régulation se présente ainsi comme un mot "neutre", "naturalisé", qui est censé renvoyer à une réalité "objective") et où le terme se retrouve dans l'ensemble des sciences sociales, au prix d'adaptations et d'ajustements aux problématiques spécifiques à chacune de ces sciences. La régulation fait donc partie du *stock de concepts* communs et transversaux dans lequel puisent les chercheurs en sciences sociales.

a) Le concept de régulation est un concept-clé de la *théorie des organisations*. Toute la théorie des organisations est fondée sur l'analyse des mécanismes par lesquels l'organisation parvient à exister comme dispositif d'action collective, à la fois vis-à-vis de l'extérieur et par rapport à ses éléments constitutifs. Aussi le concept de régulation sera-t-il utilisé, aussi bien par les tenants d'une approche systémique de l'organisation (il permettra d'éclairer les mécanismes d'intégration interne et les processus d'ajustement par rapport aux pressions extérieures) que par les tenants d'une approche stratégique (il permettra alors d'éclairer les transactions entre les acteurs de l'organisation).

Dans le cadre de cette dernière approche, on distingue traditionnellement en sociologie des organisations la régulation qui résulte de l'application des règles explicites ou officielles, liées à l'organisation formelle, et la régulation qui résulte de l'application de règles implicites, gouvernant les rapports effectifs de travail, liées à l'organisation informelle . J.D. Reynaud ("La régulation dans les organisations", *Revue française de sociologie* 1988, n° 1, pp. 5 ss) infléchit cette présentation, en montrant que la véritable distinction se situe entre une "régulation de contrôle", imposée par les dirigeants, et une "régulation autonome", stratégie de réponse des subordonnés aux efforts de contrôle des dirigeants : le fonctionnement concret de l'organisation résultera de la rencontre et de l'entrecroisement de ces deux types de régulation.

b) En *économie*, le concept de régulation est utilisé pour rendre compte des différents mécanismes par lesquels le système économique parvient à l'équilibre : le couple équilibre/régulation est au centre des analyses économiques, la régulation étant posée comme la condition de réalisation de l'équilibre.

Cependant, la manière de concevoir cette régulation variera selon les courants de pensée. Pour les économistes classiques, la régulation résulte du jeu des mécanismes de marché : elle résulte de l'ajustement spontané des préférences des agents économiques. Pour les marxistes, l'intervention de l'Etat est nécessaire pour préserver les conditions générales de la production et les rapports de production capitalistes : l'Etat est amené à intervenir toujours davantage dans le processus de reproduction pour sauvegarder la force de travail, la paix sociale et la consommation et éviter les crises en opérant, au moyen d'une politique conjoncturelle, la péréquation cyclique des conditions de mise en valeur du capital : le développement de la régulation étatique est une des caractéristiques du capitalisme monopoliste d'Etat. Pour Keynes, le marché n'est pas le régulateur de la vie économique : le prix est en effet, non pas l'expression de l'équilibre entre l'offre et la demande, mais le résultat du calcul des entrepreneurs - prenant en compte les coûts de production, l'exigence de profit et l'état des rapports de production ; l'Etat est le seul élément qui puisse réguler les flux économiques. Une "école de la régulation" (M. Aglietta, R. Boyer, J. Mistral...), axée sur l'étude des "mécanismes concourant à la reproduction d'ensemble d'un système, compte tenu de l'état des structures socio-économiques et des forces sociales", s'est récemment développée (voir R. Boyer, *La théorie de la régulation : une analyse critique*, La découverte, 1986) : il s'agit d'une analyse "holistique", cherchant à prendre en compte l'ensemble des composantes du système économique, et d'une analyse "dynamique", mettant en évidence l'inflexion des modes de régulation. Le concept de régulation devient dès lors d'usage plus délicat, dans la mesure où il renvoie à une théorie économique : il y a coexistence en sciences économiques d'un usage "descriptif" (la régulation étant conçue comme un des principes de fonctionnement du système économique) et un usage "théorique" (la régulation recouvrant une grille possible d'explication des mécanismes économiques).

c) En *sociologie*, l'idée de régulation occupe une place plus importante encore : il s'agit, sur un plan macro-sociologique, de mettre en évidence les processus par lesquels la société parvient à harmoniser les comportements de ses membres, à régler les conflits qui les opposent, à dépasser les contradictions qui la déchirent pour parvenir à l'intégration ; l'analyse pourra être ensuite prolongée au niveau micro-sociologique, pour chacun des sous-ensembles qui composent la société. Une attention particulière sera portée en sociologie aux dispositifs de régulation, et notamment à la régulation qui résulte de l'existence de certaines normes ou modèles de comportement qui influent sur les conduites.

d) En *science politique*, le concept de régulation est apparu avec l'introduction d'une perspective systémique pour l'étude des processus politiques. Il est notamment au coeur de l'analyse du système politique présentée par D. Easton en 1965 - analyse qui est centrée sur l'étude des mécanismes par lesquels l'ordre politique parvient à se maintenir, en dépit des perturbations extérieures. La régulation est omniprésente dans l'analyse d'Easton : elle ne réside pas seulement dans la production des *outputs* par lesquels le système politique répond aux sollicitations dont il est l'objet ; elle se manifeste aussi au niveau de la conversion des désirs en exigences (la régulation passant par des mécanismes "structurels" - les éclusiers comme "régulateurs structurels" - et par des mécanismes "culturels" - les normes culturelles jouant le rôle d'"inhibiteurs"), de la régulation du flux des exigences (les canaux de communication remplissant une fonction de réduction des exigences), de la stimulation du niveau de soutien etc...

Même en débordant le cadre d'une stricte analyse systémique, la régulation sera considérée comme une des fonctions majeures du politique, fonction qu'il remplira par la contrainte (sous sa double forme juridique et matérielle), la persuasion (diffusion de représentations visant à conforter la légitimité de l'ordre social et sa propre légitimité) et aussi la prise en charge de certaines activités d'intérêt collectif.

e) Enfin *en droit*, le concept de régulation sera utilisé à un double point de vue : d'abord, d'un point de vue externe, le droit sera considéré comme un moyen de régulation des conduites (la fonction de régulation apparaissant comme une des fonctions essentielles de la norme juridique), par la diffusion de modèles de conduite ; ensuite, d'un point de vue interne, le droit sera considéré comme un système disposant d'une certaine cohésion spécifique supposant l'existence de dispositifs de régulation (notamment les juridictions), destinés à éliminer les contradictions éventuelles et à renforcer en permanence sa cohérence.

Cette idée de régulation prendra une dimension particulière dès l'instant où l'on considère avec N. Lühmann le système juridique comme un système autopoiétique : la régulation sera alors conçue comme destinée à atténuer l'effet des perturbations extérieures, en maintenant l'équilibre homéostatique du système juridique - par un processus d'auto-organisation et d'auto-régénération. Même si l'on n'adhère pas à cette vision (aucun système ne pouvant, comme l'a montré Ashby, être posé comme pleinement autonome), il n'en reste pas moins que les caractéristiques propres du système juridique donnent à l'idée de régulation une particulière importance..

On pourrait prendre d'autres exemples encore : ceux-là suffisent à montrer que le paradigme de la régulation est devenu un paradigme majeur des sciences sociales. Il ne s'agit pas seulement en l'espèce d'une simple représentation nouvelle de la réalité : la promotion du concept de régulation renvoie à une inflexion des modes de cohésion et d'intégration dans les sociétés contemporaines. Il reste que ce paradigme comporte un certain nombre de limites qu'il s'agit de mettre en évidence.

B - LES LIMITES DU PARADIGME

Tout paradigme représente *un moment* de l'évolution des sciences : toute science a besoin pour se développer de s'appuyer sur des modèles théoriques, sur des schémas de perception et de représentation du réel ; mais ces modèles, ces schémas sont voués à être un jour dépassés. Les signes de ce dépassement futur sont au demeurant inscrits en eux-mêmes : voués à l'incomplétude, ils ne sauraient prétendre rendre compte de la réalité dans toutes ses dimensions. Il en va du paradigme de la régulation comme de tout paradigme scientifique : ce paradigme repose sur certains présupposés; il comporte une série d'équivoques ; et une dérive s'est produite par rapport aux significations originaires.

1 - Les présupposés

a) Le paradigme de la régulation est indissociable, on l'a dit, de la démarche systémique. Il se fonde donc d'abord sur l'ensemble des présupposés qui sont ceux de la démarche systémique elle-même, à savoir : le découpage de la réalité en sous-ensembles (les systèmes) ; l'existence d'attributs généraux, communs à l'ensemble de ces systèmes, qu'ils soient physiques, biologiques ou sociaux.

Il n'est évidemment pas question de nier l'intérêt et la fécondité de ce point de vue.

Le point de vue systémique met l'accent sur le fait qu'aucun élément de la réalité ne peut être envisagé isolément, sans prise en compte des relations d'interdépendance qui l'unissent à d'autres éléments ; il souligne que tout ensemble organisé entretient nécessairement des relations permanentes et réversibles d'échanges avec le "milieu écologique" dans lequel il baigne (il y puise l'énergie et les éléments de renouvellement nécessaires et il le nourrit en retour par des décisions et actions) ; il montre aussi l'existence d'ajustements permanents entre système et environnement. De même, la valeur heuristique de la théorie générale des systèmes semble incontestable. Elle fournit une série de concepts dont la fécondité a été démontrée en pratique, puisqu'ils permettent de rendre compte de certaines caractéristiques internes des systèmes - comme l'intégration, la différenciation, la hiérarchisation -, ou encore les processus d'adaptation ou de désintégration des systèmes - tels que l'homéostasie des systèmes ouverts, l'entropie des systèmes clos, la rétroaction positive ou négative. De plus, en raison de son caractère interdisciplinaire, elle favorise l'émergence d'hypothèses nouvelles, la transposition des acquis d'une discipline à d'autres champs du savoir. Enfin, par l'effort de formalisation et d'axiomatisation qu'elle représente, elle ouvre la voie à des tentatives de théorisation plus rigoureuse des processus sociaux.

Néanmoins, la construction d'un système comporte une certaine part d'arbitraire. Il convient de se dégager du point de vue "substantialiste", qui conçoit le système comme une réalité objective : un système est en fin de compte une *construction intellectuelle* du chercheur, visant à mettre au jour, à faire apparaître les relations d'interdépendance qui existent entre divers éléments de la réalité - en distinguant le "système" ainsi constitué et l'"environnement" qui agit sur lui ; or, cette opération de *découpage de la réalité sociale* ne relève pas de l'évidence. La théorie des systèmes appelle des réserves aussi dans la mesure où elle prétend dégager des lois applicables à tout système quel qu'il soit ; elle est dès lors vouée à un haut degré d'abstraction et de généralisation. D'une part, la formalisation trouve des limites dans la nature propre des comportements humains, qu'on ne saurait réduire au modèle des phénomènes physiques. D'autre part, et surtout, le caractère opératoire de tels modèles en vue d'investigations empiriques n'a pas été réellement démontré : les plus fervents partisans de la théorie générale des systèmes reconnaissent que l'ajustement entre le pôle hypothético-déductif et le pôle empirico-inductif de la connaissance pose un problème théorique et conceptuel qui n'est pas résolu.

La régulation apparaît ainsi comme une extrapolation du chercheur; elle s'exerce dans des conditions très différentes selon les systèmes. Plus généralement, les concepts de régulation et de système renvoient de l'un à l'autre, par un véritable *effet de miroir* : la régulation est posée comme une propriété fondamentale des systèmes ; mais pour qu'il y ait système, il faut que son fonctionnement présente des formes de régularité, et donc qu'il y ait régulation. D'où un *raisonnement circulaire ou tautologique* : tout système appelle une régulation ; mais à l'inverse la régulation présuppose l'existence d'un système.

b) La place centrale donnée à l'idée de régulation dans le fonctionnement des systèmes repose elle-même sur un certain nombre de présupposés.

- La *vision cybernétique* de la régulation est sous-tendue par l'*impératif d'efficacité* : le guidage de l'action consiste en la mise en oeuvre d'un ensemble de moyens pour que cette action soit efficace (L. Couffignal, *La cybernétique*, PUF 1972). L'objectif est d'améliorer l'efficacité de l'action menée, par l'introduction de mécanismes de correction appropriés, tenant compte des résultats enregistrés et des réactions de l'environnement.

Or, si cette efficacité est au principe du fonctionnement des systèmes finalisés, des machines, elle ne saurait être transposée aisément au fonctionnement des êtres vivants et des systèmes sociaux complexes. Le concept d'efficacité comporte à ce niveau de redoutables équivoques : s'agit-il d'améliorer les performances du système ou le niveau de satisfaction des participants ? s'agit-il d'efficacité technique ou sociale ?

- La *théorie des systèmes* tend à substituer à l'impératif d'efficacité celui de *maintien* ou de *survie* (au centre, on l'a vu, de la vision eastonienne du fonctionnement politique) : tout système chercherait à maintenir son "état stationnaire", c'est-à-dire à sauvegarder ses propriétés essentielles dans un environnement instable et évolutif ; la régulation viserait à amortir les pressions extérieures et à procéder aux adaptations nécessaires pour permettre au système de subsister.

Or, la logique de fonctionnement d'un système n'est pas réductible à l'idée d'auto-maintenance (le but de la vie humaine est-il seulement la survie ?) : c'est appauvrir considérablement l'analyse et réduire la complexité du fonctionnement des systèmes. E. Morin a ainsi montré que les propriétés d'un système n'étaient pas seulement de "maintenir et se maintenir" (régulation et auto-régulation) mais aussi de "relier et de se relier" (communication et auto-référence) et de "produire et se produire" (production créatrice et autopoïèse). Dès lors, on mesure les limites du paradigme de la régulation, qui ne met l'accent que sur l'*une des propriétés* des systèmes organisés : la dimension régulatrice n'est ainsi par exemple qu'une des fonctions du droit, qui comporte d'autres aspects. J. Piaget substituera en 1970 au concept de régulation celui d'"équilibration", afin de mieux prendre en compte cette complexité des fonctions des systèmes - et notamment du système cérébral.

2 - Les équivoques

Le concept de régulation tend à recouvrir un ensemble de processus extrêmement divers, dont l'articulation et la combinaison ne relèvent pas de l'évidence.

a) D'abord, le terme de régulation concerne à la fois, comme on l'a montré en ce qui concerne le droit, le comportement *exogène* d'un système, l'action qu'il exerce sur son environnement, la dynamique externe, et le comportement *endogène*, les adaptations que le système lui-même subit, la dynamique interne : le droit est à la fois un moyen de régulation des conduites sociales et l'objet de mécanismes de régulation destinés à résorber sans cesse les brèches qui pourraient mettre en cause sa cohésion. Et la régulation comporte toujours plus ou moins la combinaison de ces deux aspects, si l'on admet qu'aucun système ne dispose d'une autonomie absolue (combinaison variable d'allopoïèse et d'autopoïèse). Cette dualité peut être exprimée par la distinction de la régulation (externe) et de l'auto-régulation (interne) ; mais se pose alors le problème extrêmement complexe de l'articulation entre les deux processus (par exemple pour le droit).

b) Cette première équivoque, qui concerne l'objet de la fonction de régulation, se double d'une seconde, qui concerne ses conditions d'exercice. La fonction de régulation peut être exercée par un *organe distinct et spécifique* (le régulateur), dont le rôle est d'assurer la bonne marche, le fonctionnement régulier de l'ensemble : c'est la première conception de la régulation, celle qu'on trouvera dans les sciences techniques ; il convient de ne pas oublier que le terme de "régulateur" a précédé le mot de "régulation". Mais la régulation peut aussi résulter de l'action de *mécanismes spontanés et diffus*, sans qu'il y ait intervention perceptible d'un organe de régulation spécifique et autonome (le cerveau est tenu pour régulé sans intervention d'un régulateur). Cette dualité peut être exprimée par la distinction de l'*exo-régulation* et de l'*auto-régulation* - cette fois dans un autre sens.

Cette distinction est fort importante en sciences sociales : en sociologie, on tendra à mettre l'accent sur les mécanismes diffus de *contrôle social*, résultant de l'existence de normes sociales; en science politique, la distinction faite par Easton entre mécanismes de régulation structurelle et culturelle reflète bien cette distinction. On voit cependant qu'elle soulève ici encore des questions redoutables concernant aussi bien le statut du régulateur par rapport au reste de la machine (ce qui débouche sur la question des rapports Etat-société) que les mécanismes de production des normes diffuses de régulation (voir les controverses sur l'existence du "droit objectif" en théorie du droit).

Toutes ces équivoques ne peuvent être levées qu'en sortant de la problématique de la régulation et en la croisant avec d'autres paradigmes ou systèmes de référence.

3 - Les glissements

Les équivoques qui viennent d'être relevées ont été renforcées par la *dérive du vocable* : le terme de régulation est devenu une commodité de langage, un mot passe-partout, qui en vient à désigner toute action quelconque : l'impératif de régulation en vient à être le principe même, l'élément moteur, de toute action.

a) Cette dérive se traduit d'abord par l'*assimilation entre régulation et contrôle social* : tout mécanisme explicite ou implicite, de contrôle des comportements tend à être envisagé, notamment en sociologie et en droit, comme instrument de régulation des conduites. Or, cette assimilation est rien moins qu'évidente : il y a derrière les normes sociales et juridiques d'autres finalités que la seule régulation ; P. Orianne (*Introduction au système juridique,* Bruylant, 1982) a par exemple bien montré que le droit remplit une triple fonction - dans l'ordre de l'"être", du "dire", du "faire" - et que bien des normes juridiques n'étaient pas des normes de conduite (dans le même sens A. Jeammaud, "La règle de droit comme modèle", *Dalloz-Sirey* 1991).

Cette dérive se traduit aussi par l'*assimilation entre régulation et guidage ou pilotage* - assimilation que traduit bien le verbe anglais *to control*. La régulation n'est plus seulement le processus d'adaptation imposé par les pressions extérieures et les réactions de l'environnement, mais l'action elle-même. B. Walliser par exemple, lorsqu'il analyse le dispositif de "régulation active" par lequel les systèmes vont chercher à absorber les perturbations de l'environnement, traite en fait de la structuration des réseaux de pouvoir à l'intérieur des systèmes organisés, structuration qui suppose l'existence de trois sous-systèmes : un sous-système "opérateur", qui subit les entrées et produit les sorties ; un sous-système "régulateur", qui comporte un capteur ou récepteur chargé de recueillir l'information, un correcteur ou calculateur investi d'une fonction de décision et un actionneur ou effecteur chargé d'exécuter les décisions ; un sous-système "contrôleur", chargé de définir les finalités implicites ou explicites du système sous forme de normes.

Cette dérive du paradigme de la régulation dans le champ scientifique est indissociable d'un processus d'*idéologisation* d'un concept porteur d'*effets de légitimation*.

II - LA REGULATION COMME REPRESENTATION IDEOLOGIQUE

Tout paradigme scientifique nouveau est, on l'a dit, porteur d'une certaine représentation du monde, de la nature, de l'homme - représentation "en décalage", "en décrochage", par rapport aux représentations dominantes. L'activation de ces potentialités idéologiques par l'intégration au discours dominant s'explique aisément : elle constitue un élément de renouvellement de ce discours, par la production de nouvelles images ; elle contribue à donner au discours dominant une force nouvelle, en le parant des attributs de la scientificité et en le transformant en argument d'autorité. C'est ainsi que le thème de "l'Etat de droit" (J. Chevallier, Montchrestien, 1992), qui pendant longtemps a été l'apanage des juristes, s'est trouvé brusquement, au cours des années quatre vingt, propulsé sur la place publique et porteur d'enjeux idéologiques nouveaux : re-problématisé, il est devenu un des thèmes majeurs du discours politique ; il s'est transformé en référence et en instrument de légitimation politique - au prix d'un brouillage des significations qu'il comportait traditionnellement. On peut faire la même analyse pour le concept de "société civile (D. Lochak, "Du concept au gadget", in CURAPP, *La société civile*, PUF 1985) et pour d'autres encore.

Il en va ainsi pour la thème de la régulation, dont le substrat idéologique latent (A) a été activé par l'intégration au discours politique (B).

A - LE SUBSTRAT IDÉOLOGIQUE

Le thème de la régulation véhicule un ensemble d'images qui font écho à, entrent en résonance avec, certaines représentations traditionnelles sur lesquelles se fonde le discours politique : ces images que le détour scientifique tend à doter d'une puissance particulière ont pour effet de réactiver l'efficacité de ces représentations. Mais la promotion du thème permet aussi de rendre compte de l'inflexion des modes d'action publics et de la réévaluation des rapports Etat/société.

1° Le discours de la régulation présuppose d'abord l'idée d'*harmonie des intérêts*. Il postule tout à la fois, qu'il n'y a pas de contradiction irréductible, d'antagonisme irrémédiable, entre les intérêts sociaux et que ces intérêts peuvent être rendus compatibles par un compromis, par un processus d'ajustement. La régulation implique qu'il est possible de ramener à l'unité des éléments hétérogènes, qu'il est possible de *faire du collectif à partir de l'individuel.*

On retrouve là une des représentations fondamentales sur lesquelles se fonde tout discours politique : il s'agit toujours de mettre en évidence l'interdépendance qui existe entre les divers éléments constitutifs de la société et la possibilité de parvenir à un juste équilibre entre les groupes sociaux en présence ; l'objectif est de rassembler tous les membres autour d'un projet collectif. Le thème de la régulation laisse supposer, donne à croire que cette intégration est *objectivement possible*, par le recours à des mécanismes, à des procédures : on retrouve par là un ressort qui avait déjà joué au début du siècle, avec le développement du thème de la "solidarité" (voir CURAPP, *La solidarité : un sentiment républicain*, PUF 1992), fondé sur une exacte compensation des droits et des devoirs de chacun (logique "calculatrice").

2° Le discours de la régulation postule ensuite l'idée de *rationalité de l'organisation sociale.* Il laisse entendre qu'il est possible de construire des ensembles collectifs à la fois efficaces (la vision cybernétique), performants, capables d'évoluer tout en maintenant leurs caractéristiques essentielles - grâce à des dispositifs d'ajustement appropriés. La régulation donne un principe de conciliation entre des impératifs apparemment contradictoires : l'individuel/le collectif ; l'identité spécifique/l'appartenance écologique ; l'ordre/le désordre ; la stabilité/le changement. La régulation donne l'image d'un *univers social pacifié*, doté de facultés d'adaptation, capable d'évoluer sans secousses, sans à-coups, en évitant les crises - représentation idyllique, que vient à peine corriger le concept de rétroaction positive.

3° Le discours de la régulation évoque enfin irrésistiblement l'image du *tiers régulateur.* Pour que les différents éléments puissent être rendus compatibles, conciliés, il faut bien qu'existe une *instance de régulation* capable, par sa position d'extériorité et de supériorité par rapport aux intérêts en présence, de ramener la diversité à l'unité, l'hétérogénéité à l'homogénéité, le désordre à l'ordre. Sans doute, la régulation est aussi conçue comme résultant d'un mécanisme de normalisation des comportements ou d'ajustement des préférences individuelles : mais, même ramenée à un contrôle social diffus ou à un ordre de marché spontané apparemment sans sujets, la régulation implique toujours un *lieu*, à partir duquel les exigences puissent être confrontées, l'unité conçue et les ajustements effectivement opérés.

On le mesure parfaitement en ce qui concerne le *droit* : le concept de régulation correspond en effet à la figure même de la relation juridique, qui suppose la *triangulation* ; et ce n'est pas un hasard si le concept de "régulateur" est utilisé pour les plus hautes juridictions (Conseil constitutionnel, Tribunal des conflits, Conseil d'Etat, Cour de cassation). On a pu montrer que le droit implique l'existence d'un débat, d'une contestation et que la forme typique de la relation juridique est celle du "procès", dans lequel un tiers (le juge) intervient pour trancher un litige par une décision (le jugement). Avancée par H. Kantorowicz (*The définition of law*, 1958), sous le terme de "justiciabilité", et reprise par J. Carbonnier (*Sociologie juridique*, PUF 1978), sous le terme de "mise en question", cette thèse avait été systématisée dès 1943 par A. Kojève. Pour Kojève, le particularisme du droit réside dans l'intervention d'un "tiers" impartial et désintéressé, qui s'effectue à l'occasion d'une "interaction" entre deux êtres humains et dont l'objectif est d'annuler la réaction éventuelle du second à l'action du premier. On est bien là en présence d'un dispositif de régulation, qui suppose l'intervention d'un régulateur.

Cette image du tiers régulateur est de nature à conférer une *nouvelle légitimité à l'Etat*, qui renforce son statut de neutralité apparente par rapport aux intérêts sociaux qu'il est chargé de "réguler", à travers la définition d'un "intérêt général". Les schémas cybernétiques ou systémiques ont contribué à conforter les représentations les plus classiques relatives à la distinction public/privé ou à la coupure administration/politique, en les parant des attributs de la scientificité : l'intervention publique est perçue en termes de "réponse" à la pression d'intérêts sociaux ; et on distinguera, dans le cadre d'un schéma cybernétique bien conçu (voir les travaux de L. Mehl), un appareil "politique" (sélecteur), chargé de décider des orientations fondamentales, et un appareil "administratif" (transducteur et effecteur), chargé de les préparer et de les exécuter.

De même, la présentation de l'Etat comme instance préposée au maintien de la cohésion sociale et investi à ce titre d'une fonction d'harmonisation des composantes de la société et de résolution des conflits sociaux comporte une valorisation implicite de l'Etat en tant que dispositif de régulation sociale. B. Jobert et P. Muller (*L'Etat en action*, PUF 1987) par exemple conçoivent la fonction politique comme destinée à "assurer la permanence d'un minimum d'ordre et de cohésion sociale". Cette fonction aurait un caractère complexe. Il y a en effet deux modalités possibles d'ébranlement de la cohésion sociale: le désajustement entre les différents systèmes qui structurent la société (problème d'intégration du système") ; la perte d'efficacité des valeurs et des symboles qui le sous-tendent (problème d'"intégration sociale"). A chacune de ces dimensions de la cohésion sociale correspondraient des processus politiques spécifiques : processus visant à consolider l'intégration du système (régulation) ; processus visant à renforcer l'intégration sociale (légitimation). Le problème est de savoir s'il est possible d'échapper à ce type de valorisation implicite quand on parle de l'Etat, compte tenu des pièges que recèle le langage.

En fin de compte, la problématique de la régulation apparaît sous cet angle comme un *moyen de modernisation, d'actualisation et d'adaptation des représentations les plus orthodoxes* qui sont au fondement même de la légitimité étatique. Ce substrat idéologique sous-jacent explique aussi le large usage qui sera fait d'un concept de nature à conforter l'ensemble des dispositifs de pouvoir institutionnels - et pas seulement l'Etat : tout pouvoir trouve dans l'idée de "régulation" un instrument précieux de légitimation et d'euphémisation ; transmué en régulation, le pouvoir se présente comme un mécanisme "naturel", quasi automatique, qui s'exerce pour le plus grand bien des "régulés".

Placé au centre du discours politique, le concept de régulation va servir de *principe de recodage* des débats politiques : la discussion portera désormais sur les mérites comparés des divers modes possibles de régulation ; ainsi le concept de régulation se trouve-t-il lesté d'enjeux idéologiques nouveaux.

B - L'ENJEU IDÉOLOGIQUE

Le débat idéologique s'est cristallisé à partir de la fin des années soixante dix sur les mérites respectifs de la régulation par l'Etat et de la régulation par le marché, ainsi que sur l'équilibre souhaitable entre ces deux modes possibles de régulation.

1° Le discours sur les bienfaits de la *régulation étatique* s'attachera à montrer que l'Etat est la seule instance capable de réguler l'évolution sociale. L'idée de régulation permet de réactiver les représentations traditionnelles faisant de l'Etat le principe d'ordre et de cohésion, qui permet de faire tenir ensemble les divers éléments constitutifs de la société et de ramener celle-ci à l'unité.

Par essence neutre, indépendant et objectif, l'Etat unifie, rassemble, ordonne ce qui est dispersé, atomisé, irrationnel ; soustrait aux conflits qui déchirent la société et à l'emprise des hiérarchies sociales, supérieur aux groupes et aux classes, il réalise la synthèse des volontés individuelles et définit un intérêt général qui surmonte et dépasse les égoïsmes catégoriels ; par sa médiation, les intérêts particuliers qui s'affrontent dans le champ social vont se trouver articulés, harmonisés, agrégés. L'Etat apparaît comme le "centre" d'intégration et d'unification d'une société qui serait, sans son intermédiaire, vouée au désordre, à l'éclatement, à la dissolution c'est le catalyseur qui transforme les antagonismes sociaux en projet collectif, l'élément centripète indispensable pour contrebalancer l'attraction centrifuge, le facteur essentiel d'homogénéisation du tissu social. L'Etat constitue véritablement le "Tout" social : par lui, la société peut se représenter comme société unie, soudée par un ordre qui transcende les particularismes et diversités internes.

La fonction de régulation qui incombe à l'Etat le conduit à prendre en charge les problèmes que le jeu normal des mécanismes sociaux ne parvient pas à résoudre. L'Etat est ainsi amené à exercer des fonctions de *régulation économique*, en corrigeant les fluctuations du marché et en veillant au maintien des équilibres économiques : il lui appartient de veiller à ce que la croissance soit régulière, continue, harmonieuse, en orientant le développement mais aussi en opérant les transformations indispensables à son adaptation et à sa survie. L'Etat doit aussi exercer des fonctions de régulation sociale : la dynamique d'évolution du capitalisme multiplie en effet les tensions et engendre des déséquilibres de tous ordres ; c'est à l'Etat d'apaiser les tensions les plus vives en prenant les mesures correctives et compensatoires indispensables pour préserver la cohésion sociale.

La notion de régulation constitue donc un *principe de cohésion* et un *principe de légitimation* des interventions publiques ; et le terme de régulation viendra irrésistiblement dans le discours politique pour évoquer le rôle de l'Etat.

2° En contrepoint de ce discours, on verra apparaître au cours des années soixante dix un *discours néo-libéral* opposant à cette régulation étatique la *fonction régulatrice du marché*, qui serait le moyen le plus efficace, le plus rationnel et le plus juste d'harmonisation des comportements : le marché permettrait de parvenir, par la confrontation et l'ajustement des préférences individuelles, à un fonctionnement économique et social optimal ; aussi les disciplines de marché devraient-elles être substituées autant que possible à la réglementation étatique.

C'est à F.A. Hayek qu'on doit l'exposé le plus cohérent et le plus systématique de cette théorie. Pour Hayek, le marché est, non seulement plus efficace en tant qu'il permet de mobiliser beaucoup plus d'informations que n'importe quelle organisation, mais aussi et surtout la garantie même de la liberté. La supériorité décisive du marché réside dans le fait que l'ordre qu'il crée, d'une part échappe à la volonté humaine, à l'arbitraire d'une instance supérieure de régulation (ordre hétéronome), d'autre part n'obéit à aucune hiérarchie socialement déterminée de buts. L'ordre de marché est un "ordre spontané" (catallaxie), qui est engendré par l'ajustement mutuel des actions individuelles : chacun est conduit par le gain qu'il recherche à servir des besoins dont il n'a pas la connaissance directe. La régulation par le marché serait dès lors la seule forme compatible avec la liberté, si tant est qu'"une société libre est une société pluraliste, sans hiérarchie commune de fins particulières". Cet ordre de marché implique certes l'existence d'une "armature permanente de lois", c'est-à-dire de règles définies *a priori*, fixes, impersonnelles, identiques pour tous, qui déterminent seulement "les conditions dans lesquelles les ressources existantes peuvent être exploitées", "la gamme des choix ouvertes aux individus" ; en revanche, il exclut par essence toute législation visant à mettre en pratique un idéal de justice distributive, et *a fortiori* toute mesure d'"intervention" ou de "réglementation" destinée à atteindre certains résultats particuliers : une telle intervention est en effet injuste, puisqu'elle assure à certains des avantages, aux dépens des autres, et elle perturbe l'ordre global en empêchant l'ajustement des intérêts.

Cette analyse de Hayek a rencontré un indéniable écho. Sans pousser aussi loin le dogmatisme du marché et sans condamner toute intervention par la voie réglementaire, beaucoup voient alors dans le dérèglement de l'économie de marché sous l'effet de la dynamique d'expansion étatique une des causes essentielles de la crise : pour en venir à bout, il conviendrait dès lors, non pas d'alourdir le poids des contraintes étatiques, mais de redonner au marché sa fonction essentielle de régulation économique et d'équilibre social.

3° Les *politiques de dérégulation* menées dans les pays occidentaux à partir de la fin des années soixante dix s'inspireront en large partie de cette analyse : lancé au Royaume-Uni dès 1979 avec la formation du gouvernement Thatcher puis aux Etats-Unis avec l'élection en novembre 1980 de Ronald Reagan à la présidence, le mouvement de réévaluation du rôle de l'Etat s'est étendu progressivement à l'ensemble des pays occidentaux et a gagné même la Suède (gouvernement Bildt, 4 octobre 1991).

En France, ce mouvement, lancé dès 1983, amplifié entre 1986 et 1988, maintenu ultérieurement, s'est traduit au cours des années quatre vingt par un ensemble de mesures concrètes : la stabilisation des dépenses publiques et des prélèvements obligatoires, obtenue au prix d'un effort de productivité des services administratifs et d'un ralentissement du rythme de progression des dépenses sociales ; la déréglementation, qui s'attaque aux dispositifs restreignant la liberté d'entreprendre et la marge de manoeuvre des agents économiques ; les privatisations enfin, effectuées pour l'essentiel en 1987, mais non remises en cause par la suite, qui tendent à réduire le poids du secteur public dans l'économie. Ce mouvement s'est effectué dans un contexte idéologique caractérisé par l'exaltation des vertus de l'entreprise et du bienfondé des disciplines de marché.

Depuis le début des années quatre vingt dix, le vent semble avoir tourné et l'on assiste à un réajustement des perspectives concernant le rôle de l'Etat. D'une part, *le mouvement de repli de l'Etat est stoppé* . Il semble que les mesures prises pour endiguer son expansion aient produit l'essentiel de leur effet et qu'on ne puisse guère aller plus loin dans cette voie : la compression des dépenses publiques a entraîné une forte dégradation des services publics, notamment aux Etats-Unis et en Grande Bretagne, ainsi qu'une grave crise sociale dans le secteur public ; la déréglementation a généré un ensemble d'effets pervers suscitant une demande réactive de re-réglementation (notamment dans le domaine des transports aériens ou en matière boursière) ; les politiques de privatisation ont perdu tout caractère dogmatique et se traduisent plutôt par des réajustements prudents et pragmatiques des frontières du public et du privé. D'autre part, *un mouvement de retour à l'Etat semble s'esquisser,* en France comme à l'étranger, comme l'attestent les nouvelles orientations prises par John Major après la démission de Mme Thatcher le 22 novembre 1990 ("Nous avons trop longtemps toléré des services publics médiocres") et surtout l'élection en novembre 1992 de Bill Clinton, sur un programme de relance des dépenses publiques et de "réhabilitation" du rôle de l'Etat. Les débats idéologiques et politiques relatifs à l'Etat, qui avaient marqué la décennie précédente paraissent donc en ce début des années quatre vingt dix en voie de tarissement.

On pourrait conclure de ces développements qu'il convient de prendre ses distances avec un paradigme qui semble avoir épuisé ses vertus, du fait de la dérive de ses usages scientifiques et du processus d'idéologisation ("le concept de régulation ou comment s'en débarrasser ?"). Ce serait néanmoins sous-estimer l'intérêt que le thème de la régulation présente pour le discours politique (mot simple pour désigner des réalités complexes) ; sur le plan scientifique le paradigme garde un intérêt, à condition de le combiner et de le croiser avec d'autres paradigmes. Il convient dès lors de plaider pour un *usage raisonné et critique*, excluant une référence systématique et une adhésion sans nuances.

NORMES JURIDIQUES ET ACTION
Notes sur le rôle du droit dans la régulation sociale

par

Antoine JEAMMAUD
Professeur à l'Université Jean Monnet de Saint-Etienne
Directeur du CERCRID (URA CNRS)

Pour qui prétend élucider le rôle du droit dans la régulation de la société, analyser la manière dont les normes juridiques exercent une influence sur les pratiques sociales est une tâche recommandée. Cependant le terme "régulation" a trop de succès dans le langage des sciences sociales autant que des juristes, et son emprunt aux sciences de la nature le charge d'une trop forte connotation organiciste, pour que l'on fasse l'économie d'une tentative préalable de clarification conceptuelle.

Même limitée aux possibles relations du concept avec l'univers du droit", cette clarification [1] est requise par le choix d'une problématique (I). Celle-ci conduira à s'intéresser ensuite à la position des règles juridiques à l'égard des actions (II), puis aux conditions pratiques d'usage de ces normes dans l'action (III).

---

[1] Comp. les contributions de J.L. Autin, M. Chemillier-Gendreau, J. Chevallier, et la synthèse de M. Miaille.

I - UNE ORIENTATION POUR L'ANALYSE DE LA RÉGULATION PAR LE DROIT

Il existe au moins quatre usages du terme "régulation" dans les sciences sociales (A). Le choix de l'un d'eux ouvre à deux orientations d'investigation entre lesquelles il convient d'opter (B), avant de fixer le programme d'une mise en question de la représentation ordinaire des rapports entre normes et actions (C).

A - QUEL CONCEPT DE RÉGULATION ?

Lorsqu'il figure dans l'expression "régulation juridique", le terme est parfois *synonyme de réglementation*, soit que l'on évoque alors la présence de règles de droit sur une question déterminée, soit que l'on vise, en amont, la formulation de ces normes ou l'activité complexe à travers laquelle elles sont produites. Avec cette précision que la "régulation" s'entend alors d'une réglementation organisatrice ou restrictive, mais non prohibitive, des pratiques visées. Ce premier sens est celui que retiennent maints propos sur la "dérégulation" de certains secteurs de vie économique ou sociale, et il domine dans le langage des juristes (2). Mais pourquoi ne pas parler, tout simplement, de "réglementation" en précisant autant que de besoin quel type et quel degré d'encadrement opèrent les normes ainsi édictées ?

On emploie plus utilement le terme pour désigner une *action sur* un phénomène ou un "système" - la société, un secteur d'activité au sein d'une formation sociale - et tendant à en assurer le maintien, la reproduction, la correction, le "guidage", ou à y faire advenir des régularités. C'est en ce sens, directement marqué par l'origine du mot (3) que l'on parle de "régulation du trafic routier" et,

---

(2) Repérable dans des écrits en français, il l'est surtout dans l'usage de ses équivalents anglais (*régulation*), allemand (*Regulierung*) ou espagnol (*regulacion*) du terme.

(3) "Processus par lequel le comportement d'un système perçu complexe est maintenu ou ajusté "en conformité à quelques règles ou normes" (G.Canguilhem)" (v° *Régulation*, in *Dictionnaire encyclopédique de théorie et de sociologie du droit*, LGDJ- Story Scientia, 1988, p. 347). Il pourrait s'agir d'une action analogue à celle confiée au thermostat des appareils de chauffage.

fréquemment, de "régulation sociale" (4). Dans un sens voisin, les économistes de "l'Ecole de la régulation" visent sous ce terme l'ensemble des formes institutionnelles, des réseaux, des normes assurant la compatibilité des comportements dans le cadre d'un certain régime d'accumulation et selon l'état de rapports sociaux conflictuels (5). L'ordre juridique et l'Etat peuvent alors être envisagés en tant qu'instruments ou opérateurs d'une "intention régulatrice" du social. Dans le même temps, il est loisible de considérer le droit comme objet d'un processus de ce type en s'interrogeant sur la manière dont il est lui-même "régulé" (est-il éco- ou hétérorégulé par d'autres composantes du social, ou bien autorégulé ?).

Dans un troisième sens - celui, semble-t-il, que retiennent les administrativistes s'intéressant spécialement au thème - la "régulation" s'entend d'*une modalité ou d'un espèce de participation de l'Etat* à la régulation sociale au sens précédent, observable dans des opérations institutionnelles singulières et alternative à d'autres modalités telles que la gestion publique ou la réglementation (entendue comme "prescription de ce qui doit être fait"). Ainsi pourra-t-on rechercher dans quelle mesure le droit étatique fait place à ces différentes modalités, et l'on parlera, le cas échéant, de l'avènement d'un "droit régulatoire".

Enfin, certains sociologues entendent par "régulation sociale" *le mouvement même qui anime nos sociétés*, dans la mesure où le lien social se manifeste par des régularités, par la constitution de règles et leur constant ajustement, et où ces processus reposent sur des interactions plus que sur des actes unilatéraux d'édiction (6). Ainsi pourrait-on aborder les règles juridiques, à la fois, comme des objets ou manifestations et comme des instruments ou facteurs de ces processus.

---

(4) En nommant un genre auquel appartiendraient, au moins, le droit, la déontologie, les moeurs et les manières (telles les manières de table) (R. Boudon et F. Bourricaud, *Dictionnaire critique de la sociologie*, 2 ème éd., PUF, 1986, v° *Normes*, p. 383, spéc. p. 388).

(5) D'après A. Lipietz, cité par G. Boismenu, L'Etat et l'ordre juridique, in *Les mécanismes de la régulation sociale*, PU Lyon, 1988, p. 41. V. également R. Boyer.

(6) J.D. Reynaud, *Les règles du jeu. L'action collective et la régulation sociale*, A. Colin, 1989; J. Commaille, Normes juridiques et régulation sociale. Retour à la sociologie générale, in *Normes juridiques et régulation sociale*, LGDJ, 1991, p. 13 (spéc., p. 21); M. Crozier, Le problème de la régulation dans les sociétés complexes modernes, *ibid.*, p. 131 et suiv.

Pourtant, c'est surtout à la lumière de la *deuxième* acception que les interrogations sur le concours du droit à la régulation de la société font sens. Dès lors qu'un "système" comme le droit étatique français se présente comme un ensemble de règles - ou comporte en tout cas une dimension normative pour l'agir humain, même si, pour certaines philosophies, il est aussi ou d'abord autre chose (7), l'influence de ces normes sur les attitudes et comportements des individus participe évidemment de la régulation sociale. Si l'on admet que l'action procède d'une "transformation d'informations", et notamment d'informations pratiques comme "les buts, les valeurs, les préférences ou les normes" (8), il paraît recommandé d'analyser les *rapports entre ces règles juridiques et les actions.* Alors surtout que l'instrumentalisation de la production de règles de droit passe par les calculs que peuvent faire leurs auteurs à l'égard des attitudes et agissements futurs des individus. Le climat actuel des sciences sociales, marqué par le déclin des théories holistes au profit de l'individualisme méthodologique, l'affirmation corrélative de la "sociologie de l'acteur" (9), encourage au surplus

---

(7) Affrontant "l'indécision problématique du concept de droit", Mme S. Goyard-Fabre observe, à toutes les étapes de sa réflexion, que "les préceptes de commandement" des différents ordres juridiques "régulent les conduites humaines", pour trouver en fin de compte une chance d'explication de ce statut insolite dans un "retour à Kant" et une interprétation résolument philosophique de la *Grundnorm* de Kelsen (*Les fondements de l'ordre juridique*, PUF, 1992).

(8) Pour reprendre les termes d'O. Weinberger, *Les théories institutionnalistes du droit*, in Controverses autour de l'ontologie du droit, PUF, 1989, p. 69 (spéc. p. 79).

(9) R. Boudon, *Individualisme ou holisme : un débat méthodologique fondamental*, in *Les champs de la sociologie française*, dir. H. Mendras et M. Verret, A. Colin, 1988, p. 31, et V° Action, in Dictionnaire critique de la sociologie, préc.; C. Paradeise, Les théories de l'acteur, in *Découverte de la sociologie*, Cahiers français, n ° 247, Juil.-sept. 1990, p. 31. Sont dites "holistes", les théories (structuralisme, fonctionnalisme) tendant à réduire les comportements et attitudes individuels à de simples conséquences ou effets de structures sociales, donc à expliquer ceux-là par la présence de celles-ci ou par le "conditionnement" qu'elles engendreraient. Au contraire, l'individualisme méthodologique recherche l'explication de tout phénomène social par la reconstruction des motivations des individus impliqués et l'appréhende "comme le résultat de l'agrégation des comportements individuels dictés par ces motivations"; l'acteur collectif n'est pas nié, mais il est requis d'explorer comment il se constitue. Selon R. Boudon, ce principe méthodologique (indépendant de l'idéologie ou d'une éthique individualistes) a été "implicitement ou explicitement adopté par la plupart des philosophes politiques et des sociologues, de Rousseau à Weber en passant par Marx et Tocqueville". Le courant de *l'économie des conventions*, dont on perçoit l'intérêt pour une compréhension

l'élection d'une approche du juridique aussi clairement centrée sur l'action.

B - QUEL QUESTIONNEMENT ?

A cet endroit, en effet, deux orientations s'offrent pour l'examen à entreprendre.

La première consiste à rechercher dans quelle mesure les actions des membres de la société sont effectivement déterminées, dirigées, guidées, ou orientées par les règles de droit en vigueur. Il s'agit de considérer systématiquement le droit comme une cause possible des conduites, afin d'apprécier son poids parmi leurs déterminants.

L'autre démarche s'attache plutôt à *identifier les cadres que ces règles juridiques créent pour les actions*, c'est-à-dire leur offrent ou leur imposent. L'objectif est alors de repérer comment ces normes et les dispositifs qu'elles agencent prétendent ou peuvent peser sur les actions, ou, simplement, les rendent possibles : par quels canaux, dans quelles conditions, avec quelles contraintes ? En empruntant à Weber sa définition de la perspective sociologique à l'égard du droit, il s'agit d'aborder l'ordre juridique (ce "cosmos de normes" contemplé en lui-même par la dogmatique juridique) comme "un complexe de motifs agissant sur l'activité réelle de l'homme" [10]. Plus précisément : de l'interpréter comme un *cadre d'action* ou *pour les actions*, à la fois réseau de motifs pour des choix d'agir et de références pour l'interprétation ou l'évaluation rétrospectives des actions. En d'autres termes encore, il s'agit d'identifier les voies par lesquelles le droit peut orienter les comportements et de discerner les conditions dans lesquelles elles sont empruntées.

---

de la contribution des dispositifs juridiques à cette vaste coordination qu'est l'économique, retient aussi les préceptes de l'individualisme méthodologique. Mais il souligne que la reconnaissance du rôle constitutif de la "convention commune" sans laquelle l'accord entre individus et l'échange marchand seraient inconcevables, "remet en cause l'opposition simple entre individualisme et holisme", puisque cette convention "doit être appréhendée à la fois comme le résultat d'actions individuelles et comme un cadre contraignant les sujets" (J.P. Dupuy, F. Eymard-Duvernay, O. Favereau, A. Orléan, R. Salais, L. Thévenot, *Revue économique 1989*, p. 141 et suiv.).

(10) *Economie et société*, Tome I, Plon, 1971, p. 321 et suiv.

Tandis que la première relève essentiellement d'une sociologie juridique empirique, la seconde orientation se situe aux confins de la théorie du droit et d'une sociologie juridique théorique. Elle ambitionne de *mettre en lumière la part, potentielle sinon effective, des normes juridiques dans la constitution des "situations d'action"* (11). Plus modeste, de prime abord, que la précédente, elle passe par une analyse de l'outillage du droit qui suppose, à la fois, une connaissance de la "technique juridique" et l'abandon de quelques idées fort partagées. Mais de ce dévoilement progressif des ressorts et conditions d'exercice du "pouvoir" du droit dépend en partie la fécondité de la première démarche, puisqu'il éclaire l'interprétation des faits relevés et constitue le préalable d'une évaluation pertinente des règles juridiques (12). Il reste, cependant, que maintes observation empiriques peuvent contribuer à cette compréhension affinée du *modus operandi* du droit.

C - QUEL PROGRAMME ?

Ainsi conçue, l'analyse des rapports entre règles juridiques et actions équivaut à un examen critique d'une représentation dominante de la manière dont les dispositions juridiques s'inscrivent dans les pratiques sociales. Aussi fortement ancrée dans le sens commun théorique des juristes que dans la "philosophie du droit des profanes", cette représentation nous paraît tenir en quatre propositions :

- les règles juridiques prescrivent, interdisent ou autorisent des conduites (vision impérativiste);

---

(11) P. Lascoumes et E. Serverin, *Le droit comme activité sociale. Pour une approche wébérienne des activités juridiques*, Droit et Société, n° 9, 1988, p. 165.

(12) A. Jeammaud et E. Serverin, *Evaluer le droit*, D. 1992, Chr. 263, n° 13 et suiv.. Ainsi que l'écrit H. Rottleuthner, "l'objet des recherches de la sociologie du droit n'est pas le droit comme un complexe de faits (*law as fact*), mais les *faits en relation au droit*, c'est-à-dire les faits qui présentent une *référence* aux normes légales. Ces références sont très diverses (...). Il peut s'agir (...) de l'application, de l'interprétation, de la mise en oeuvre des normes juridiques (...), de l'obéissance, de la contravention ou du contournement des normes de droit et de leurs effets; du recours aux normes, de l'usage, la discussion sur et la mobilisation des normes juridiques (dans les actions, dénonciations, etc) (...) Le sociologue doit comprendre la signification de ces normes de droit - de ce point de vue, une certaine qualification juridique lui serait utile - bien qu'il ne s'en serve pas à la façon d'un juriste pour qui elles fournissent la base de son travail" (*Le concept sociologique de droit*, Rev. interdiscipl. ét. jur., 1992.29, p. 67, spéc. p. 82-83).

- il est donc indispensable qu'elles soient connues des membres du corps social avant qu'ils n'agissent, et elles sont d'ailleurs réputées l'être ("Nul n'est censé ignorer la loi");

- elles ont vocation à diriger effectivement les conduites par voie de conformation, spontanée ou forcée, des comportements à leurs injonctions ("l'application du droit" réside précisément dans cette conformation);

- tout écart entre les conduites et les règles ("l'ineffectivité" des secondes) relève d'une pathologie sociale et manifeste un dysfonctionnement du droit, sinon de l'Etat.

Tenter de rendre précisément compte des rapports entre les règles de droit et les actions commande de mettre en question cette vision simple. En effet, "tout se complique dès lors qu'il faut décrire de façon rigoureuse le rapport que les actions réelles entretiennent avec les règles en question" (13). Il importe donc de proposer une *représentation* de l'ordre juridique (étatique français, pour ce qui nous concerne) comme *un cadre d'action et pour les actions* (14).

La démarche adéquate consiste sans doute à analyser ces rapports entre règles juridiques et actions sous deux angles :

- d'abord en les observant à partir des premières et en direction des secondes : comment les envisagent-elles, qu'en disent-elles, et comment se situent-elles à leur égard ?

- puis en s'attachant à repérer ou caractériser les conditions concrètes de l'usage de ces normes par les divers acteurs.

Ce double examen confirmera sans doute que les rapports entre les règles juridiques (étatiques) et les actions des membres du corps social sur lequel elles "règnent" sont plus subtils et variés que dans la représentation courante; donc, que la régulation sociale assumée par le droit n'a ni la rigidité, ni cet aspect de contrainte permanente, voire de violence, que l'on croit volontiers.

---

(13) P. Pharo, *Le droit ordinaire comme morale ou commerce civil*, in Normes juridiques et régulation sociale, préc., p. 243 (spéc., p. 26).

(14) Le terme "action" sera utilisé de préférence à ceux de "conduite" et de "comportement". Alors que R. Boudon distingue deux espèces de conduites : le comportement, qui résulte exclusivement d'éléments antérieurs et ignore toute finalité spécifique, et l'action, au contraire orientée par la recherche d'une fin (v. C. Paradeise, art. cit., p. 32, note 5).

II - LES RÈGLES FACE AUX ACTIONS

Le *projet* des premières à l'égard des secondes et les *procédés* par lesquels elles tentent d'établir leur empire, peuvent être approchés en *six* points.

A - DE L'OBJET DES NORMES JURIDIQUES

Si les règles de droit visent à gouverner les actions, en favoriser certaines, en décourager ou éradiquer d'autres, *ce n'est pas nécessairement en prescrivant, interdisant ou permettant des conduites* (15).

a) La vision impérativiste du droit qui s'exprime dans la définition dominante de la norme juridique comme une "règle de conduite obligatoire...", ne devrait pas survivre à sa confrontation avec les énoncés constitutifs de l'expression phénoménale du droit et dont bien peu contestent qu'ils signifient des règles. Cette confrontation suggère une conception, plus subtile et réaliste à la fois, de la normativité, qui situe celle-ci dans une vocation à servir de référence pour une opération de jugement permettant de déterminer comment "les choses" doivent ou auraient dû être, qu'elles soient envisagées, projetées, réalisées ou passées. La normativité d'une proposition en langage du droit tenant à sa signification de "modèle" et non au fait qu'elle ordonne, prohibe, autorise une conduite, celle de la quasi-totalité des énoncés composant la Constitution, le Code civil, le code pénal, etc, aussi bien que le code de la route, se reconnaît sans difficulté ni besoin de traduction de ces expressions phénoménales du droit en propositions déontiques.

Il apparaît alors que les règles composant un ordre juridique comme l'actuel droit français ont les objets les plus divers, et que

---

(15) Pour plus de détails, v. notre étude : *La règle de droit comme modèle*, D. 1990, Chr. 199. Pour des analyses assez proches : J.F. Perrin, *Règle*, Arch. philo. droit, t. 35, Sirey, 1990, p. 245; Ph. Jestaz, *Le droit*, 2 ème éd., Dalloz, 1992, p. 17. Il nous semble aujourd'hui que le terme "modèle" engendre quelques équivoques. En revanche, la synonymie de "règle"et "norme" nous paraît fondée, même s'il est loisible d'introduire une distinction entre ces termes pour les besoins d'une analyse singulière (comme le fait P. Pharo, ert. cit., p. 243).

prescriptions, interdictions ou permissions de conduites sont nettement minoritaires. D'ailleurs, nombre de celles dont l'énoncé paraît toucher à des conduites parce qu'il semble synonyme d'une proposition utilisant un foncteur propositionnel normatif du type "doit faire", "ne doit pas faire" ou "il est obligatoire de", "il est interdit de", s'attachent en vérité au résultat d'actions (la réalisation ou la non-réalisation d'un acte juridique ou matériel, l'existence d'une certaine situation, une certaine configuration d'un lieu ou d'un équipement, etc) plutôt qu'aux comportements effectifs situés en amont, dont le détail, le déroulement, voire l'auteur, restent largement indéterminés et, en fin de compte, indifférents à la règle [16]

Au demeurant, certaines de ces règles ressemblent davantage à des normes techniques qu'à des normes éthiques, en ce sens qu'elles subordonnent à la satisfaction de certaines conditions l'obtention d'un résultat de pure technique juridique (acquisition d'une particulière force probante d'un écrit, validité d'un acte juridique public ou privé, opposabilité d'un transfert de propriété, acquisition de la personnalité juridique, etc).

Malgré la variété de leurs objets, ces règles visent ou tendent également à peser sur les actions, mais c'est en tout cas à travers une *application* qui s'entend, d'abord, d'une référence aux normes pertinentes dans une opération de jugement au sens logique et psychologique. Cette application-évaluation est le fait d'une personne en situation d'action et soucieuse de procéder conformément au droit, de le méconnaître au moindre risque, ou bien de calculer l'opération la plus opportune). Elle peut être aussi le fait d'un acteur institutionnel (administrateur, juge) contraint d'apprécier une situation passée, présente ou future afin de prendre une décision. En ce sens les normes juridiques, y compris celles ayant pour objet une conduite, sont moins des règles de conduite que des *règles pour l'action*, c'est-à-dire pour les actions visées par leur énoncé ou leur(s) auteur(s) et celles, innombrables, qui se trouveront de fait affectées par la référence aux dites normes (y compris celles de juges dans leur activité de règlement des litiges ou d'aménagement de situations). Par cette dimension cognitive,

---

(16) Ex.: " Aucun salarié ne peut être sanctionné ou licencié en raison de ...", "Les établissements et locaux (de travail) doivent être tenus dans un état constant de propreté et présenter les conditions d'hygiène et de salubrité nécessaires à la santé du personnel".

tenant à ce qu'elles permettent de connaître la valeur ou l'environnement juridiques des choses et des actes, mais dans une mesure variable selon les branches de l'ordre juridique, les normes apparaissent aussi comme des *ressources* pour l'action.

b) Cependant, ce contact entre les normes juridiques et les actions ainsi réalisé selon des voies passant en tout cas par une opération d'évaluation, n'est pas *en droit* abandonné au calcul ou au caprice des acteurs. Au contraire, les règles composant le droit de la République française sont, du point de vue de cet ordre lui-même, d'application obligatoire. Il faut entendre par là que c'est à elles seules - sauf renvoi de leur part à des normes non étatiques ou à une loi étrangère - qu'il y a lieu de se référer pour déterminer, en toutes circonstances, comment les choses doivent être ou ce qu'elles valent. Cette exclusivité qu'emporte l'obligatoriété se manifeste tout spécialement à l'égard des "organes d'application" de ce système de droit, autorités administratives, agents de contrôle et juges en tout premier lieu. S'agissant des juges civils, l'art. 12 Nouv. c. pr. civ. précise, s'il en était besoin, que "le juge tranche le litige conformément aux règles de droit qui lui sont applicables".

Que les normes juridiques soient, en ce sens, obligatoires et sanctionnées (17) ne signifie évidemment pas qu'elles sont toujours appliquées et qu'en conséquence les actions visent systématiquement à se conformer ou à conformer "les choses" à ces règles. Il ne faut négliger ni le contexte social de l'usage de ces normes (*infra* III.), ni certains autres caractères qu'elles possèdent, ni leur vocation à supporter maints accommodements "légaux".

Avant d'aborder ces points, il importe toutefois d'identifier les *moyens* par lesquels elles pèsent sur ces actions.

---

(17) Dire que *toute* norme juridique est "sanctionnée" signale seulement qu'elle est susceptible de voir son sens et sa portée concrète discutés dans le cadre d'une activité institutionnalisée de règlement des contestations (*La règle de droit comme modèle*, préc., n° 23).

B - DE LA CONTRAINTE EXERCÉE PAR LES RÈGLES DE DROIT

Si l'on ne peut dire que chaque règle est assortie d'une "sanction" entendue comme un désagrément ou une privation, *la présence d'un corps de dispositions juridiques engendre à coup sûr une contrainte*. La difficulté persiste cependant lorsqu'il faut préciser en quoi consiste exactement cette "contrainte" dont on fait volontiers le critère de la juridicité (18) Il importe cependant, non de déterminer si les règles juridiques sont en fait "obéies" par la vertu de la menace qui les accompagnerait ou en raison de leur reconnaissance volontaire par les sujets, mais d'identifier les moyens par lesquels elles peuvent gouverner ou orienter les actions.

a) La prise en compte de ces normes dans l'action tient toujours, en partie au moins, à une *pression* plus ou moins diffuse émanant de l'ordre juridique, qu'il s'agisse de la "peur du gendarme" ou du souci de se garantir face à autrui dans un contexte de risques de désagrément (s'assurer une "impunité"). Inversement, l'invocation de "la loi" mobilise, contre un adversaire potentiel, la perspective plus ou moins proche de quelque coercition. Il demeure cependant malaisé de recenser toutes les modalités de cette pression et de discerner leurs relations.

Sans doute la pression dans le sens d'une conformation des actions ou de leurs résultats (actes, situations, etc) au droit tient-elle, autant qu'à la présence ou à la mise en oeuvre de procédés et procédures conçus à cet effet, à la diffusion de certaines représentations ou d'un "sentiment juridique". Cette idéologie juridique ou ces processus de socialisation juridique des individus (19) relèvent des facteurs externes de légitimité du droit et aux conditions sociales du jeu des règles (*infra* III). Toutefois, les énoncés normatifs eux-mêmes contribuent à la perception comme rapports "justes" des

---

(18) Y compris lorsqu'il s'agit, comme pour Weber (qui parle de contrainte reposant sur "un appareil de coercition"), de satisfaire à une évidente exigence méthodologique en construisant et distinguant les concepts de "coutume", "convention" et "droit" (*Economie et société*, préc., p. 33 et suiv., et 331 et suiv.), donc de forger une définition conventionnelle (ou stipulative) de ce dernier concept.

(19) Sur cette dernière notion et les recherches auxquelles elles donnent lieu, v. les deux textes de C. Kourilsky : *Introduction du dossier, et Socialisation juridique et identité du sujet*, Droit et Société, n° 19, 1992, p. 201 et p. 259.

relations sociales qu'ils prétendent gouverner ou réformer, donc à leur acceptation.

b) Les procédés proprement techniques dont résulte une certaine pression sont eux-mêmes de différentes espèces.

En premier lieu, de nombreuses dispositions attachent la menace d'un mal (ex. : une privation de liberté) ou au moins d'un désagrément (devoir payer une somme d'argent ou restituer une chose convoitée, voir anéantir un acte profitable) à certains agissements expressément visés (comme le font les normes pénales d'incrimination), à des opérations ou comportements non conformes à d'autres règles, ou à un événement dont on espère ainsi limiter la fréquence (ex. : le fait dommageable en général, l'accident en particulier). Il s'agit de règles organisant des "sanctions juridiques" au sens courant de l'expression, dont le but est à coup sûr de peser sur les conduites. Cet objectif est certain même lorsque l'incrimination pénale d'un agissement n'accompagne pas sa prohibition expresse, comme dans le cas de l'homicide, du vol et de tant d'autres agissements délictueux en droit français [20].

Elle l'est plus encore pour les dispositions de "droit pénal administratif" (normes pénales du code de la route, du code du travail, du code de l'urbanisme, etc) qui visent, dans une optique d'organisation ou de "pilotage social", à obtenir un respect maximal des règles substantielles extra-pénales qu'elles assortissent [21].

En deuxième lieu, maintes règles créent la perspective d'un coût, attaché à un acte que "le législateur" entend décourager, ou au contraire d'un gain ou d'une économie, pour les opérations qu'il s'agit d'encourager. Elles le font parfois en composant un régime attractif pour des actes que leurs concepteurs voudraient voir pratiquer largement, ou un régime dissuasif (moins favorable que celui d'une autre pratique ou que l'abstention) pour des opérations

---

(20) Parce que la prohibition "est connue et acceptée de tout le monde", pensait Durkheim en évoquant la manière particulière dont se construit le droit pénal (*De la division du travail social*, 9 ème éd., PUF, 1973, p. 40- 41).

(21) Procédé mis en évidence par divers travaux de C. Barberger et P. Lascoumes (en particulier : Le droit pénal administratif, instrument d'action étatique, CG Plan, 1986).

qu'ils entendent décourager. Il arrive que le facteur de stimulation ou de dissuasion de la pratique visée réside dans la teneur de normes qui déterminent des "charges" (fiscales, sociales) ou des suites attachées à cet acte ou à cette activité [22]. Dans l'un et l'autre cas, l'adoption ou le changement des règles en question constitue, "effet d'annonce" aidant, un acte clairement marqué par l'intention d'orienter les actions. Que ces normes soient considérées au temps de leur avènement ou alors qu'elles se trouvent en vigueur , leur teneur illustre une modalité de pression du droit dans laquelle on ne saurait voir l'institution d'une "sanction juridique".

Enfin, nombre de règles de droit, qu'elles aient ou non des allures de normes techniques ou procédurales au sens large, exercent une manière de pression sur les acteurs en faisant de la réalisation d'actes déterminés ou du respect de conditions déterminées la condition d'obtention d'un certain résultat juridique ou de réussite de cette opération sur le plan juridique (validité d'un acte, opposabilité d'un droit, etc).

L'*effet de contrainte* qui, assez inégalement et à travers des techniques variées, accompagne les règles de droit, subit une double restriction. D'une part, il est évidemment tributaire des diverses formes d'*incertitude* affectant leur positivité même ou leur sens. A commencer par la "texture ouverte" des énoncés qui tient moins à des malfaçons, aussi fréquentes soient-elles, qu'à la formulation ou à la position de ces normes au coeur d'intérêts dont l'antinomie ou les contradictions ponctuelles renforcent une discutabilité qui est leur lot [23]. Bref, les règles juridiques sont plus naturellement exposées à une "lutte pour le sens" - notamment dans les prétoires - que dotées du "sens clair" qu'on leur prête d'autant plus volontiers que leur libellé paraît sans équivoque [24]. D'autre part, et surtout, cet effet de contrainte est médiatisé par le

---

[22] On songe aux dispositions légales ou réglementaires relatives à diverses formes d'embauche, instables parce que controversées ou issues de politiques de l'emploi misant sur l'invention permanente de formules ajustées à des publics de chômeurs, et financièrement ou juridiquement attractives pour les employeurs auxquels elles sont proposées comme autant de contre-feux à l'extension du chômage.

[23] Si c'est en ce sens que les règles de droit sont "justiciables", au point que ce caractère serait un corollaire (plutôt qu'un critère) de la juridicité (*La règle de droit comme modèle*, préc., n° 23).

[24] Sur ces points v. *La règle de droit comme modèle*, préc., n° 17 et 24 (et les références à H.L.A. Hart et N. MacCormick).

poids et le jeu des intérêts dont dépend la possibilité concrète ou le choix de se prévaloir de ces normes.

C - DE L'INDISPENSABLE MOBILISATION DES RÈGLES

Les normes juridiques *ne font rien par elles-mêmes dans l'ordre des actions,* qu'elles peuvent seulement viser ou affecter. Leur influence suppose qu'elles soient prises en considération par les individus - donc que ceux-ci les connaissent - mais aussi qu'elles soient mises en contact avec les situations concrètes afin d'y recevoir application aux divers sens de ce terme (25). Aussi bien cette influence suppose-t-elle que les acteurs "convoquent" ces règles, soit dans la préparation d'un acte juridique ou d'un agissement quelconque (mobilisation dans le calcul), soit à l'appui d'une prétention ou pour nourrir une motivation (mobilisation dans l'argumentation ou la justification).

Certes, il existe dans tout système juridique des règles proprement fondamentales (qui présentent, à l'instar de certaines règles d'un jeu, un caractère constitutif ou (éidético-constitutif) : elles créent ce système comme tel, au point que, sans elles, aucune relation, situation ou action n'aurait de signification juridique. Admettons encore que les propositions formulant ces normes - et bien d'autres d'ailleurs (ex.: "Le Président de la République a le droit de faire grâce", "Chacun a droit au respect de sa vie privée", "L'enfant conçu pendant le mariage a pour père le mari", "En fait de meuble, la possession vaut titre") - constituent des énoncés performatifs puisque leur seule positivité fait advenir des "situations juridiques" conformes à ou modelées par leur contenu normatif (26).

---

(25) Sur les diverses opérations qu'il désigne v. *La règle de droit comme modèle*, préc.

(26)Sur le concept de règle éidético-constitutive : A.G. Conte, *L'enjeu des règles*, Droit et Société, n° 17-18, 1991, p. 122. Sur le performatif dans le droit, v. les contributions de P. Amselek, C. Grzegorczyk, et N. MacCormick et Z. Bankowski in *Théorie des actes de langage, éthique et droit*, PUF, 1986; M. van de Kerchove et F. Ost, *Le droit ou les paradoxes du jeu*, PUF, 1992, p. 157 et suiv. (qui trouvent dans cette présence du performatif "que fait surgir, par la force de son énonciation et la grâce de l'institution qui l'encadre, le verbe du droit", une raison supplémentaire d'appréhender le droit comme un univers ludique). La distinction des "règles constitutives" et des "règles normatives" est d'une pertinence plus relative dans notre conception de la normativité juridique : les premières nommées sont, par excellence, des normes.

Ces dispositions, comme les énoncés des "agents du système de droit" procédant à une qualification ou disant la valeur d'une situation par application des règles, possèdent donc un "pouvoir de nomination" dans la mesure où ce qui est énoncé se trouve par là-même accompli. Néanmoins, ce pouvoir emporte "réussite" de ces actes en langage du droit sur le seul plan de la configuration juridique des relations sociales, c'est-à-dire dans un ordre encore abstrait. Or, si les plus hautes instances de la République se trouvent instituées et disposent de pouvoirs déterminés, si un grand nombre de personnes dont le statut personnel est régi par la loi française ont la qualité d'enfant légitime de leur mère et de son mari au temps de la conception, si chacun a la faculté de s'opposer à toute immixtion dans sa vie privée, tandis que d'innombrables choses mobilières sont présumées appartenir à leur possesseur, les règles dont ces situations juridiques représentent autant de performances ne sauraient produire toutes leurs conséquences juridiques que moyennant des initiatives, des actes, des réclamations, des argumentations. Quelle que soit leur nature selon la théorie des actes de langage, les règles orientent ou gouvernent les actions dans la mesure seulement où elles sont *mobilisées* par des acteurs, "sujets de droit" ou agents d'application ou de contrôle, en fonction de la connaissance qu'ils en ont, de leurs intérêts, de leurs intentions civiques ou de leur zèle. La *mobilisation* des normes juridiques que suppose ainsi leur influence sur les actions constitue, en soi, une composante d'une activité orientée par le droit [27].

Les règles juridiques ne procurent donc les résultats attachés à leur application (à tous les sens du terme) que si les acteurs sont en mesure et jugent opportun de les mettre en mouvement afin de conformer les choses ou réclamer l'adjudication d'un résultat conforme à leurs dispositions; ou s'ils ne s'entendent pas pour ne pas réaliser ou réclamer cette conformité. Or, le droit édicté par

---

[27] L'observation est à rapprocher d'une récente réflexion sur l'application du concept de performatif à la décision judiciaire. Certes, le dispositif de cette dernière "étant le prototype de l'acte de langage juridique, c'est du côté des conditions d'habilitation des juges et des règles de procédure qu'il faut chercher les caractéristiques de cet énoncé", mais "la valeur d'un énoncé dispositif n'est pas donnée au moment de son émission, (et) dépend d'un ensemble d'appréciations et d'actions qui seront accomplies par différents acteurs en considération des énoncés produits" (E. Serverin, *Le langage du dispositif des décisions judiciaires civiles. Contribution à l'étude de l'acte décisionnel*, Rapport pour le Ministère de la Justice, CERCRID, 1992, p. 89 et suiv., spéc. p. 97-98).

l'Etat contient des normes qui valident et garantissent de tels arrangements.

D - DU JEU COMBINÉ DES RÈGLES

Un ordre juridique moderne se présentant comme un ensemble de normes - un "système" dit-on volontiers, au risque d'en exagérer la cohérence, la complétude et la rigidité - le statut qu'il assigne ou l'espace qu'il ménage à un acte ou à une action *ne peut en principe être apprécié en contemplant isolément une règle ou quelques règles.*

a) L'observation est parfaitement banale si elle rappelle la nécessité, pour qui prétend décrire le statut d'un acte ou d'un agissement, de considérer l'ensemble des dispositions qui s'y rapportent. Il importe, par exemple, de prendre en compte celles qui posent les conditions auxquelles est soumis un acte, celles qui déterminent la réaction à la défaillance de ces exigences, mais aussi celles dont résultent les conditions et modalités de cette réaction. Mais le caractère délibérément synthétique de la description ne garantit pas l'exacte estimation de la portée de la totalité des règles pertinentes et destinées à se combiner.

Ainsi affirme-t-on couramment, dans une formule synthétique, que "le licenciement sans cause réelle et sérieuse est interdit". Pourtant, s'il résulte des art. L. 122-14 et suivants du code du travail que tout licenciement doit être justifié par un motif présentant ces caractères, il ressort aussi de ces textes que :

- la réaction au défaut de cause réelle et sérieuse ne saurait être, en principe, qu'une condamnation de l'employeur à une indemnité (dont la perspective peut bien sûr inciter à la prudence au moment de congédier) et non la mise à néant de la rupture;
- cette "sanction" suppose en tout cas une action devant le conseil de prud'hommes, un certain effort probatoire du demandeur et une suffisante conviction des juges;
- cette action ne saurait être exercée que par le salarié concerné, et non, sauf exception, par une organisation syndicale.

Il conviendrait donc, pour décrire plus exactement l'espace d'action ménagé par les règles en question, de dire que le droit français :

- impose à l'employeur qui licencie d'invoquer des motifs présentés par lui comme réels et sérieux;
- l'incite à faire preuve de prudence à cet égard sans lui garantir qu'il n'y aura pas de recours et que sa conviction sincère ou son soin d'alléguer des faits objectifs n'excluront jamais ni la contestation, ni le risque de condamnation;
- ne l'expose en principe, en cas d'affirmation judiciaire du défaut de réalité ou de sérieux de ces motifs, qu'au versement de dommages-intérêts;
- subordonne ce désagrément à une initiative et à un certain effort probatoire du salarié concerné, mais aussi à quelques autres circonstances tenant au déroulement du procès, à la pugnacité du demandeur et de son éventuel conseil, à l'adresse de la défense, aux dispositions des conseillers, etc.

En termes plus brutaux, mais respectueux de l'état du droit, le licenciement est toujours possible et en général efficace en termes d'éviction du salarié, sauf à l'employeur à y mettre un prix qui comprendra, dans certaines conditions, le montant d'une indemnité pour rupture injustifiée. Encore pourra-t-il obtenir une réduction de ce coût grâce à cet acte juridique, proposé par le Code civil, qu'est la transaction.

b) L'ordre juridique se compose, en effet, de règles substantielles et de règles procédurales *lato sensu* appelées, en pratique, à se combiner. Les dispositions édictant des prescriptions, forclusions, déchéances, celles qui posent des conditions de recevabilité des actions en justice, valident des renonciations et parfois les présument, favorisent l'extinction des actions en justice ou des instances, celles qui encouragent, valident et tendent à soustraire à toute contestation ultérieure les règlements conventionnels des différends (les transactions), ne sauraient être négligées dans l'appréciation du cadre juridique des actions. Leur présence révèle combien reste relatif l'acharnement de l'ordre juridique à voir les rapports et situations qu'il appréhende effectivement conformés à ses normes substantielles, même réputées d'ordre public. On en trouve une spectaculaire confirmation dans la présence, au coeur du dispositif de répression, du principe selon lequel le parquet apprécie l'opportunité des poursuites pénales, comme dans l'existence de dispositions habilitant des agents de la puissance publique à transiger au lieu de poursuivre (28).

Au fond, il importerait surtout que les normes et "les droits" qu'elles allouent à chacun soient considérés par les acteurs, à la manière d'éléments de calcul, dans l'élaboration de leurs décisions ou la négociation de leurs arrangements. Ce constat est autre chose que la réserve rituelle d'une irréductible "ineffectivité", dont il brouille d'ailleurs le repérage (29).

E - DE L'INDIFFÉRENCE DES RÈGLES À LA CONSCIENCE QUE PEUVENT EN AVOIR LES ACTEURS

Tout effet pratique des règles de droit suppose leur mobilisation, mais, dès lors qu'elles sont mises en mouvement, elles *donnent sens et valeur juridiques aux situations ou agissements, indépendamment de la connaissance et de la conscience que peuvent en avoir les divers acteurs concernés.* Les mobiliser consistera souvent à les appliquer à des événements passés pour en dire la valeur "en droit" ou le régime. Dans cette opération, le savoir et les sentiments juridiques des intéressés au temps de ces événements resteront en principe sans incidence.
Compte tenu d'éléments de leur contexte, la relation nouée entre deux personnes se verra qualifiée "contrat", une attitude sera déclarée valoir "renonciation", etc, sans égard, bien souvent, pour l'exact état d'esprit des protagonistes au moment des faits (30). Au moins sans que pèse véritablement leur perception - nulle ou aiguë, exacte ou erronée - de la portée juridique de leurs agissements ou attitudes.

---

(28) E. Serverin, P. Lascoumes et Th. Lambert, *Transactions et pratiques transactionnelles*, Economica, 1987, p. 139 et suiv.

(29) F. Rangeon, *Réflexions sur l'effectivité du droit*, in Les usages sociaux du droit, CURAPP, PUF, 1989, p. 126; A. Jeammaud et E. Serverin, Evaluer le droit, préc., n° 8 et suiv.

(30) La définition doctrinale de l'acte juridique comme "une manifestation de volonté en vue de produire des effets juridiques" (par opposition au fait juridique), ignore largement le fonctionnement, quotidien et régulier, du droit.

Et cela en toute "rigueur juridique", car, quoi qu'on se plaise à lui faire dire parfois pour s'en indigner au nom de l'évidence sociologique, la règle *Nemo censetur legem ignorare* signifie, non que chacun est tenu de connaître la loi, mais seulement que l'ignorance des règles en vigueur et de leur sens précis - excusable, voire rassurante s'agissant de la grande majorité de ces normes - ne soustrait pas aux conséquences de leur application, sauf exceptionnelle incidence de l'erreur de droit [31]. Le caractère rétrospectif de la mobilisation des règles ne saurait donc étonner. Parler de "non-droit" pour qualifier la situation de "sujets" qui vivent sans se soucier des règles juridiques réputées saisir leur situation, tels les époux indifférents au régime juridique de leur biens tant que leurs relations sont sans nuage, est source de confusion. Que la considération du droit soit à peu près absente d'innombrables choix d'action ne soustrait rien à son empire ni à son jeu “normal”.

F - DE L'INÉGALE EXIGENCE DES NORMES D'ÊTRE "RESPECTÉES"

Même qualifiées d'impératives (non supplétives) les règles juridiques *ne s'accompagnent pas toutes d’une égale exigence de voir les situations et les pratiques se conformer aux modèles idéels qu'elles constituent.* Sans verser dans un quelconque cynisme, on peut raisonnablement penser que le "respect" de ces normes n'a pas toujours la même importance du point de vue de la réalisation d'un certain ordre ou de certains changements dans les relations sociales.

Il est des réglementations dont seule l'observance maximale assure l'utilité, malgré une part de non conformité notoire et naturellement irréductible. Tel est le cas des règles de la circulation routière et autres réglementations d'hygiène et sécurité. Il en est de même des normes qui consacrent et tendent à garantir la jouissance effective de libertés publiques ou de droits de la personnalité, des dispositions fixant l'organisation des pouvoirs publics et délimitant les pouvoirs des différents organes, ou encore des règles fiscales.

---

(31) "Ce n'est pas que l'on se soit jamais fait d'illusions sur cette maxime : il fallait bien la poser, sinon les contrevenants les plus roublards n'auraient pasmanqué de plaider la candeur" (J. Carbonnier, *L'inflation des lois*, in Essais sur les lois, Defrénois, 1979, p. 271).

En revanche, même assorties d'incriminations pénales et malgré leur caractère d'ordre public proclamé, les dispositions régissant les différentes formes d'emploi dites “atypiques” (embauche sous contrat à durée déterminée, intérim, etc), et, plus encore, les normes relatives à la mise en place et aux attributions des représentations du personnel dans l'entreprise ne paraissent pas emporter une exigence aussi absolue. La méconnaissance de celles-ci semble encore - à tort bien entendu - jugée moins dramatique pour l'ordre social que le droit prétend assurer. D'ailleurs, en fait sinon en droit, la mise en oeuvre des réactions prévues par les textes est largement abandonnée à l'initiative des acteurs privés (salariés concernés, syndicats).

Les règles de type technique, comme celles régissant la confection d'actes juridiques ou la conduite de procédures, ont un statut assez semblable : si leur observance peut présenter une valeur sociale intrinsèque ou répondre à des préoccupations fiscales, elle satisfait d'abord l'intérêt des acteurs à la "réussite" des opérations en cause sous forme d'obtention du résultat juridique subordonné à ce respect (ex.: une prise en considération, une certaine force probante, une opposabilité), la dénonciation de la défaillance étant largement abandonnée au jeu des intérêts privés (ex.: à l'invocation de l'irrégularité par celui auquel on oppose l'acte).

Mais on devine qu'au-delà de cette différence de valeur axiologique, la portée de ces différentes normes dans l'ordre des actions dépend également du contexte de leur usage.

III - LES CONDITIONS D'USAGE DES RÈGLES JURIDIQUES

Relatives à la teneur et au statut de ces normes, les observations précédentes soulignent qu'une "distance infranchissable" sépare l'énoncé de la règle de "l'activité réelle" sur laquelle elle est réputée exercer une manière de contrainte (32). Selon une autre terminologie (33) elles ne concernent que certaines des

(32) Formules empruntées à P. Pharo, qui se réfère à L. Wittgenstein (art. cit., p. 246).

(33) Celle du néo-institutionnaliste O. Weinberger, art. préc. C'est ce traitement d'informations et considérations variées qu'appréhende, par exemple, tel

"informations pratiques" dont le traitement, en se combinant avec celui d'"informations descriptives" ("connaissances d'orientation, lois causales"), gouverne l'action. Les "idées de l'homme relatives au sens et à la validité de certaines règles de droit" (34) ne constituent, en effet, que l'un des ressorts de cette dernière. Ainsi est-il toujours périlleux de prévoir ce que feront les acteurs compte tenu des normes juridiques en vigueur (35), et les calculs des concepteurs de règles sont bien souvent de purs paris. Tout au plus, observait Weber, "la *chance* existe que les hommes qui participent à l'action communautaire (...) considèrent *subjectivement* que certaines prescriptions doivent être observées et se comportent en conséquence, c'est-à-dire qu'ils orientent leur activité conformément à ces prescriptions" (36).

Il ne saurait être question de répertorier tous les éléments qui occupent l'espace entre règles de droit et actions, en reliant les secondes au premières ou dressant écran entre elles. Cette identification relève de diverses sciences sociales, de l'économie à la psychologie, en passant par la sociologie ou la psychologie sociale, mais elle reste partielle dans chacun de ces champs. D'ailleurs, la thèse aujourd'hui dominante voit dans la rationalité des comportements, nourrie par une information nécessairement partielle et tributaire de l'appartenance sociale des acteurs, une *rationalité limitée* (37). Justement, la plupart des données que nous entendons relever ici constituent autant de manifestations de cette rationalité ou d'illustrations de sa limitation, même si place doit être faite à des données plus institutionnelles.

A - DE L'INCIDENCE D'AUTRES RÉFÉRENCES

La distance séparant les règles du droit étatique (seules contemplées jusqu'ici) des actions *est partiellement occupée par*

---

chercheur analysant le "travail d'accommodation" d'une réglementation juridique (N. Dodier, *Le travail d'accommodation des inspecteurs du travail en matière de sécurité*, in *Justice et justesse dans le travail*, Cah. Centre études de l'emploi, n°33, PUF, 1989, p. 281).

(34) L'expression est de Weber, cité par H. Rottleuthner, art. cit., note 29.

(35) Ce qui devrait limiter les ambitions de l'analyse économique du droit dans sa dimension "critique" (sur et pour cette posture : B. Lemennicier, *Economie du droit*, Ed. Cujas, 1991, p. 15 et suiv.).

(36) Economie et société, préc., p. 321.

(37) C. Paradeise, art. préc., p. 32 et suiv.

des normes d'autres espèces. Que ces instruments prolongent les premières ou s'interposent entre elles et les secondes, ils pèsent également sur ces dernières ou s'offrent pour les motiver. Rivalisant ou se combinant ainsi avec les normes étatiques, ils participent du contexte de leur usage.

On pense aux éthiques, notamment à celles qui règnent sur ou se partagent les divers milieux de professionnels de "l'application du droit" (38). On songe également aux déontologies, au moins lorsqu'il ne s'agit pas de dispositions relatives à l'exercice d'une profession et destinées à des professionnels mais appartenant clairement à l'ordre de l'Etat (tels les codes de diverses professions médicales ou paramédicales résultant de décrets), ou aux “doctrines” des administrations. Il s'agit aussi des usages ou rituels propres à un certain milieu, ou de normes explicitement édictées par une autorité ou convenues au sein de ce milieu pour les rapports internes ou les relations avec des partenaires extérieurs. L'exemple de l'entreprise vient aussitôt à l'esprit, et avec lui quelques interrogations récurrentes. Certaines de ces normes ne sont-elles pas "du droit", et ne témoignent-elles d'un authentique pluralisme juridique ? Dans l'affirmative, à quelles conditions sont-elles "relevantes" pour l'ordre juridique étatique, c'est-à-dire prises en considération par lui et applicables par ses tribunaux ? D'ailleurs, émergent-elles contre les règles de cet ordre ou bien dans l'espace que celles-ci - telles les normes du droit commun des contrats - ménagent aux arrangements ou à une activité normatrice autonome des sujets ? Autant de questions majeures de théorie et sociologie du droit - de dogmatique juridique aussi, pour la deuxième - qu'il n'y a pas lieu, toutefois, d'aborder ici (39).

---

(38) Ainsi peut-on admettre l'existence d'une éthique des magistrats professionnels, variable selon la place accordée au social et au politique ou en fonction de facteurs internes à l'institution judiciaire (J. Commaille, *Ethique et droit dans l'exercice de la fonction de justice, Sociétés contemporaines*, n° 7, Sept. 1991, p. 87).

(39) Sans détailler la littérature consacrée aux normes d'entreprise (du côté des juristes, v. en dernier lieu : M. Véricel, Sur le pouvoir normateur de l'employeur, Dr. social 1991, 120; A. Supiot, *La réglementation patronale de l'entreprise, ibid.*,1992, 215), il faut signaler les stimulants travaux de J.G. Belley, qu'il s'agisse de la construction d'une "définition générique et opératoire" du droit requise par l'identification des phénomènes de juridicité hors des normes étatiques (L'Etat et la régulation juridique des sociétés globales. Pour une problématique du pluralisme juridique, *Sociologie et sociétés*, Montréal, voL XVIII, n° 1/ 1986, p.11) ou de l'analyse menée à partir d'une investigation empirique sur les pratiques

B - DE L'INÉGALE VOCATION DES RÈGLES À ÊTRE CONSIDÉRÉES

Indépendamment de l'exigence de conformation qui les accompagne à des degrés variables, les règles juridiques ont *une vocation variable à être connues et contemplées dans le cours des actions* dont elles sont censées gouverner le déroulement ou le produit.

L'ignorance de masse est sans doute le lot de la majorité des règles en vigueur, souvent connues des seuls spécialistes ou praticiens du domaine qu'elles régissent. Sont-elles conçues, d'ailleurs, pour être connues au-delà de ce cercle ? Souvent très spéciales, les lois modernes "ne s'adressent qu'à une catégorie à la fois, à une profession, à une tranche de revenus", ou concernent les entreprises, les organismes, plus que les particuliers; or "une grande entreprise dispose d'un cerveau à lobes multiples : son service juridique enregistrera les textes nouveaux avec l'indifférence des spécialistes"; la loi n'entre dans l'horizon de l'acteur ordinaire "que lorsque surgit le besoin de la connaître, que ce soit pour éviter un désagrément ou revendiquer un avantage", ainsi ne l'atteint-elle "que par flash" (40). Au demeurant, la forte exigence de conformation qui peut les accompagner est souvent celle de règles de type technique, qui servent à valider ou invalider ce qui a été accompli plus qu'elles n'imposent ou interdisent d'accomplir quelque chose.

Dans la mesure où elles sont connues, les normes relatives à l'organisation des pouvoirs publics, aux compétences et attributions de leurs divers organes, celles dont le respect conditionne la validité de leurs actes (ex.: les règles de la Constitution), celles qui régissent les procédures de prise de décision ou de règlement des différends sont plus systématiquement considérées par les acteurs - serait-ce sur un mode routinier - que celles fixant les conditions de validité ou les effets des contrats privés. Ces dernières semblent être

---

pluralisme juridique, *Sociologie et sociétés*, Montréal, voL XVIII, n° 1/ 1986, p.11) ou de l'analyse menée à partir d'une investigation empirique sur les pratiques d'une firme (L'entreprise, l'approvisionnement et le droit. Vers une théorie pluraliste du contrat, *Les Cahiers de Droit*, vol. 32, n° 2, juin 1991, p. 253, et Les transformations d'un ordre juridique privé, *ibid.*, vol. 33, n° 1, mars 1992, p. 21), et qui fournissent matière à une riche discussion.

(40) J. Carbonnier, préc., p. 273.

plus souvent mobilisées *ex post*, au service d'une remise en question ou d'une validation de ce qui s'est passé ou bien d'une définition des conséquences de ce qui a été accompli dans l'ignorance ou l'indifférence à leur égard. D'ailleurs, les mêmes règles peuvent, à propos d'une même situation ou opération, être connues et prises en compte par l'un (le fonctionnaire, le détenteur du pouvoir, le professionnel), mais ignorées ou négligées par l'autre ou les autres protagonistes. Ces quelques propositions composent, au moins, une hypothèse raisonnable.

Observons que la contemplation des normes juridiques par les acteurs peut reposer sur cette forme extrême de connaissance qu'est l'*assimilation*. Les règles du code de la route relatives à la conduite des véhicules sont sans doute assimilées par la quasi totalité des usagers de la route, et leur présence dans l'activité des conducteurs relève davantage de la routine que de la prise en considération, et *a fortiori* du calcul à partir de ces normes. Cette “intériorisation” n'est-elle pas un objectif de la réglementation du permis de conduire ?

Mais ce savoir à travers lequel agissent les règles, y compris sur le mode de l'assimilation, est largement syncrétique ou nourri de mythes. En maintes circonstances - il faudrait là encore distinguer selon les normes en cause et les configurations d'action - l'influence exercée serait moins celle des règles, dont on sait le sens souvent exposé à discussion, que celle de leur *réputation*.

Reconnaître le poids pratique du "dispositif réputationnel de la loi" (41) importe davantage qu'insister sur une "teneur indécise du droit" principalement imputée au défaut d'objectivité de ces "outils mentaux" confinés "dans les esprits" que sont les règles

---

(41) R. Dulong, "On n'a pas le droit...". Sur les formes d'appropriation du droit dans les interactions ordinaires, in *Normes juridiques et régulation sociale*, préc., p.257. A propos d'un "terrain" particulier, N. Dodier évoque la banale pratique de l'exagération de la portée des textes pratiquée par celui qui connaît ou prétend connaître la règle et l'oppose à son partenaire (Les actes de l'inspection du travail en matière de sécurité : la place du droit dans la justification des relevés d'infraction, in *Normes juridiques et régulation sociale*, préc., p. 189, spéc. p. 199), dont on peut considérer qu'elle renforce l'efficience du levier qu'est la réputation de la loi.

juridiques [42]. Décidément, "le sens objectif, logiquement correct" des règles de droit compte moins, dans la détermination des actes, que ces "idées de l'homme relatives à leur sens et leur validité" dont parlait Weber [43].
Ainsi comprend-on l'intérêt des jurissociologues pour les pratiques de diffusion de la connaissance du droit ou de quête d'informations sur les règles pertinentes. Quant au souci affiché pour l'amélioration de "l'accès au droit", réclamée au nom d'un affermissement de l'Etat de droit, il vise peut-être davantage un meilleur respect des droits des citoyens par les pouvoirs qu'une plus grande diffusion de la connaissance des règles en vue de leur plus fréquente mobilisation par les particuliers au service de leurs intérêts. On perçoit cependant, parce que le "différentiel" de notoriété entre normes juridiques paraît bien irréductible, que la rituelle dénonciation d'une "prolifération des textes" dévastatrice de sécurité juridique [44] pour opportune qu'elle demeure, porte la marque d'une "vision juridique de l'action", sinon d'une manière de naïveté.

C - DE L'INTERPOSITION DE RÈGLES D'ACTION PRIVÉES OU OFFICIEUSES

L'information sur le droit en vigueur est largement assurée par des procédés comme la presse spécialisée, les documents internes d'organisations ou d'administrations, etc, orientés vers l'action en ce qu'ils proposent des *instruments directifs de l'activité de leurs destinataires*, sinon de véritables règles s'interposant encore entre normes juridiques et pratiques.

Sollicitées, en raison de leur statut socio-économique ou de leur militantisme ("particuliers", "contribuables", assurés sociaux, chefs ou cadres d'entreprise, "militants syndicaux", élus du personnel", élus locaux, etc), par une littérature juridique "pratique" en visible essor, de nombreuses personnes sont en mesure d'accéder à une connaissance semi-savante des règles ou à un usage expert de certaines d'entre elles. Guides pratiques et formulaires offrent des

---

(42) P. Amselek, *La teneur indécise du droit*, Rev. dr. publ. 1991, 1201.

(43) *supra*, note 35.

(44) Conseil d'Etat, Rapport public 1991, Et. et Doc., n° 43.

modèles d'actes à reproduire [45] ou adapter, dispensant ainsi d'une maîtrise minimale et d'un travail d'application des normes juridiques pertinentes.

Ils prétendent, plus généralement, communiquer une connaissance, non plus syncrétique, mais synthétique et strictement utilitaire [46]. Cette présentation du droit revêt moins la forme d'une description de la teneur de règles opportunément combinées que celle d'*indications sur la manière de procéder* "légalement" ou "efficacement en droit", c'est-à-dire au mieux de ses intérêts et avec un maximum de sécurité quant aux suites juridiques de l'opération. En expliquant, par exemple, comment un employeur "doit s'y prendre" pour licencier ou comment un locataire peut réagir lorsque son propriétaire entend augmenter le loyer, ces revues fournissent des directives opératoires, et parfois d'authentiques normes techniques, extérieures à l'ordre juridique et plutôt relatives à son usage ou à la manière de l'apprivoiser.

Pour leur part, les agents des administrations sont destinataires de circulaires, notes de service et autres documents porteurs de "normes secondaires d'application", qui se trouvent ainsi plus directement au contact de leur action que les règles de droit appelées à les fonder, à les orienter ou à faire l'objet d'une mise en oeuvre [47].

La référence à ces savoirs et à ces règles - techniques, ou subalternes lorsqu'elles ont statut de normes juridiques étatiques (circulaires) - paraît souvent se substituer à la contemplation des règles de droit elles-mêmes. Elle donne à ces dernières une portée, naturellement discutable et contestable dans bien des cas, mais appuyée sur la légitimité d'un discours d'autorité hiérarchique ou de connaisseurs experts du droit.

---

(45) L'informatique parachève symboliquement l'instrumentalisation du droit : des disquettes permettent de rédiger instantanément, par la magie du traitement de texte, des actes ainsi modelés par les règles.

(46) Ce qui n'exclut pas la sophistication, avec invocation d'arrêts tenus pour majeurs ("la jurisprudence") ou de normes internationales.

(47) P. Lascoumes, *Normes juridiques et mise en oeuvre des politiques publiques,* L'Année sociologique 1990, p. 43 (spéc., p. 61 et suiv.).

D - DES ACTIONS VISÉES ET DES ACTIONS AFFECTÉES PAR LES RÈGLES

Les actions dans lesquelles des normes juridiques sont considérées - c'est-à-dire appliquées - ne sont pas nécessairement celles dont elles régissent le déroulement, les effets ou les suites. Il faut, qu'elles s'exercent dans la sphère publique ou dans une sphère privée, distinguer actions *visées* par les producteurs de ces règles et actions *affectées* par leur mobilisation.
Deux exemples très simples peuvent illustrer cette proposition et cette distinction. En premier lieu, alors que les règles relatives au licenciement encadrent et fixent les effets d'un acte de rupture du contrat de travail à durée indéterminée, leur teneur et leur portée (réputées) sont notoirement déterminantes dans le choix (routinier) de nombreux employeurs d'embaucher par contrat à durée déterminée ou de recourir à l'intérim.

Il est tout aussi indiscutable que pèse sur les décisions d'embaucher la considération d'effets juridiques que divers textes, étrangers par leur objet à l'embauche d'un salarié, attachent au franchissement d'un certain seuil d'effectif (charges financières, droits collectifs des travailleurs) et que les dirigeants d'entreprise jugent coûteux ou contraignants. D'ailleurs, la neutralisation de certaines embauches au regard de ce seuil a naguère constitué une ressource pour la politique publique de l'emploi.

Cette virtualité d'impact sur des actions inégalement éloignées de leur objet ouvre la porte à ces "effets pervers" qu'acteurs ou savants imputent couramment aux normes juridiques qu'ils critiquent, et que des investigations empiriques mettent parfois en évidence. On doit la rapprocher, sans la confondre avec elle, d'une autre forme de polyvalence, qui se manifeste sur le plan des intentions de ceux qui prennent en compte ou mobilisent le droit.

E - DU POIDS DES CALCULS D'ACTEURS DANS L'USAGE DES NORMES

Cela suggère que, lorsqu'il use de règles de droit, *l'acteur cherche à réaliser un certain projet plutôt qu'à répondre aux attentes exprimées par l'auteur de la norme ou imputées à son "intention".*

Tous ceux qui se conforment au droit, Max Weber l'avait noté, "le font soit parce que le monde environnant approuve cette attitude et non l'attitude contraire, soit par une accoutumance apathique aux habitudes de vie consacrées par les usages, mais non pas par une soumission acceptée comme un devoir". Au total, "les motifs pour lesquels on se plie à la règle de droit peuvent être des plus variés" (48). Les intérêts des acteurs président en dernière analyse à la mobilisation des règles de droit, quand ce n'est pas, pour certains opérateurs, au choix de se placer dans le champ de validité de tel ordre juridique national plutôt que de tel autre (49).

A l'expérience d'un droit plus réglementariste et instrumentalisé qu'au début du siècle, des observateurs contemporains renouvellent ce constat. "L"usager de la loi, note un savant sociologue (50) cherche à réaliser son projet (...), non à se conformer aux intentions du législateur", en ce sens qu'il cherche dans le droit "d'une part des ressources de légitimation" pour convaincre un autre protagoniste ou négocier avec lui, "d'autre part à s'assurer qu'il ne court pas le risque d'une condamnation". Des travaux empiriques le confirment, qui montrent comment les règles sont mobilisées, ajustées, “accommodées” pour satisfaire, par exemple, à l'impératif de justification auquel sont assujettis des agents de contrôle du respect du droit (51).

Des juristes attentifs aux manières dont les normes juridiques participent à la régulation sociale constatent que les acteurs font des règles des usages "qui ne coïncident pas nécessairement avec les objectifs poursuivis initialement par le législateur" (52).

---

(48) *Economie et société*, préc., p. 322-325.

(49) Sans parler des possibilités offertes par les règles de conflits de lois et du jeu des règles de compétence internationale des juridictions des différents Etats (le *forum shopping*), on sait que les firmes transnationales prennent en compte le droit des pays dans lesquels elles envisagent ou sont sollicitées de s'implanter. On parle d'une "concurrence par le droit" qui rendrait aujourd'hui impérieuse, pour les pouvoirs publics nationaux ou les autorités communautaires, "l'adaptation du droit (des sociétés, fiscal, social) aux besoins des entreprises" (v. *La Vie judiciaire*, 3-9 août 1992).

(50) J.D. Reynaud, *Les règles du jeu...*, préc., p. 188.

(51) N. Dodier, préc.

(52) D. Lochak, *Présentation*, in *Les usages sociaux du droit*, préc., spéc. p. 6. Des *objectifs* (ou *buts*) des règles juridiques et de leur *usage*, il faut distinguer leurs

Soucieux d'afficher l'objectif poursuivi dans le corps de son oeuvre, ce dernier annonce, par exemple, que les dispositions de sa loi du 12 juillet 1990 réformant en dernier lieu le régime du contrat de travail à durée indéterminée et du travail temporaire "doivent avoir pour effet de faire reculer la proportion d'emplois précaires". Il reste que les directions d'entreprises recherchent tout simplement la flexibilité des effectifs et l'"évitement" du droit du licenciement en s'ingéniant, même de manière régulière, à recruter par des contrats précaires. On pourrait aussi bien évoquer le recours, par les gouvernements successifs, à l'art. 49, al. 3 de la Constitution de 1958, dans le but exclusif de "faire passer" des textes législatifs manquant de majorité parlementaire plutôt que pour permettre aux députés à se prononcer sur leur politique à partir de la discussion de ces projets.
L'ordre juridique lui-même s'attache certes à borner cette liberté des intentions, à travers des règles fondant l'éventuelle censure de l'illicéité ou de l'immoralité de la cause d'un contrat, de l'abus de droit ou de pouvoir, du vice des motifs d'un acte administratif, du détournement de pouvoir, etc; mais la ressource juridique ainsi fournie aux acteurs "d'en face" reste d'un usage assez rare et toujours aléatoire.

De ce type de mobilisation des règles juridiques, il faut distinguer leur usage argumentatif ou rhétorique, qui paraît s'être développé depuis deux décennies dans le champ des confrontations politiques. Au point que "le droit tend à devenir une ressource dont les acteurs politiques ne peuvent plus se passer et une arme privilégiée dans le combat politique", parce que "la légitimité des arguments politiques sera d'autant plus forte qu'ils seront coulés dans le bronze du droit" (53). Que l'on songe aux trésors d'imagination déployés pour étayer des saisines du Conseil constitutionnel après échec de la critique parlementaire d'un texte,

---

fonctions ("manifestes" ou "latentes", pour retenir la leçon de certains sociologues fonctionnalistes), c'est-à-dire ce à quoi elles servent ou ce qu'elles réalisent objectivement, indépendamment des intentions de leurs auteurs et des acteurs.

(53) J. Chevallier, *L'Etat de droit*, Montchrestien, 1992, p. 143. La bibliographie de cet ouvrage signale l'abondance des écrits récents sur ce phénomène de "la politique saisie par le droit" (selon la formule de L. Favoreu) et sur sa réelle portée (donc sur le poids des stratégies d'acteurs dans la mobilisation des normes suprêmes du droit public, comme sur la contrainte que celles-ci imposent à celles-là). V. également diverses contributions à : CURAPP, *Droit et politique*, PUF, 1993.

ou à l'appui cherché dans l'art. 8 de la Constitution ("Le Président de la République nomme le Premier ministre") en phase ou en perspective de "cohabitation" !

Il ne s'agit toutefois ni de la seule forme d'usage du droit pour tenter de convaincre, ni de la plus courante. Loin du terrain des joutes politiques, plus banale encore s'avère la mobilisation des règles - de leur teneur indiscutée ou de leur réputation - dans des négociations où la perspective de leur "réalisation" constitue, à la fois, un enjeu majeur et un atout pour celui qui la maîtrise. Aussi cet usage concerne-t-il assez logiquement des normes comme les règles pénales, de prime abord dotées d'une forte vocation à fonder le prononcé de la sanction qu'elles prévoient, mais qui fournissent par là-même des arguments de poids. Il est vrai que l'objectif animant cette utilisation, dans la recherche d'une transaction par exemple, n'est plus foncièrement étranger à celui des auteurs des règles en cause (54).

Au contraire, l'écart entre le projet de l'acteur prenant en compte le droit en vigueur et celui du législateur est manifeste lorsque cette référence s'inscrit dans un usage habile des règles et, plus encore, dans la perspective d'une action ou de la réalisation d'une situation délibérément irrégulière. Comment nier, pourtant, que ces normes jouent alors un rôle dans l'action ?

En décrivant le réseau de relations à travers lesquelles les règles juridiques peuvent gouverner ou orienter les actions, notre exploration confirme au moins la complexité et les incertitudes de cette influence. La représentation dominante de ces relations (*supra*, I, C), ne peut ni éclairer la théorisation de la part du droit dans la régulation sociale, ni guider l'interprétation de données empiriques. Cependant, si l'ordre juridique positif ne constitue ni un carcan, ni un appareillage dirigeant les conduites comme la voie ferrée dirige le mouvement du convoi, il est autre chose qu'une masse d'énoncés officiels à prétention normative mais à impact

---

(54) E. Serverin, P. Lascoumes, Th. Lambert, *Transactions et pratiques transactionnelles*, préc.

réduit sur les pratiques et toujours à la remorque des faits. L'évaluation de son efficacité, de son efficience ou de son effectivité apparaît, du coup, hautement problématique (55). En revanche, la perception de ce qui fait la complexité en question fait progresser la compréhension du droit dans ses rapports avec la société. Il est permis de penser, sur le plan pratique, qu'elle enrichirait le bagage des décideurs. Sur le plan théorique, elle fonde à parler de *régulation* pour qualifier l'ensemble des manières d'opérer des dispositifs juridiques dans et sur les pratiques, dans la mesure où ce terme peut s'entendre d'une *influence qui "laisse du jeu" dans les actions visées ou affectées, et repose toujours sur des opérations singulières de mobilisation du droit.*

(55) A. Jeammaud et E. Serverin, *Evaluer le droit*, préc.

II

LES MANIFESTATIONS DE LA RÉGULATION

LE CONSEIL D'ETAT, REGULATEUR DE L'APPAREIL NORMATIF

par

Bernard STIRN
Conseiller d'Etat, Secrétaire Général du Conseil d'Etat

Le thème que vous m'avez proposé, "Le Conseil d'Etat, régulateur de l'appareil normatif", m'a plongé dans un certain mystère, parce que le mot régulation, on le voit bien, n'est pas facile à cerner et qu'on n'a pas tellement l'habitude de réfléchir à la jurisprudence du Conseil d'Etat en termes de régulation. Ceci étant, votre thème m'a paru intéressant. La jurisprudence, au siècle dernier, se construisait autour de questions de sonneries de cloches dans les églises, de déroulement des processions religieuses ou de passage de l'éclairage au gaz à l'éclairage à l'électricité. Aujourd'hui, elle continue à s'édifier en abordant les conditions dans lesquelles un club de football descend en seconde division, les garanties qui sont offertes aux étrangers résidant sur le territoire, les possibilités ou les interdictions de recourir au procédé des mères porteuses. Derrière ces questions, on voit poindre la régulation : les problèmes de la société trouvent dans le recours à la juridiction administrative, une façon de s'arbitrer, d'évoluer qui correspond à une certaine forme de régulation.

Pour essayer de donner quelques éléments de réflexion sur le rôle que joue le Conseil d'Etat dans cette régulation des rapports de l'appareil d'Etat et de la vie sociale au quotidien, je vais me centrer sur la jurisprudence. Le président BRAIBANT évoquera pour sa part les attributions consultatives du Conseil d'Etat. En réalité, rôle juridictionnel et rôle consultatif du Conseil d'Etat sont indissociables mais nous les avons séparés, en obéissant aux organisateurs, et j'évoquerai donc surtout la jurisprudence contentieuse, qui est l'un des instruments par lesquels le Conseil d'Etat est amené à jouer, à côté de son rôle consultatif, cette tâche de régulation.

Cette régulation est au fond traditionnelle en ce qui concerne la définition de l'appareil normatif. De façon constante, le Conseil d'Etat a contribué à définir, et je crois qu'on peut effectivement parler de rôle régulateur, l'appareil normatif. Ce sera le premier point sur lequel j'essaierai de donner quelques réflexions. Ce rôle régulateur traditionnel de l'appareil normatif se double aujourd'hui d'un rôle d'arbitrage sur les problèmes de société, pour lequel le Conseil d'Etat, comme l'ensemble des juridictions administratives, sont de plus en plus sollicités.

C'est autour de ces deux réflexions que je voudrais construire mon propos : l'appareil normatif résulte largement de la régulation assurée de façon traditionnelle par le Conseil d'Etat, mais ce rôle régulateur devient aujourd'hui plus large et s'étend aux rapports de la société et du droit.

I - Sur la régulation de l'appareil normatif, je crois qu'on pourrait distinguer une double régulation qu'exerce le Conseil d'Etat : une régulation des règles de droit et une régulation des juridictions administratives. C'est en régulant à la fois les règles elles-mêmes et l'ensemble des juridictions administratives que le Conseil d'Etat contribue à définir l'appareil normatif.

A - Sur les règles de droit, je donnerai juste quelques exemples, quelques indications qui montrent que la jurisprudence d'un côté définit le contenu des règles de droit et d'un autre côté précise les rapports de ces règles les unes avec les autres et éclaire donc la hiérarchie qui existe entre les différentes règles de droit.

Le contenu des règles de droit est sans cesse précisé par la jurisprudence. Les règles constitutionnelles elles-mêmes laissent une grande part d'incertitude et, bien avant qu'on n'imagine même la création du Conseil constitutionnel, le Conseil d'Etat a donné pleine portée au préambule de la Constitution de 1946. Il s'est fondé sur le préambule pour modifier complètement sa jurisprudence antérieure sur le droit de grève des agents publics et reconnaître dans l'arrêt DEHAENE du 7 juillet 1950, le principe d'un droit de grève des agents publics. Avec un arrêt du 11 juillet 1956, Amicale des Annamites de Paris, qui est une anticipation sur la décision du 16 juillet 1971 du Conseil constitutionnel, il a qualifié la liberté d'association de principe fondamental reconnu par les lois de la République. Le préambule de la constitution est également utilisé par le juge administratif pour effacer des lois antérieures qui seraient contraires aux principes qu'il énonce. On en a vu une application dans un arrêt du 22 janvier 1982, BUTIN, par lequel le Conseil d'Etat a jugé que les dispositions de nature législative antérieures à 1946 qui prévoyaient que dans les jurys criminels des anciennes colonies les domestiques ne pouvaient être élus, avaient été implicitement abrogées par le préambule de la Constitution de 1946.

A côté de la Constitution, le Conseil d'Etat joue traditionnellement un rôle régulateur important pour définir le contenu et la portée des dispositions législatives. La jurisprudence du Conseil d'Etat, bien avant les articles 34 et 37 de la Constitution, a commencé d'esquisser ce qui pouvait être un domaine de la loi et un domaine du règlement et a continué après la Constitution de 1958 à donner à la loi un vaste domaine, beaucoup plus large que ce prévoyaient les constituants. Dès l'arrêt BABIN du 4 mai 1906, apparaît l'idée qu'il y a des matières que la tradition républicaine réserve à la loi.

L'idée est reprise sous la IVème république, dans l'avis que donne le 6 février 1953 le Conseil d'Etat au Gouvernement sur l'interprétation de la Constitution de 1946 et où il réaffirme qu'il y a des matières réservées à la loi par la tradition républicaine. C'est toujours cette idée qui a conduit le Conseil d'Etat, parallèlement avec le Conseil Constitutionnel, à donner une interprétation large de l'article 34 de la Constitution, beaucoup plus large que ce qu'imaginaient sans doute les constituants de 1958. Le Conseil d'Etat assure ainsi à la loi un domaine large, mais pas trop large non plus, de façon à ce qu'elle ne se perde pas dans trop de textes de détail comme dans le passé. Parallèlement, il n'hésite pas à interpréter très librement les dispositions législatives, à avoir à côté de cette conception extensive du domaine de la loi, une interprétation souvent constructive des termes de la loi. Tout le monde connaît l'interprétation donnée par l'arrêt du 17 février 1950, Ministre de l'Agriculture contre Dame Lamotte, des dispositions législatives selon lesquelles il n'y a aucun recours administratif ou judiciaire : aucun recours administratif ou judiciaire, cela signifie, nous dit le Conseil d'Etat, aucun recours sauf bien entendu le recours pour excès de pouvoir. Ces mêmes efforts d'adaptation au temps se continuent.

Par un arrêt du 8 avril 1987, Ministre de l'Intérieur c/ Peltier, le Conseil d'Etat a interprété le décret de la Convention du 7 décembre 1792 sur l'interdiction de sortir du territoire national comme signifiant qu'il y a une liberté d'aller et venir s'étendant au delà du territoire national. Il a de la sorte estimé que le décret de la Convention de 1792 était toujours en vigueur et il en a donné une interprétation qui est à peu près le contraire de ce que dit son texte intégral.

Le même effort de précision du contenu des règles juridiques s'est manifesté au travers des principes généraux du droit. La construction des principes généraux du droit reste une construction très vivante, au travers de laquelle le Conseil d'Etat persévère dans son rôle régulateur du système normatif. Il le fait d'abord en appliquant des principes généraux du droit traditionnel à des situations nouvelles. Par exemple, le principe d'égalité qui est d'utilisation courante dans la jurisprudence d'aujourd'hui mais face à des situations qui peuvent être nouvelles, comme l'égalité d'accès aux services publics communaux, qui est un problème de grande actualité. En fonction des besoins nouveaux, le Conseil d'Etat crée également des principes généraux du droit supplémentaires. La jurisprudence s'est ainsi considérablement enrichie ces dernières années, que l'on pense à l'interdiction de licencier une femme enceinte (8 juin 1973, Mme PEYNET), au droit de mener une vie familiale normale (8 décembre 1978, GISTI), au droit de tout salarié de percevoir un salaire minimum (23 avril 1982, ville de Toulouse), à l'interdiction pour l'employeur d'infliger des sanctions pécuniaires à ses salariés (1er juillet 1988, BILLARD et VOLLE c/S.N.C.F.), ou au principe général selon lequel on ne peut pas extrader un étranger vers son pays d'origine (1er avril 1988, BERECIARTUA-ECHARRI). De nouvelles règles importantes pour régler quantité de questions sur lesquelles le législateur, malgré sa prolifération, était resté muet, ont été définies, relayées au travers de principes généraux du droit.

En même temps qu'il continue de définir le contenu des règles, le Conseil d'Etat ne cesse de préciser la hiérarchie de ses règles, les rapports que les règles de droit entretiennent les unes avec les autres.

Là aussi la jurisprudence est à la fois en constante évolution et en constante écoute des besoins de la réalité.
L'évolution la plus marquante est bien sûr celle qui s'est produite au travers de l'arrêt NICOLO du 20 octobre 1989, sur la place des traités dans le droit interne, mais c'est une évolution dont je dirai juste en deux mots qu'elle s'inscrit dans le fil d'une attitude antérieure, en ce sens que contrairement à ce qu'on a pu croire parfois, le Conseil d'Etat n'a jamais eu une vision hexagonale du droit ; au fond très tôt, il a accepté le système moniste introduit dans notre ordre juridique par la Constitution de 1946. Il l'a fait dès l'arrêt DAME KIRKWOOD du 30 mai 1952 et il en a tiré des conséquences nombreuses. Mais pendant longtemps, il a pensé qu'il était difficile pour le juge administratif de faire prévaloir un traité sur une loi plus récente. Cela était difficile pour des questions qui ne tenaient pas véritablement au rôle du juge, au pouvoir du Conseil d'Etat, mais qui tenaient aux rapports constitutionnels entre les différents pouvoirs publics. Ce qui était en cause dans cette affaire, c'était moins le pouvoir du juge administratif que les obligations du gouvernement : le gouvernement, le pouvoir exécutif, est tout de même là normalement pour appliquer la loi et dire qu'il y a des cas dans lesquels le pouvoir exécutif a le pouvoir et a même le devoir de ne pas appliquer des lois, parce que celles-ci sont contraires à des traités, se heurtait à un obstacle qui était un obstacle constitutionnel, d'obéissance normale du pouvoir exécutif aux règles tracées par le législateur.

Mais cet obstacle, lui aussi, a été levé par l'évolution de la réalité car il résultait en réalité d'une protection de la norme législative, d'une conception de la séparation des pouvoirs, qui était peu à peu vidée de son sens, car les dispositions législatives pouvaient, et de plus en plus, être contestées, devant les juridictions judiciaires en raison de la jurisprudence adoptée dès 1975 par la Cour de Cassation et surtout devant les juridictions internationales, en particulier la Cour de justice des communautés et la Cour européenne des droits de l'homme.

Dès lors que cette obligation d'appliquer la loi pour les autorités exécutives disparaissait du fait de l'intervention de nombreuses autres instances juridictionnelles, mieux valait sans doute que les contrôles fussent exercés par le juge le plus naturel des dispositions législatives, ce qui n'empêche pas, après, d'éventuels recours devant les juridictions internationales. Ce juge le plus naturel est en France la juridiction administrative.

Des évolutions de ce type se voient très régulièrement. Il a fallu attendre le mois dernier pour qu'on sache exactement ce qu'est un décret en conseil des ministres, ce qui distingue un décret en conseil des ministres d'un décret du Premier Ministre. C'est à l'occasion de recours formés par un requérant malicieux contre les décrets organisant la campagne du dernier référendum, que par un arrêt du 10 septembre 1992, MEYET, le Conseil d'Etat s'est pour la première fois prononcé de façon très nette sur ce qu'est un décret en conseil des ministres. Exerçant là encore un rôle de régulation constitutionnelle, il a dit qu'un décret en conseil des ministres, est un décret qui est en fait inscrit à l'ordre du jour du conseil des ministres, même lorsqu'aucun texte ne prévoit cette intervention du conseil des ministres. Cette décision est importante pour le partage des pouvoirs entre le Président de la République et le Premier Ministre.

Dans cette place des différentes règles, le Conseil d'Etat tient largement compte des situations de fait. Je prendrai un dernier exemple, tiré de la création par le Conseil d'Etat de la catégorie des directives en 1970. Le Conseil d'Etat a toujours maintenu sa jurisprudence traditionnelle selon laquelle les ministres n'ont pas de pouvoir réglementaire et sauf dans des limites étroites ne peuvent pas prendre de dispositions impératives à l'égard des citoyens. Cette jurisprudence se comprend parfaitement pour des raisons aussi bien constitutionnelles que de bonne administration. Mais il est vrai qu'elle pouvait avoir des conséquences de fait dangereuses, soit une très grande centralisation des décisions parce que les autorités subordonnées, insuffisamment éclairées par l'autorité ministérielle, risquaient de faire remonter tous les dossiers au niveau central pour trancher sur les mesures à prendre au cas par cas, soit un autre risque, qui n'était pas meilleur, qui était un risque d'inégalité de traitement des administrés, si les autorités subordonnées ne faisaient pas remonter les dossiers au ministre et, en l'absence d'instruction pour les régler, prenaient des décisions différentes, d'une ville ou d'une région à l'autre. Ces considérations expliquent la théorie des directives, instrument juridique destiné, dans le respect de la hiérarchie des actes administratifs, à permettre au ministre d'éclairer ses services sur les mesures à prendre.

B - A côté de la régulation des normes juridiques, le Conseil d'Etat joue un rôle régulateur des juridictions administratives.

Il est d'abord régulateur vis-à -vis de lui-même. Le Conseil d'Etat fait en son sein de la régulation, de l'autorégulation, sans le dire, de façon très efficace pour la cohérence du droit administratif. Bien sûr, il y a au sein du Conseil d'Etat différentes instances de jugement, du Président de sous-section qui peut juger certaines affaires tout seul jusqu'à l'assemblée du contentieux, en passant par des formations intermédiaires. Mais entre ces différentes formations de jugement, il y a d'importantes instances de régulation.

Il y en a une qui n'est sans doute pas très connue et dont je crois qu'aucun manuel n'a jamais parlé car elle est complètement informelle. Au sein du Conseil d'Etat, on a l'habitude de l'appeler la "troïka", nom d'autant plus curieux que cette troïka comprend quatre personnes, le Président de la section du contentieux et les trois présidents adjoints de la section du contentieux, qui se réunissent tous les quatre, chaque semaine, pour faire le point des affaires venues dans les séances de jugement qu'ils ont présidées et s'assurer de la cohérence des décisions. Quand leur discussion hebdomadaire montre qu'une décision mérite l'hésitation ou n'est pas en cohérence avec ce qui a été fait ailleurs, l'affaire est renvoyée à une autre séance ou à une formation supérieure.

L'autre élément de régulation interne est justement ce jeu de renvoi qui est très régulier dans l'activité contentieuse, d'une formation de jugement à une formation supérieure. On voit régulièrement des sous-sections réunies renvoyer des affaires à la section du contentieux, et celle-ci pourtant formation de niveau élevé, renvoie parfois des affaires à l'assemblée du contentieux, formation de jugement suprême. Ces mécanismes ne sont pas très connus, mais ils sont importants pour assurer la cohérence du droit à l'intérieur du Conseil d'Etat.

Le Conseil d'Etat joue aussi un rôle régulateur à l'égard des autres juridictions administratives. Tout d'abord, l'appel et la cassation sont des moyens de régulation, d'une certaine manière. Leur portée est particulièrement importante vis-à-vis des juridictions administratives spécialisées, qui se trouvent ainsi soumises à l'application des principes généraux du droit administratif, alors qu'elles sont souvent assez éloignées ou qu'elles auraient pu être assez éloignées des principes traditionnels, les juridictions disciplinaires des ordres professionnels par exemple.

Mais il y a bien d'autres éléments régulateurs et on voit de nouvelles formes de régulation se développer. Parmi les autres éléments régulateurs, citons le rôle d'aiguillage que joue le Conseil d'Etat, et très spécifiquement le président de la section du contentieux du Conseil d'Etat, lorsqu'un dossier est adressé à une juridiction administrative alors qu'il relève en réalité d'une autre juridiction administrative. A l'intérieur de l'ordre administratif, il n'est pas grave pour un requérant de se tromper de juridiction car il y a une sorte d'aiguilleur en chef, le président de la section du contentieux, à qui reviennent tous les dossiers adressés à une juridiction administrative incompétente et qui les renvoie à la juridiction administrative compétente.

De nouvelles modalités de régulation apparaissent. Certaines sont de type juridictionnel. Au moins deux sont à signaler. Elles résultent de la réforme du contentieux de 1987. Il y a tout d'abord les avis sur les questions de droit que les juridictions administratives peuvent poser au Conseil d'Etat. Les juridictions administratives peuvent désormais, lorsqu'elles hésitent sur une question de droit nouvelle, interroger le Conseil d'Etat sur cette question. Ce mécanisme nouveau, intéressant du point de vue de la bonne administration de la justice, a paru tellement intéressant qu'introduit devant les juridictions administratives par la loi du 31 décembre 1987, il a été étendu aux juridictions judiciaires par la loi du 15 mai 1991, qui donne à la Cour de Cassation le même rôle d'éclairage des juridictions judiciaires sur les questions de droit nouvelles.

Il y a aussi, dans ces modalités juridictionnelles de régulation, le nouveau recours en cassation, tel qu'il résulte de la loi du 31 décembre 1987. La possibilité donnée par cette loi au juge de cassation d'évoquer une affaire et de la régler sur le fond est un élément important de maintien du rôle régulateur du Conseil d'Etat, puisque certaines questions de fait pourront demeurer tranchées par le Conseil d'Etat notamment lorsqu'il apparaîtra nécessaire de donner des indications tout à fait générales aux juridictions administratives. Je pense par exemple à une question comme le montant des indemnités, qui devant les juridictions judiciaires échappe totalement à la Cour de Cassation. Le Conseil d'Etat, même juge de cassation, pourra rester inspirateur d'évolutions sur le montant des indemnités par ce pouvoir d'évocation. De façon plus importante encore, la loi a introduit un filtre des pourvois en cassation, la commission d'admission des pourvois en cassation, qui permet au Conseil d'Etat de doser son intervention comme juge de cassation. Sorte de thermostat de la réforme du contentieux, ce filtre permet au Conseil d'Etat de n'intervenir comme juge de cassation que lorsqu'il lui paraît qu'il y a vraiment une question de droit sérieuse et au contraire de ne pas ouvrir la barrière lorsque le pourvoi en cassation ne lui paraît pas suffisamment sérieux.

Ce rôle régulateur des juridictions se double d'un rôle d'administration des juridictions administratives puisque le Conseil d'Etat est maintenant chargé de la gestion de l'ensemble des tribunaux administratifs et des cours administratives d'appel. On voit ainsi apparaître cette forme assez nouvelle d'intervention d'un ordre de juridiction géré par la juridiction suprême. Cette tâche est assurée par les services du Conseil d'Etat et également par une nouvelle instance, le Conseil supérieur des tribunaux administratifs, qui est lui-même une sorte d'instrument de régulation de la juridiction administrative, avec des pouvoirs très étendus, puisque le conseil supérieur prend toutes les mesures individuelles intéressant les membres de la juridiction administrative. Il est d'ailleurs intéressant de voir les garanties qu'il a quant à son indépendance et les pouvoirs qu'il détient par comparaison avec ceux du conseil supérieur de la magistrature, même s'il y a des différences entre les deux ordres de juridictions qui interdisent les comparaisons trop sommaires.

Il est sûr que, créé plus récemment, le Conseil supérieur des tribunaux administratifs a bénéficié de pouvoirs sensiblement supérieurs à ceux qui sont reconnus vis à vis des magistrats judiciaires au Conseil supérieur de la magistrature.

Enfin, le Conseil d'Etat exerce son rôle régulateur à côté ou à l'intérieur du tribunal des conflits. Régulateur suprême entre les deux ordres de juridiction, le tribunal des conflits est amené à donner encore aujourd'hui des éclairages très importants sur la répartition des compétences entre eux. Je pense par exemple aux arrêts qui ont été rendus ces dernières années en matière de droit de la concurrence, en matière d'expulsion d'étrangers ou en matière de voie de fait, dont le tribunal des conflits, on l'a bien vu dans l'affaire Gaudino jugée le 4 juillet 1991, retient une conception sans commune mesure avec les extensions considérables que lui donnent parfois certains juges judiciaires.

II - Le rôle régulateur de l'appareil juridique que joue le Conseil d'Etat devient plus large et s'étend à des fonctions d'arbitrage, dans les rapports complexes de la société et des règles de droit.
Pour observer que ce rôle d'arbitrage devient plus large, il faut tout d'abord constater que le Conseil d'Etat et les juridictions administratives dans leur ensemble sont de plus en plus sollicités. On fait de plus en plus appel à eux : davantage de litiges leurs sont soumis, des procédures particulières se multiplient, s'apparentent à des procédures de régulation, et des attributions non contentieuses, mais proches de l'activité juridictionnelle, leur sont de plus en plus confiées.

A - Il y a tout d'abord une augmentation considérable du volume d'affaires soumises aux juridictions administratives. On a parfois l'impression que les administrés font de plus en plus appel aux juridictions administratives pour assurer ce rôle de régulation. S'il y a une prolifération des textes, il y a aussi et peut-être plus encore une prolifération des procès. Les tribunaux administratifs étaient saisis de 20 000 affaires en 1970, en 1991 ils en ont reçu 70 000. Le Conseil d'Etat enregistrait 3 000 recours en 1970, en 1991 10 800 recours ont été déposés devant lui, à quoi il faut ajouter les 5 000 recours présentés devant les nouvelles cours administratives d'appel. Les mois qui viennent de s'écouler montrent de nouveau une augmentation considérable. Après la très forte augmentation dans les vingt et en particulier dans les dix dernières années, 1989 et 1990 avaient marqué un certain palier, une relative stabilisation mais la hausse a repris à un rythme élevé à la fin de 1991 et en 1992.

Les tribunaux administratifs avaient reçu le 1er octobre 1992 déjà plus d'affaires qu'ils n'en avaient enregistré en 1991. Le taux d'augmentation des litiges en 1992 sur 1991 sera de l'ordre de 20%. Il faut s'interroger sur le besoin de juge administratif, qui se manifeste au travers des chiffres. Il faut aussi se rappeler que l'Etat de droit ne se confond pas avec la société contentieuse.

Les contentieux en tout cas augmentent considérablement. En même temps on voit se multiplier des procédures particulières, par lesquelles le juge est sollicité soit pour régler un litige avec des pouvoirs spécifiques, soit pour intervenir dans certaines procédures administratives. On assiste en particulier au développement des procédures d'urgence, sursis et référé. Le référé administratif n'a pas encore le développement du référé civil, mais il s'étend tout de même considérablement, notamment en matière de mesures d'expertise, d'instruction et, depuis 1988, de provision ; le juge des référés peut désormais accorder des provisions. Des procédures plus spécifiques sont apparues ces dernières années. Le déféré préfectoral a été introduit par la loi de décentralisation du 2 mars 1982 avec les particularités qui l'entourent en matière de sursis. Plus récemment ont été prévues des interventions du juge administratif comme juge unique, d'abord en matière de reconduite à la frontière, la loi du 10 janvier 1990 édictant cette procédure nouvelle de jugement en 48 heures par un juge unique des arrêtés préfectoraux de reconduite à la frontière, et plus récemment en matière de marchés, la loi du 4 janvier 1992 prévoyant les interventions également d'un juge unique à l'égard des passations de marchés publics. Le président du tribunal administratif ou un magistrat désigné par lui peut bloquer un marché public dès le stade de la passation, s'il apparaît que les règles de publicité, de mise en concurrence n'ont pas été respectées. Tout cela fait beaucoup de choses, dans des domaines sensibles à l'heure actuelle, que ce soit la reconduite à la frontière ou les marchés publics.

En dehors même de ces procédures, qui restent des procédures juridictionnelles, il y a des appels aux juridictions administratives pour des activités, proches de la tâche juridictionnelle, mais qui ne se traduisent pas par des jugements.

Il y a d'abord l'exécution des décisions de justice. La juridiction administrative veille à l'exécution de ses propres décisions. Elle est de plus en plus sollicitée à cet égard et les attributions qu'exerce en ce domaine la section du rapport et des études du Conseil d'Etat peuvent être déléguées par elle aux cours administratives d'appel, depuis un décret du 11 mai 1990. D'autres interventions se développent. La loi du 12 juillet 1983 a chargé les présidents de tribunaux administratifs de désigner les commissaires enquêteurs dans les procédures d'enquête publique. La loi du 6 janvier 1986 a prévu que les tribunaux administratifs jouent un rôle de conciliation et malgré le caractère très vague des termes de la loi, le Conseil d'Etat a jugé en 1989 qu'elle était directement applicable et que, même sans texte la précisant, les tribunaux administratifs pouvaient exercer une mission de conciliation.

Des réflexions sont en cours pour développer les modes alternatifs de règlements des litiges (MARLT), qui font l'objet d'une étude de la section du rapport et des études du Conseil d'Etat, dans le souci de conduire les juridictions administratives à intervenir davantage sous forme de médiation, de conciliation, d'arbitrage avant un litige contentieux et afin de prévenir celui-ci.

B - Donc les juridictions sont de plus en plus sollicitées. En même temps, leur rôle d'arbitrage dans les rapports de la société et du droit se développe. Je prendrais trois exemples de ce rôle d'arbitrage de plus en plus large que jouent les juridictions administratives. Ces exemples sont tirés de la protection des droits fondamentaux, de la régulation des organismes nouveaux et de la régulation dans des domaines sensibles.

La protection des droits fondamentaux, intervention traditionnelle, est appelée à se développer, notamment au regard des garanties constitutionnelles, dont la jurisprudence administrative fait de plus en plus application et fera sans aucun doute de plus en plus application au travers de ce que certains de mes collègues ont appelé le "contrôle de conventionnalité". Le terme ressemble, un peu volontairement je pense, au contrôle de constitutionnalité. Car s'il est vrai que les juridictions administratives ne font pas de contrôle de constitutionnalité des lois en tout cas, elles vont exercer, à la suite de l'arrêt Nicolo, un rôle important de respect des principes fondamentaux posés par les conventions internationales protectrices des droits de l'homme. Ce contrôle ressemble quand même beaucoup au contrôle de constitutionnalité. Il est frappant de constater que, depuis l'arrêt Nicolo, les deux cas où le Conseil d'Etat a eu à faire application de cette nouvelle jurisprudence ont été des cas dans lesquels il a été amené à confronter des lois nationales à des principes tirés de la convention européenne des droits de l'homme, qui ne sont quand même pas très différents des principes constitutionnels. Dans les deux cas qui lui ont été soumis, il a jugé que les lois les plus récentes étaient conformes aux principes de la convention européenne des droits de l'homme, d'abord la loi sur l'objection de conscience (8 juin 1990, Chardonneau), puis la loi sur l'interruption volontaire de grossesse, qui a également été jugée conforme aux principes de la convention européenne des droits de l'homme (21 décembre 1990, Confédération nationale des associations familiales catholiques). On voit bien là tout un champ nouveau qui s'ouvre.

Un autre domaine de régulation est celui des organismes nouveaux ou des organismes disposant de pouvoirs accrus. Le Conseil d'Etat et les autres juridictions administratives sont amenés à contrôler de près des organismes qui exercent des prérogatives nouvelles ou des prérogatives accrues. On en a vu des exemples assez marquants ces dernières années. Ainsi le contrôle des collectivités locales, même s'il appelle encore quelques réserves quant à son efficacité, conduit la jurisprudence à des évolutions importantes.

Le Conseil d'Etat, exerçant ce nouveau rôle de juge de la légalité des collectivités locales, a notamment été amené à infléchir la jurisprudence sur l'annulation des contrats par le juge des contrats : par l'arrêt Département de la Moselle du 31 mars 1989, il a en effet estimé que des contrats entre collectivités publiques et des mesures prises par les co-contractants dans le cadre de ces contrats pouvaient être annulés par le juge administratif, alors qu'auparavant le juge du contrat se bornait à allouer des indemnités.

Par un arrêt Brasseur du 25 janvier 1991, le Conseil d'Etat a par ailleurs précisé que le préfet bénéficiait de l'opportunité des poursuites et n'était donc pas obligé de saisir le tribunal administratif d'un acte illégal d'une collectivité locale, mais que le recours au préfet prolongeait le délai de recours contentieux pour celui qui s'adressait au préfet avant une saisine du tribunal administratif.

Outre les collectivités locales, d'autres organismes sont soumis à un contrôle de légalité étroit et vigilant de la juridiction administrative. C'est le cas tout d'abord des autorités administratives indépendantes. Autorités de régulation par excellence, elle sont soumises à un contrôle de légalité extrêmement strict. Cela est d'ailleurs une exigence constitutionnelle, qui a été rappelée par le conseil constitutionnel lui-même, à propos de la CNCL puis du CSA ; dans ses décisions des 18 septembre 1986 et 17 janvier 1989, le Conseil constitutionnel a jugé que, comme toute autorité administrative, les autorités administratives indépendantes prenaient des décisions susceptibles de recours pour excès de pouvoir et le Conseil d'Etat a veillé à exercer pleinement ce rôle de juge de l'excès de pouvoir vis-à-vis des actes des autorités administratives indépendantes. Il s'est d'abord reconnu compétent dans tous les cas, même vis à vis du médiateur ce qui a été parfois mal ressenti, notamment par l'un au moins des médiateurs, et il a exercé dans tous les cas un entier contrôle. C'est un domaine dans lequel l'erreur manifeste n'a pas de place à ma connaissance aujourd'hui. On trouve le même type d'intervention à l'égard des fédérations sportives, qui disposent d'importantes prérogatives de puissance publique, qui jouent dans la vie sociale à l'heure actuelle un rôle important, qui sont très éloignées ou qui étaient très éloignées, elles le sont peut-être un peu moins aujourd'hui, des principes traditionnels du droit administratif, tels les droits de la défense ou le droit au recours et que le Conseil d'Etat a soumises à un contrôle de légalité vigilant pour les imprégner des principes traditionnels du droit administratif. Le juge de l'excès de pouvoir est un régulateur des autorités de régulation.

Enfin le dernier exemple de ces interventions régulatrices concerne les domaines sensibles, les questions délicates, objets de débats, au cours des dernières années. Je rappellerai juste deux thèmes, la bioéthique et les droits des étrangers pour lesquels le Conseil d'Etat a été amené à jouer des interventions régulatrices tout à fait importantes. En matière de bioéthique, le Conseil d'Etat a eu à se prononcer sur l'application de la loi sur l'interruption volontaire de grossesse et sur la dissolution des associations de mères porteuses (22 janvier 1988, Association les cigognes), question qu'il a traitée quelques mois avant la Cour de Cassation et dans le même sens qu'elle.

Pour les étrangers, la jurisprudence est riche , aussi bien en matière de droit au séjour, avec une jurisprudence très développée sur la protection contre les mesures d'expulsion, d'extradition, de reconduite à la frontière, qu'en matière de droits fondamentaux des étrangers résidant sur le territoire français, puisque c'est le Conseil d'Etat, là aussi le premier, dans un arrêt du 30 juin 1989, Ville de Paris, qui a affirmé que les étrangers en situation régulière sur le territoire français bénéficient des mêmes droits économiques et sociaux que les nationaux, jurisprudence qui a été reprise quelques mois plus tard par le conseil constitutionnel.

Les débats soulevés par le port du voile à l'école ont été aussi l'occasion pour le Conseil d'Etat de jouer un rôle régulateur, par son avis du 27 novembre 1989, dont les termes ont été repris par l'arrêt Kherouaa du 2 novembre 1992. La définition de la laïcité donnée par le Conseil d'Etat et les règles à suivre qu'il a décrites ont largement permis de mettre fin à des polémiques qui avaient atteint une vive intensité.

Voilà des exemples de ce qui peut s'apparenter à un rôle de régulation, c'est-à-dire finalement un rôle qui consiste à exercer un arbitrage créatif, à ajuster des équilibres, à assurer des évolutions, à garantir une cohérence. A côté du contentieux et peut-être de façon moins connue, le rôle consultatif du Conseil d'Etat, que le président Braibant va maintenant évoquer, contribue de la même manière à l'application, l'adaptation et l'évolution des principes fondamentaux de notre droit.

LA REGULATION CONSULTATIVE DU CONSEIL D'ETAT

par

Guy BRAIBANT
Président de section du Conseil d'Etat

Je ne regrette pas d'être venu à ces colloques de Montpellier, car je m'y suis instruit. C'est en effet ici que j'ai découvert que le Conseil d'Etat avait sécrété sans le savoir, des instances de régulation importantes ; Bernard STIRN a cité celles qui concernent le contentieux ; je ferai allusion, rapidement, à celles qui concernent l'ensemble des activités, c'est-à-dire la complémentarité contentieux-sections administratives. Et c'est une grande différence avec les juridictions judiciaires, où ce système de régulation, même à l'intérieur de la Cour de Cassation, pour l'instant n'existe pas.

Nous avons pour assurer la cohérence de l'ensemble de nos activités consultatives et contentieuses des instances de régulation qui sont d'abord l'assemblée plénière du contentieux, à laquelle participent les présidents des sections administratives, ensuite l'assemblée générale des sections administratives à laquelle participent des membres du contentieux et notamment le président de la section du contentieux et enfin le bureau du Conseil d'Etat qui est une de ces instances informelles mais importantes, où siègent tous les présidents de sections et où quelques problèmes de politique générale de l'institution sont évoqués. De sorte que nous essayons d'éviter, et nous y arrivons en général, les contradictions internes. C'est la régulation interne au Conseil que je voulais signaler au début de cet exposé.

L'activité consultative est moins connue, pour une raison très simple : c'est qu'elle est en principe secrète. Par conséquent elle a fait l'objet de beaucoup moins de travaux, de thèses, d'études etc.... et que moi-même je ne pourrai pas tout dire, mais j'en dirai le maximum, sur les méthodes et l'objet de cette régulation là, qui est de plus en plus importante.

La prolifération des textes fait que la "part de marché" des textes augmente par rapport à celle de la jurisprudence, cette activité de régulation qui s'exerce sur les textes, prend de plus en plus d'importance. C'est notamment vrai en droit administratif où les textes ont relayé la jurisprudence, on l'a bien vu avec tous les textes sur la transparence administrative par exemple.

J'aurai tendance à dire que si on prend l'histoire du Conseil sur deux siècles, on constate que naturellement sous l'Empire l'activité principale de régulation s'exerçait sur les textes et par les textes, les codes, etc...., et que , au début de notre siècle, c'était certainement la régulation contentieuse qui était la plus importante. Maintenant il y a un certain équilibre entre les deux à cause de l'importance nouvelle que prennent les textes dans notre système juridique actuel.

Il faut distinguer deux catégories d'interventions consultatives, l'intervention sur les textes précisément et ensuite ce que j'appellerai les avis proprement dits et les recommandations qui sont peut-être moins importants actuellement mais qui pourraient aussi prendre plus d'importance dans l'avenir.

L'EXAMEN DES TEXTES

Son objet est considérable. C'est d'abord la Constitution elle-même et l'on sait que dans les travaux préparatoires de la Constitution, les délibérations du Conseil d'Etat, ont été récemment publiés ; ce sont tous les traités internationaux qui passent devant le Conseil d'Etat, tout au moins ceux qui donnent lieu à des lois : les lois, les décrets, les ordonnances etc...., plus un certain nombre d'actes collectifs ou individuels comme les changements de nom, des acquisitions de nationalité ou, ce qui est très important actuellement, les déclarations d'utilité publique de grands travaux que fait le Conseil d'Etat lorsqu'il examine ces textes dont je signale tout de suite qu'ils ne concernent pas seulement le droit public. Au Conseil d'Etat, dans les sections administratives, le droit public est minoritaire si je puis dire, on fait essentiellement du droit privé. Tout le nouveau code pénal, les textes de droit du travail, de droit social, de droit commercial, de droit civil etc...., la grande loi récente sur les voies d'exécution passent au Conseil d'Etat. Ce n'est donc pas là une régulation uniquement du droit administratif, ce qui est plutôt le cas du contentieux qui est très majoritairement du droit administratif. C'est une régulation de l'ensemble du droit, qui comprend aussi, ce que souvent on ne souligne pas, un contrôle systématique de constitutionnalité des lois. Lorsqu'on pense contrôle de constitutionnalité des lois, on pense que c'est le Conseil constitutionnel qui l'assure non le Conseil d'Etat.

En réalité par rapport au Conseil constitutionnel, le Conseil d'Etat examine toutes les lois, tous les projets de lois mais pas les propositions de lois, et non pas seulement les lois dont le Conseil constitutionnel est saisi ; il exerce un contrôle en amont, par conséquent particulièrement efficace et d'autant plus efficace que le Conseil constitutionnel existe. C'est-à-dire que le Conseil d'Etat dans ce contrôle en amont peut s'appuyer sur la jurisprudence du Conseil constitutionnel et dire au Gouvernement : attention vous allez avoir des difficultés avec le Conseil constitutionnel si vous persistez dans cette voie.

On voit donc que cette action de régulation est très importante ; comme l'a dit Bernard STIRN, la Constitution est sans doute impérative mais elle n'est pas toujours claire, surtout si on prend l'ensemble de ce qu'on appelle maintenant le bloc de constitutionnalité.

Qu'examine le Conseil d'Etat ? Il régule quoi et comment ?

D'abord le style, c'est déjà important, c'est un élément fondamental ; il faut absolument une instance de régulation de la langue du droit ; il fait ce qu'il peut, il n'y arrive pas toujours ; on lui reproche parfois de s'occuper des virgules, mais nous avons tous en tête des exemples dans lesquels la place d'une virgule ou son existence modifie complètement le sens du texte. Il essaye de remettre les textes en français ; on ne peut pas s'imaginer de l'extérieur des différences entre le texte qui arrive au Conseil et celui qui en ressort ; celui-ci n'est pas brillant, mais celui-là est souvent épouvantable ; c'est un travail de toilettage obscur, un peu fastidieux, mais quotidien que nous faisons. Cela s'aggrave parce que, comme il a été déclaré également dans les rapports du Conseil d'Etat, la formation juridique des fonctionnaires malheureusement diminue ; ils savent de moins en moins rédiger, je dois dire que c'est aussi le résultat de la formation primaire et secondaire ; ils savent de moins en moins écrire en général et écrire en langage juridique en particulier. Il arrive qu'un texte qui nous est présenté dise exactement le contraire de ce que ses auteurs voudraient lui faire dire en raison d'un jeu de négations ou d'un terme équivoque.

A côté de cette régulation du style, il y a une régulation juridique naturellement : est-ce que le texte est conforme à la constitution ou aux principes généraux du droit, est-ce que le décret est conforme à la loi, etc.... ? Il y a même une régulation, plus difficile à cerner, d'opportunité, qui parfois provoque des conflits avec le gouvernement. En principe le Conseil d'Etat, en tout cas au contentieux, ne s'occupe pas d'opportunité, là il s'en mêle.
Pas de l'opportunité politique : je donne toujours l'exemple, nationalisations/privatisations ; ce n'est pas au Conseil d'Etat à dire s'il faut nationaliser ou s'il faut privatiser ou s'il ne faut pas le faire ; mais il a à dire comment on doit le faire et là il peut y avoir des questions qui sont aux limites de l'opportunité, comme le calcul de l'indemnité équitable. Il y a aussi de l'opportunité administrative, ou de l'opportunité sociale, la conformité à la philosophie sociale du pays telle que le conseil d'Etat la conçoit ou simplement à une bonne organisation, à un bon fonctionnement de l'administration.

Par quelles méthodes le fait-il ? C'est la tâche de ses sections administratives. Il y a l'assemblée générale, mais là encore on constate que spontanément, et ce fut un peu l'oeuvre de l'actuel vice-président, nous avons renforcé la régulation car il y a parfois des possibilités de divergence entre les quatre sections administratives qui examinent les textes : c'est pourquoi le vice-président a demandé que de plus en plus souvent des textes qui n'ont pas besoin juridiquement de venir en assemblée générale y viennent pour assurer cette régulation interne et dans le même temps, que moins de textes aillent devant l'instance d'urgence qu'est la commission permanente, où la régulation se faisait moins bien.

Ce qui est important, c'est le dialogue permanent entre les membres du Conseil d'Etat et les fonctionnaires qui viennent y présenter des textes, qui peut aboutir à un texte assez différent, un texte intermédiaire entre ce que le gouvernement voulait et ce que le Conseil d'Etat accepte. De sorte qu'actuellement, on peut affirmer qu'il n'y a pas un seul texte qui sorte du Conseil d'Etat comme il y est arrivé, alors qu'autrefois, on renvoyait parfois le texte tel quel. Maintenant tous les textes sont, je pense, modifiés par le Conseil d'Etat, mais le plus souvent avec l'accord du Gouvernement ou de ses représentants de sorte que cela ne donne pas lieu à une note de rejet ou une note de disjonction, puisque dès lors que le Gouvernement est d'accord, ce n'est pas la peine de s'expliquer autrement ; c'est ce qui rend cette "jurisprudence" ou cette activité secrète non seulement vis-à-vis de l'extérieur, mais vis-à-vis de nous-mêmes en ce sens que nous avons un problème de fichier; nous avons pu voir une question, un texte modifié en résulter, sans prise de note. C'est alors la mémoire des uns et des autres qui seule nous protège contre des contradictions à quelques années d'intervalle.

Le bilan de cette régulation est toujours très difficile à établir, il est contrasté ; il y a un actif, à mon avis et un passif. L'actif c'est , comme je viens de le dire, que le Conseil d'Etat améliore les textes, il essaye de les rendre un peu plus lisibles, un peu plus compréhensibles, un peu plus clairs et précis, qu'il assure dans une large mesure le respect du droit et la cohérence juridique et administrative du pays.

Il le fait d'autant plus que le gouvernement, qui n'est pas obligé ou rarement obligé de suivre ses avis, généralement les suit, sauf quelques problèmes sensibles donnant lieu à un projet de loi. Mais au passif, ce qui est frappant malgré tout et qui nous gêne, c'est que dans notre rapport annuel, et surtout cette année, nous disons qu'il y a trop de textes qui sont mal rédigés, qui sont mal faits, etc.... On peut alors nous demander : qu'avez fait pour empêcher cela ?

C'est là qu'apparaissent les limites de cette régulation. Il serait très intéressant, séduisant, tentant, de réguler le flux et de dire : cette loi est inutile, vous avez déjà tout l'arsenal qu'il vous faut, ce décret est beaucoup trop long, vous avez préparé 150 articles alors que 10 auraient suffi. Personnellement, je suis souvent tenté de le dire, et de temps en temps je le dis en assemblée générale, mais le Conseil d'Etat arrive tout à fait en bout de course, à un moment où il y a eu toute une série, pendant parfois des années, de concertations avec les partenaires sociaux et réunions interministérielles et que finalement on a réussi à se mettre d'accord sur le texte qui lui est proposé ; il est difficile de dire dans ce contexte "vous avez travaillé pour rien, vous avez fait fausse route depuis le début" ; en outre, il arrive souvent que les partenaires sociaux eux-mêmes souhaitent un texte, même s'ils savent parfaitement qu'il est inutile. Il m'est arrivé un jour de dire en assemblée générale : ce texte ne sert à rien et il est incohérent, et un commissaire du Gouvernement, c'est-à-dire un représentant de l'administration s'est exclamé "mais ils sont tous d'accord" ; le "ils sont tous d'accord" visait les propriétaires, les locataires, les promoteurs, parce qu'il s'agissait d'un texte immobilier, et je voyais l'inquiétude de ce fonctionnaire qui devrait retourner devant tous ceux qui étaient d'accord pour leur dire que le Conseil d'Etat, lui, n'est pas d'accord. C'est là une limite à cette régulation ; notre rapport annuel ou nos études peuvent aussi la relayer en dénonçant globalement une prolifération que, au jour le jour et au fil des affaires, nous n'arrivons pas à contenir.

Une autre faiblesse que nous dénonçons également, mais là aussi nous n'y pouvons pas grand chose, c'est la trop grande brièveté des délais qui sont donnés au Conseil d'Etat consultatif pour examiner un texte. La loi de finances est l'exemple le plus typique ; nous disposons généralement de 48 heures ; il arrive que des articles soient amenés en séance et qu'il faille immédiatement en prendre connaissance et essayer de réagir en se disant qu'il y a peut-être un problème que l'administration se garde bien de signaler. Je rappelle aussi que contrairement au contentieux la procédure n'est pas contradictoire.

Il y a ainsi des limites qui sont dues à la place du Conseil d'Etat dans la société ; tout simplement, le Conseil d'Etat n'est pas en mesure de demander quinze jours de plus pour examiner un texte alors qu'il est inscrit au prochain conseil des ministres, ni de dire qu'il y a trop de textes et qu'il faut en supprimer la moitié. Dans ces limites-là, dans ces contraintes là, il arrive quand même à jouer un rôle de régulation qui est important ; je suis parfois un peu chagriné qu'on ne puisse pas en parler davantage.

Je siège actuellement dans une commission, où l'on discute du découpage des circonscriptions électorales ; il y est dit que celui de 1987 a été bien accueilli, que ce fut un bon découpage, un découpage honnête par rapport au précédent. Il est dû largement au Conseil d'Etat, mais personne ne peut le dire, personne ne le sait; en le disant, je trahis le secret de notre avis ; cela m'agace de constater que nous avons siégé trois jours entiers sur ce découpage, circonscription par circonscription, département par département, et nous l'avons refait dans une large proportion. L'allure de correction globale qu'il a eue est due pour partie au Conseil d'Etat et ensuite, naturellement, il faut rendre hommage au gouvernement qui a suivi ses avis, ce qu'il n'était évidemment pas obligé de faire, surtout pour une question politiquement aussi sensible.

En ce qui concerne les déclarations d'utilité publique, il est clair que le Conseil d'Etat en sections administratives essaye de faire appliquer la théorie du bilan en amont ; c'est évidemment beaucoup plus utile que de l'appliquer en aval, au contentieux ; il y a là une complémentarité des deux parties de la maison, comme nous avons coutume de dire.

LES AVIS ET LES PROPOSITIONS

Les deux autres fonctions consultatives, en dehors de l'examen des textes, sont les avis et les propositions. Le véritable avis, au sens traditionnel et juridique du terme, c'est la réponse à une question juridique posée par le gouvernement. Un exemple célèbre concerne l'affaire du "tchador" ou "foulard islamique". Les avis là sont de plus en plus souvent publiés (celui sur le tchador a été publié le jour même où il a été rendu, comme le ministre l'avait d'ailleurs annoncé) ; mais les autres sont publiés, plus ou moins vite, à 90 % avec l'accord du gouvernement ou du ministre et reproduits notamment dans la revue du Conseil d'Etat "Etudes et Documents".

Il y en a peu, une cinquantaine par an actuellement, et nous ne faisons pas trop de publicité auprès des ministres parce que nous avons assez de tâches comme cela. Peut-être que cette activité, si la prolifération des textes arrivait à être freinée, pourrait, elle, se développer ; c'est un rôle d'interprétation des textes, d'interprétation des normes. Je signale par exemple, pour ceux qui s'intéressent plus spécialement au contentieux, que la théorie des effets de l'annulation pour excès de pouvoir de l'acte de passation détachable du contrat, résulte de deux avis, l'un de la section des travaux publics il y a quinze ans, l'autre de la section du rapport et des études à propos d'une affaire d'exécution et que cette théorie n'a pas été faite par le contentieux, parce qu'il n'en a pas eu encore l'occasion. Là encore il s'agit d'une régulation juridique de style classique ; mais malheureusement le premier de ces avis n'a jamais été rendu public, alors que c'est peut-être le plus intéressant des deux.

La nouvelle activité dans ce domaine, après l'interprétation des normes, est l'invention des normes. C'est le nouveau rôle du Conseil d'Etat de proposition de réformes ou de mesures nouvelles dans des domaines où il semble qu'elles soient nécessaires. Ce qui fait qu'on peut nous accuser de contribuer à la prolifération des normes ; mais nous le faisons vraiment dans des domaines, il y a été fait allusion tout à l'heure, comme la bioéthique où nous estimons qu'il y a un grand vide juridique et qu'il faudrait le combler rapidement. C'est aussi une forme de régulation, une régulation anticipée. Si je reprends l'exemple des mères porteuses, la Cour de Cassation et le Conseil d'Etat au contentieux ont pris une position que la section du rapport et des études avait déjà prise dans un rapport public ; je constate que certains tribunaux judiciaires appliquent les indications de ce rapport en quelque sorte par anticipation, comme si les lois avaient été votées. C'est encore un rôle de régulation, si je puis dire, prospective.

Il reste un domaine, ce sera ma conclusion, où le rôle de régulation du Conseil d'Etat n'est pas joué de façon satisfaisante et nous sommes en train d'y réfléchir, c'est le domaine du droit européen. Le Conseil d'Etat se trouve dans la même situation pratiquement que le Parlement, c'est-à-dire que le droit européen lui échappe; et chacun sait que la part de normes européennes dans l'ensemble des normes applicables en France est de plus en plus importante. C'est évident pour les règlements, qui sont d'application directe.

C'est également vrai pour les directives, qui sont très précises, qui sont en fait très contraignantes, même si soi disant elles laissent le choix des moyens aux Etats. Une fois qu'elles sont prises, c'est une tâche relativement facile, car il s'agit le plus souvent de les recopier; le Conseil d'Etat et le Parlement sont en train de se transformer en machines à recopier des directives, sans aucune marge de manoeuvre dans le choix des concepts et même des termes ; chaque fois qu'on objecte qu'un terme n'existe pas en droit français, on répond : oui mais si vous en prenez un autre on vous accusera, la commission ou la cour, de ne pas avoir transcrit correctement.

De sorte qu'il y a des notions totalement étrangères au droit français qui s'introduisent ainsi subrepticement dans notre droit sans que personne ne l'ait voulu d'ailleurs, car ce n'était pas la volonté des autorités européennes de bouleverser notre système juridique; simplement elles ne le savaient pas et nos négociateurs français n'avaient pas eu non plus une formation juridique suffisante.

Le parlement a essayé de résoudre le problème, comme on sait, à l'occasion de la dernière révision constitutionnelle, en demandant constitutionnellement à être saisi par le gouvernement de tous les textes de nature législative. Personne ne sait très bien quelle est la proportion, mais j'aurais tendance à dire que les textes de nature législative, constituent entre un dixième et un cinquième de la totalité des directives en question. La grande majorité est donc du domaine réglementaire et ne sera pas transmise au parlement. Ce que souhaite celui-ci d'ailleurs, c'est faire des interventions politiques, ce n'est pas son métier de faire des interventions d'ordre juridique. De sorte que le problème se pose de savoir comment le Conseil d'Etat peut intervenir à temps sur la fabrication des directives, c'est-à-dire avant qu'elles ne soient définitivement adoptées, pour dire : attention politiquement vous faites ce que vous voulez naturellement, mais juridiquement ce concept ne vas pas bien chez nous. Un exemple : dans une directive récente, il y avait à la fois la notion d'organisme de droit public et la notion de personne morale de droit public. Quelle est la différence ? On nous a répondu qu'il y a une différence puisqu'on a employé deux expressions ; mais il y en a une qui a un sens, personne morale de droit public, il y en a une qui n'en a pas, organisme de droit public ; ce qui n'a pas de sens c'est de faire une différence entre les deux.

Je pense aussi aux directives sur les marchés qui ont introduit des procédures nouvelles, peut-être heureuses d'ailleurs mais d'une façon très subreptice, qui ont modifié, qui ont bouleversé notre système de contrôle juridictionnel de l'administration et qui imposent de faire la même chose devant les tribunaux judiciaires de sorte que très rapidement les uns et les autres vont appliquer la même directive sans avoir évidemment toujours les mêmes solutions.

C'est un problème, qui doit avoir des solutions, qui oblige à une certaine imagination, parce qu'il s'agit là d'une consultation qui n'est pas obligatoire ; il faut que le gouvernement, bénévolement ou avec bienveillance, ou parce qu'il y trouve intérêt, nous transmette tous les projets de directives et cette fois-ci quelle que soit leur nature

législative ou réglementaire, afin que nous puissions, sous une forme qui n'existe pas actuellement dans notre droit, exprimer une opinion à l'avance, en temps utile, pendant la négociation de la directive, au gouvernement, sur un plan juridique.
Voilà un domaine où la régulation n'est pas faite ; vous savez que certains pensent même à l'idée d'un Conseil d'Etat européen ; même s'il y a des services juridiques de très grande qualité à Bruxelles, ils ne peuvent pas suffire à l'assurer, parce qu'ils ne sont pas indépendants.

Ce problème nouveau, de plus en plus important, n'est pas encore résolu.

ASSOCIATION ET REGULATION

par

Guilhem DEZEUZE
Maître de Conférences - Université de MONTPELLIER III

Pour parler de la régulation et tenter d'y placer l'association selon un point de vue politiste, je partirai des trois formes du "déréglé" ou du "mal-réglé" que le vocabulaire actuel propose : l'anomique, l'anormal, l'anomalie.
Très rapidement, les racines grecques indiquent les nuances :

- l'anomique : c'est le défaut de nomos, c'est-à-dire de ce qui est partagé, de ce qui fait règle commune. Cela renvoie donc à une idée de loi qui s'impose;
- l'anormal : défaut de gnomon (ou norma, en latin), c'est-à-dire de ce qui indique, de ce qui juge ou désigne. Cela renvoie donc à l'idée d'index juridique ou moral;
- l'anomalie : c'est le défaut d'omalos, c'est-à-dire le défaut de régularité, de lisse. Cela renvoie donc à l'idée du "bien-tissé".

Penser la régulation serait faire une lecture qui irait de l'omalos au nomos, en passant par la norma. Le bien tissé (omalos) ferait loi (nomos) en passant par le droit qui la désigne (norma). Ce qui est régulier permettrait ainsi d'indiquer la loi et deviendrait le lieu de production du droit.

Cette lecture s'oppose à la lecture classique qui irait de nomos à omalos, là où la loi (de Dieu, de la raison naturelle ou de l'Etat) s'impose par le droit pour organiser la société.
De ce premier point, j'approche l'association : elle est dans le tissu social, l'organise, l'harmonise éventuellement, mais dans une diversité qui fait partie de sa valorisation actuelle. On admire le droit de l'association, en France, pour sa souplesse : une loi particulièrement ouverte (celle de 1901), un principe fondamental (la liberté d'association), une réalité multiple que la jurisprudence laisse aller à son rythme, ne régente pas d'une manière étroite.

De là naît un ensemble où des associations très différentes peuvent se reconnaître sous la dénomination commune d'"association type loi 1901" avec des fédérateurs institutionnels comme le CNVA, la FONDA (1) .

Cette souplesse permet de comprendre comment l'association s'articule à tous les éléments de la société, de l'administration à l'entreprise, en passant par les églises ou les mouvements politiques. Pourtant les associations font souvent connaître une structure et une vie juridique où l'on ne retrouve pas l'élémentaire de la loi de 1901.

Mais ni la diversité ni l'usage approximatif de la loi ne rendent l'association insignifiante. Au contraire : elle porte du sens ou plutôt accueille du sens en ce qu' elle est à la fois une affirmation et une double exclusion. Elle affirme une valeur d'intermédiaire parce qu'elle n'est ni-ni : ni Etat, ni entreprise économique, ni parfaitement privée, ni vraiment publique. Et, en tant qu'entité en situation intermédiaire, elle peut prendre le sens de ce d'avec quoi elle se distingue : s'approcher de l'Etat ou de l'entreprise, mais toujours à condition de préserver son autonomie signifiante.

---

(1) Le CNVA (Comité National de la Vie Associative), créé par décret en 1983, est composé de représentants du mouvement associatif, et placé auprès du Premier Ministre.
La FONDA (Fondation de la vie associative), créée en 1981, regroupe plus de 600 associations et fédérations nationales. Il est un lieu d'échange, d'expression et d'action (comités d'études, journées d'information, etc ...) et de propositions auprès des pouvoirs publics.

C'est cette autonomie qu'Aristote essaye de fonder dans l'Ethique à Nicomaque quand il développe un type de relation sociale qu'il appelle philia (amitié, altruisme, sociabilité). S'y organise une réciprocité qui ne met ni utilité (intérêt) en jeu, ni domination. Ce terme de philia rend compte d'un lien particulier qui concourt à la cité sans se confondre avec les relations politiques ou économiques (2) .

Avec le stagirite, il s'agit d'un discours philosophique qui raisonne en terme d'essence, et où se formule un socle conceptuel sur lequel des fictions pourront se développer. Mais ce qui est intéressant à noter, c'est qu'à partir d'un discours non plus philosophique, mais juridique, la doctrine récente peut parler d'"affectio associationis" à propos de ce que recherche le juge pour cerner la vraie association -ce que j'appelle le signifiant associatif - pour contrôler les associations administratives (3) . Le discours courant fera aussi un large usage d'un "but non lucratif" qui caractériserait le monde associatif, ainsi que des notions de "bénévolat", "solidarité" et "altruisme".

Tous ces préliminaires pour introduire la proposition suivante. C'est parce qu'il y a une référence possible à une essence originale, particulière (la philia), que l'association, telle qu'elle est ouverte souplement par la loi de 1901 en France, peut passer :

1) d'un rôle d'abri efficace pour les éléments sociaux d'origine administrative ou économique qui ont besoin d'un bain lustral de philia afin d'apparaître "innocents" ...

2) à un rôle de réarticulation des relations sociales dans la crise de systèmes structurés hiérarchiquement, selon une relative rigidité, comme en politique, ou en mutation comme en économie.

Ce passage laisserait penser que l'ordre fondé sur la priorité du nomos, c'est-à-dire le droit politique "classique", est en déclin, tandis que l'ordre qui donne préséance à l'omalos, c'est-à-dire la régulation, se développerait maintenant.

---

(2) Aristote, *Ethique à Nicomaque* - Livre VIII et IX.

(3) Observation E. ALFANDERY et M. JEANTIN sur C.E. 11 mai 1987, Divier / *Association pour l' information municipale.* R.T.D com. 1988, p 85.

I - L'ASSOCIATION EST UN DÉTOUR UTILE POUR L'ADMINISTRATION OU L'ENTREPRISE

Il est habituel de constater que l'administration utilise beaucoup la formule associative pour fonctionner. Les associations dites para-administratives ou administratives peuvent être mises en place pour éviter de montrer la figure hiérarchique de l'Etat quand on a affaire à des populations sensibles : "camouflage des initiatives administratives aux yeux de l'étranger", dit GARRIGOU-LAGRANGE dans son étude sur les rapports entre pouvoirs publics et associations, à propos de l'Association pour la Diffusion de la Pensée Française (4), ou "discrétion", par exemple pour la Maison de l'Etranger, à Marseille, où les "policiers ne sont pas en tenue ... car on veut que la prérogative de puissance publique disparaisse le plus possible de ce genre d'action" (5).
L'association est aussi utilisée pour des raisons d'efficacité sociale : réduire la distance entre administration et usagers ou monter des opérations d' urgence (les sauvetages menés par l'Association des Fouilles archéologiques Nationales) (6) .

Enfin, l'association, hors de tout bon sentiment, sert souvent à l'administration pour éviter les contraintes du droit public, sans renoncer à l'action envisagée au profit d'une personne privée indépendante, puisque grâce à l'association, l'administration va constituer le bureau et souvent la totalité de l'association administrative.

Dans tous les cas, on peut observer que l'action administrative ne passe apparemment pas par une référence explicite à la philia,

---

(4) J.M GARRIGOU-LAGRANGE, *Recherches sur les rapports des associations avec les pouvoirs publics* L.G.D.J. Paris, 1970, p 217.

(5) J. NEGRIN, "*l'utilisation par l'administration de la loi de 1901* ", Colloque d'Aix en Provence, 26-27 novembre 1976. R.F.A.P . 1977 N° 3. Cité par A. VIALA - *Les associations administratives*, Mémoire de l'Université de Montpellier I, 1991, p.54.

(6) A. VIALA, op. Cit. p. 80

comme moyen de l'efficacité. Pourtant on ne peut comprendre l'envahissement de l'association par l'administration si on ne replace ce mouvement dans l'invitation faite par l'usage facile du statut associatif, dû justement à l'à-priori de philia que le législateur a considéré en 1901. La souplesse d'un statut qui peut donner personnalité morale à une entité faite d'harmonisation de savoirs et d'actions ne s'explique bien que par l'interdiction d'appropriation privative des bénéfices que cette personne morale peut dégager, ce qui sépare profondément l'association de la société commerciale (7). C'est parce qu'il y a une espèce de contrainte d'altruisme que le contrôle est faible. Et puis ce sera parce que l'altruisme est préjugé que l'administration pourra assez facilement abuser de cette liberté, et utiliser l'association comme un détour commode.

Dans un autre sens, il faut voir comment l'administration et les responsables politiques qui la contrôlent (localement surtout), ramènent ce type d'"associations administratives" qui sont de leur ressort au lieu commun associatif chargé de solidarité et bénévolat. Un discours récent d'un président de collectivité territoriale décrivait son action sur l'environnement comme une collaboration entre ses services et une association 1901, alors que cette association correspond strictement à une "association administrative" ou l'affectio associationis serait difficile à trouver. Il faudrait aussi parcourir soigneusement la "Foire aux associations" installée chaque automne à Montpellier pour voir des associations administratives (reliées à des autorités décentralisées ou à des services administratifs déconcentrés : Festival International de Danse, Euromédecine, La Coopération par le livre, etc ...) immergées dans l'associationnisme le plus pur, style "Associations Dentelles et Fuseaux" (8) .

---

(7) L'emblématique article premier de la loi du 1er juillet 1901 . L'association est la convention par laquelle deux ou plusieurs personnes mettent en commun d'une façon permanente leurs connaissances ou leurs activités dans un but autre que de partager des bénéfices ... "

(8) Annuaire des associations - Mairie de Montpellier

Du côté de l'entreprise, dans le champ économique, on peut constater facilement le développement du mécénat, qu'une législation récente précise, et de diverses formes de parrainage (9).

La relation économique, conçue comme tendance à maximiser production et profit est voilée par la référence à l'association philanthropique. L'entreprise se donne bonté, générosité, évergétisme. On sait toutefois qu'en termes de calcul économique la logique d'entreprise se maintient dans la relation qu'elle entretient avec l'association aidée. Par exemple, ces corn-flakes dont il fallait acheter au moins six paquets pour que "Médecins Sans Frontières" obtienne 50 centimes de don sur chacun. Dans la situation décrite ici l'entreprise a simplement des rapports spectaculaires avec l'association, mais contrairement à l'administration elle ne se confond pas avec l'association.
Il faut donc aller plus loin et voir qu'à partir de cette situation d'usage de la philia, avec le statut qui s'est construit dessus, une espèce de renversement est repérable, par lequel l'association, au lieu de servir d'abri ou de détour, réarticulerait le pôle Etat et celui de l'Entreprise au moment même où ils sont en crise relative.
Cette situation correspondrait au phénomène de la "régulation".

II - LA RECOMPOSITION DU CHAMP SOCIAL PAR L'ASSOCIATION

Si l'administration a souvent utilisé l'association pour mieux fonctionner, cette tendance est maintenant à envisager non point comme un camouflage mais comme un partenariat ou une collaboration. Il n'est point besoin d'insister sur le thème classique de mission de service public donnée à la personne privée

(9) Loi du 23 juillet 1987 sur le mécénat, loi du 4 juillet 1990 créant la fondation d'entreprise. Voir E. ALFANDERY (dir) *Les associations et fondations en Europe. Régime juridique et fiscal*,Ed. Juris Service. Paris, 1990, p. 140 et suiv.

associative. Ce que je voudrais relever, c'est que l'administration et le pouvoir politique qui la contrôle, non seulement utilisent l'association pour des missions ponctuelles mais impliquent la catégorie "association" dans l'élaboration de leurs textes et leur fonctionnement.

J. LOLIVE, étudiant les politiques publiques, plus particulièrement la mise en place d'un réseau TGV, donne des indications intéressantes sur le rôle que joue le secteur associatif dans la prise de décision et la mise en oeuvre de cette politique : territorialisation, conflits et maîtrise des oppositions sont relayés par des associations locales, souvent hostiles, dont l'énergie est canalisée dans la politique et l'alimente, aussi (10) .

Pour ma part, je me contenterai de rappeler la législation récente du Revenu Minimum d'Insertion (R.M.I.); un de ces rares textes voté à l'unanimité par le Parlement. Les débats, la loi, la mise en place, donnèrent un rôle important aux associations :
- hommage à l'association ATD Quart Monde, qui par ses rapports et son action fait norme, avant la loi, et indique la loi,
- intégration des associations dans les Commissions Départementales et Locales d'Insertion : elles ont leur place et leurs propos doivent être entendus dans l'organisme administratif,
- enfin, appel aux associations pour traiter les allocataires du R.M.I. Elles doivent reconstruire la "subjectivité" perdue de l'exclu (11) .

L'association n'est pas le seul acteur du R.M.I., mais à tout moment de la chaîne, elle est là. Elle est appelée comme ce qui apporte une valeur (plus ou moins réelle, mais toujours efficace, symboliquement), que je placerai, pour simplifier, sous le concept de philia : référence à un altruisme essentiel, elle devient alors la

---

(10) J. LOLIVE, "*Régulation et politique publique des transports*", communication lors de la rencontre, dans cette livraison.

(11) Débats parlementaires et loi du 1er décembre 1988.

pièce éthique des systèmes administratif, politique et social, en les projetant dans un ordre "moralisé".
A cela il faut ajouter quelques mots sur l'articulation de l'association avec le monde de l'économie dans une perspective de "régulation".

D'abord, à la suite d'A. MARCHAND, je dirai que l'association réanime un lien économique dans des endroits boiteux, des recoins mal définis de la logique capitaliste. La production des biens immatériels donne à l'association un champ d'action qui s'appuie sur la souplesse de sa structure juridique et sociale et lui fait rencontrer le monde de l'entreprise.

Ce n'est pas tout à fait nouveau, mais le développement de cette tendance est remarquable en France, ce qui conduit la vie associative française à ressembler de plus en plus à ce que l'on observe dans des pays comme la Grande-Bretagne, le Canada ou les Etats-Unis. Mais il faut bien différencier cette utilisation de l'association par l'entreprise de la relation économique qui a été indiquée ci-dessus, lors du détour de type "mécénat" ou "parrainage", puisque, ici, c'est l'association elle même qui fait acte d'entreprise économique (12) .

Ensuite je donnerai l'exemple des "cercles de qualité" : ces groupements internes à certaines entreprises, ou services, ne sont pas des entités vraiment associatives, selon la loi de 1901, sauf à les prendre pour des associations non déclarées, ce qui juridiquement me semble possible. Mais la non-déclaration n'empêche pas de constater un certain parallélisme entre le cercle et l'association déclarée : la liberté et la volonté d'adhérer sont manifestes, la non-rémunération est mise en évidence, et surtout une espèce de statut, appelé "charte" ressemble à ce que l'on peut trouver dans la plupart

(12) A. MARCHAND, *"Association et régulation"*, communication lors de la rencontre, dans cette même livraison.

des associations philanthropiques, sauf qu' au lieu d'"amour du prochain" on parle de "qualité", de la recherche de la "qualité totale" (13).

Sans personnalité juridique (il n'y a pas de bureau), le "cercle de qualité" trouve les limites de son cadre d'action dans la personnalité de l'entreprise, agrégation qui lui est toujours supérieure, dont il dépend hiérarchiquement et moralement : l'autorité est celle du chef d'entreprise, l'objet est d'être voué à l'essor de l'entreprise ou de l'établissement.

C'est une espèce d'association qui peut faire penser à la forme diocésaine (14), où se maintiennent une hiérarchie et un certain renoncement à la liberté d'expression, par les limites mêmes de l'intérêt déclaré.

Rappelons que le "cercle de qualité" n'est pas réservé à l'entreprise privée mais s'étend à l'entreprise publique, aux établissements publics et ambitionne d'encercler toute l'administration. Par exemple, il y a le projet dit "de qualité totale pour l'entreprise France" (15), où l'on voit un programme qui est toute une société nouvelle, issue de la multiplication des cercles, société qui doit advenir pour produire la "qualité totale" par : - la formation

---

(13) Par exemple, la charte des FOSINNOVE (UGIFOS), in D. ROLLAND, *Le cercle de qualité, une double dimension*, Etudes et documents du Centre d'Etudes et de Recherche sur les organisations et la gestion . I.A.E. Aix en Pr. 1985, p. 41 et suiv.

(14) En 1942 se règle la question des associations culturelles catholiques entre le Saint-Siège et l'Etat français par l'instauration des " associations diocésaines " présidées par l'évêque et reconnues par l'Etat (Encyclique Maximum gravissimaque 18 janvier 1924). Sur l'enjeu juridique et politique de cette question voir : M. MIAILLE *"La loi de 1905, une séparation de corps ... et d' esprit"*. Revue d'Etudes théologiques et religieuses. Paris, 1972 N° 3.

(15) G. BELORGEY (dir), *La qualité dans les services publics*, BERGER-LEVRAULT, Paris, 1989, Annexe IV p. 246 et suiv.

permanente - la sensibilisation des élites - l'éducation en profondeur par l'école.
Donc il y aurait régulation par l'association dans la mesure où elle aurait l'art particulier d'agir à partir de notions que les systèmes politiques et économiques ont du mal à mesurer, donc à maîtriser (justement à cause du développement de leur caractère de système) : l'altruisme, la qualité.
Et quand ce qui est le sens pour l'Etat, ou l'esprit pour l'entreprise se fragilise, et que la part du "monde vécu" des sujets sociaux s'amenuise (16), l'association peut réarticuler le lien social; elle n'est plus un camouflage commode, un détour, mais un recours nécessaire.

En conclusion, je voudrais poser le problème de la "valeur" que réserve et qu'ajoute l'association au lien social ordinaire du pouvoir et de l'argent.
La réponse à la question : "quelle valeur ajoutée ?" pourrait être d'abord : de la subjectivité, ensuite la fiction d'un objet "non lucratif".
Il suffit de laisser parler l'adhérent des associations. Nous l'avons fait avec des questionnaires dans le cadre de la recherche actuelle que mène le CERTE (17) .
Les adhérents reprennent tous les lieux communs de la langue associative : faire le bien - se dévouer - gratuité et bénévolat comme bannière - mission humanitaire - etc ... La valeur philia est au travail.

Mais les présidents de ces mêmes associations et leurs interlocuteurs dans les administrations ne tiennent pas le même

---

(16) Sur le "monde vécu" et les "systèmes" (de pouvoir et d'argent), voir J. HEBERMAS, *Théorie de l'agir communicationnel* - Fayard 1987, et A. GORZ, Métamorphose du travail, la quête du sens, Gallilée, Paris, 1988.

(17) Recherche du Centre d' Etudes et de Recherche sur la théorie de l'Etat/Ministère de l'Education Nationale sur la "recomposition du champ juridique" à partir d'une enquête sur les associations en Europe du Sud, 1992-1993.

discours; c'est comme s'il y avait dans l'association un pan subjectif et altruiste, un autre réaliste et d'abord efficace.
Et c'est peut-être là le schéma même de la régulation en système démocratique : une structure sociale, visible de tous, accessible à tous, relativement floue pour pouvoir accomplir cette fonction d'ouverture, de tissage de la diversité, donne régularité au jeu des questions et réponses sociales, et sert de base à une production normative, puis intégrative. "Normatif" renvoie à la désignation juridique, "intégratif" au partage de la loi, à l'anti-anomie.

L'association modèle la subjectivité de l'adhérent qui parle un jargon altruiste couramment; les dirigeants précisent et rendent efficace cette base agrégative, et ainsi l'association peut apparaître comme une machine pluraliste où l'opinion diffuse et sentimentale devient concrète, précise et efficace.
L'association est la forme que prend cette opération, essentielle à toute sociabilité, dans un certain type de société, disons les sociétés à structures salariales. Mais, au cours des changements de ces sociétés, sa place peut se modifier; c'est bien cet hypothétique nouveau rôle, selon le moment dit de la "régulation", que l'enquête du CERTE sur l'association en Europe doit faire apparaître.

On a pensé l'association comme "école de la démocratie", exercice du jeu parlementaire (18) . Cela correspond, je crois, à une époque où l'association se présentait bien comme un relais dans une société où le contrat (social, ou de travail), servait de références; moment où l'on croit voir, partout, du contrat, mis en valeur parce qu'il s'appuie sur la loi d'égalité naturelle entre sujets, qui s'accordant font la souveraineté et les lois.

L'association se lit alors comme un exemple de ce mécanisme.

---

(18) Voir la critique de cette position chez M. MIAILLE " *A propos de l'association de la loi de 1901 : les limites de la liberté* " Itinéris N° 6, 1982.

Mais peut-on avancer qu'actuellement, cette dimension deviendrait moins importante dans la charge idéologique que porte l'association ? On y verrait plutôt l'illustration d'un autre processus idéologique, celui de la solidarité, c'est-à-dire la transformation des intérêts particuliers en quelque chose de semblable à de l'intérêt public ou, dans l'autre sens, la privatisation des questions du bien-être collectif. Ce qui ressort donc ne serait pas tant l'acte d'accord des volontés que l'efficace de la mise en commun. Les tentatives formelles d'engager l'association dans des politiques où une terminologie contractualiste est utilisée (par exemple dans le R.M.I.) ne me semblent pas infirmer cette tendance : d'abord il ne s'agit que de contrats gérés par l'association avec des entités qui lui sont extérieures; puis, par le développement actuel de la philanthropie par l'humanitarisme, se réactivent l'usage et l'image d'une association plus que jamais personne morale fourre-tout, douée de capacité sentimentale aux développements ou très spectaculaires (bienfaisance), ou intimes (sociabilité).

L'association prend un caractère semblable à la personne morale qu'est, selon Victor COUSIN, le gouvernement libéral, lorsqu'en 1848, en réponse aux demandes populaires de droits sociaux, il le décrit de la manière suivante : "il a un coeur comme l'individu, de la générosité, de la bonté, de la charité ... il doit ... aux citoyens de veiller à leur bien-être.", mais ce devoir ne peut pas correspondre à des droits du sujet (19). On connaît l'enjeu du refus d'une charité légale; c'est hors-droit, loi ou contrat (sinon moraux), que la bienfaisance doit s'exercer. Ce schéma libéral se rejoue-t-il, d'une certaine façon avec la régulation, à partir de l'association?

---

(19) V. COUSIN, *Justice et charité*, (Série des "petits traités publiés par l'Académie des sciences morales et politiques"), Pagnerre et Paulin, éd. Paris 1848, p. 43.

L'ASSOCIATION ET LES DEUX REGULATIONS

par

Alain MARCHAND
Maître de Conférences en Sciences Economiques
A.R.P.E.S. / C.E.R.T.E. Université Paul Valéry, Montpellier III

Octobre 1992

Association et régulation.
Le lien peut paraître évident dans un colloque de science politique tant le foisonnement associatif témoignerait de ce *"besoin persistant de structures intermédiaires entre l'Etat et les citoyens"* (Chemillier-Gendreau, 1992) ou que l'on pourrait repérer cette *"forme de la citoyenneté anticipatrice et prospective"* (Chéroutre, 1991).

Le tissu associatif, dans l'inter-connexion de ses réseaux avec le politique et l'administratif, sa vivance rassurent face à cette inquiétante étrangeté de l'espace béant Etat / Société Civile. Certes l'association d'Aristote à Tocqueville, d'H-G Wells à Rosanvallon a toujours fasciné le discours politique, mais quelle peut bien être la parole de l'économiste sur un tel thème ?

Mon propos sera volontairement provocateur car l'association me semble marquée du sceau de la duplicité.
Elle se donne à voir dans sa dimension bénévole mais de qui veut-

elle le bien ?
Elle s'énonce comme médiation miraculeuse dans les interstices d'une société éclatée alors que la multi-appartenance - de règle chez les associés - témoigne qu'elle ne peut renvoyer à une socialité fusionnelle, mais à des formes institutionnelles de sociabilité.
Elle dédaigne le lucre tout en étant taraudée par l'argent.

Ma thèse est bien que l'association évolue d'une sociabilité basée sur la <*philia*> d'Aristote, du *pouvoir secondaire* de Tocqueville, vers la forme entrepreneuriale.
Je n'en veux pour preuve que cette petite annonce, anodine, régulièrement publiée dans la presse gratuite locale: *"Association humanitaire sociale, achète tous types d'appartements si prix raisonnables. Mandataire"*.

L'Association n'est plus simple médiation de la régulation politique, instance intermédiaire de la tension entre l'individu et la société, mais intervient directement au sein du mécanisme régulatoire structurant de nos sociétés, le marché. Cellule de production sociale de marchandises immatérielles, fictives telles l'image de soi, le lien social réifié, les produits socio-culturels, elle valorise la pertinence de ses choix par l'échange social, elle peut accumuler. Et, le marché ne renvoie pas à la polysémie, repérée par la science politique, de la régulation, mais, fondamentalement à l'auto-régulation.
Un détour par une interrogation théorique sur la régulation s'impose.

I - D'autres communications ont montré le rôle de la pensée économique dans la construction du paradigme *régulation.*
Toutefois, on ne saurait prétendre résumer toute approche de l'association à la seule Théorie de la Régulation. Certes, elle participe de cette mise en forme de l'espace social, de la codification des rapports sociaux, mais elle renvoie également, comme élément de propriété sociale, à la théorie des marchés et particulièrement à l'*équilibre général* dont Walras avait énoncé la formulation la plus pertinente. Walras n'a-t-il pas été aussi le plus grand zélateur de l'association populaire ?
Partant du repérage de la violence fondatrice de l'échange - à sublimer - on pourrait repérer quatre modalités de régulation :

l'*agir ensemble* (l'Association), la *soumission à un ordre supérieur* (la Loi), la *codification de l'échange* (le Droit et le Contrat), les *marchés auto-régulateurs* (l'Argent).

1-1 La "Théorie de la Régulation" proprement dite vise à se substituer à celle des choix individuels et au concept d'équilibre général (Boyer, 1986).

Boyer en donnait d'ailleurs en 1979 une première formulation comme *"conjonction des mécanismes concourant à la reproduction d'ensemble du système, compte tenu de l'état des structures économiques et des formes sociales"* (Boyer, 1979). Pour autant, la régulation ne s'exprime que dans et par les *types précis de régulation* qui sous-tendent les régimes successifs d'accumulation du capital. La régulation doit donc toujours être caractérisée, comme forme des compromis institutionnalisés renvoyant en définitive au marché.

La théorie de la régulation fait appel au concept de *forme institutionnelle* définie comme *"codification d'un ou plusieurs rapports sociaux fondamentaux"* (Boyer, 1986) et dont on s'efforce de définir la configuration exacte pour caractériser les composantes des régimes d'accumulation.

Elle en repère cinq, qui toutes interpellent l'association, dans son principe même:

- les *formes de la contrainte monétaire* et nous verrons comment le médium argent, selon la formulation d'Habermas travaille en son coeur l'acte de proclamation associatif (cotisation, quête, subventions etc.)
- les *configurations du rapport salarial;* et là encore l'association expérimente des formes d'attestation de la main d'oeuvre externe (associations intermédiaires) véhiculées par les anciens bureaux de placement ou de flexibilité de mobilisation interne (couple bénévoles/salariés)
- les *formes de l'Etat* : le défaussement de l'Etat social sur le tissu associatif, les associations d'administration mixte, l'institutionnalisation de la place de l'associatif dans la mise en place des compromis directeurs (environnement, consommation etc.) manifestent à l'évidence de la place de l'association dans les modalités de régulation étatique. C'est bien l'objet de nos présentes Rencontres.

- la place de l'association au sein des *modalités d'adhésion au régime international* est plus problématique car la double dimension politique des *droits de l'homme* et du *devoir d'ingérence* prend le pas sur l'accumulation internationale du capital; sauf à avoir une vision caricaturale de l'hydre capitaliste. Il s'agit, semble-t-il, d'une adhésion plus symbolique que réelle à ce régime, dans, par exemple, la lancinante référence au *"sans frontières"*, ou la stratégie des ONG en matière d'aide finalisée au développement.

- quant aux *formes de la concurrence*, l'association nous renvoie à au moins trois dimensions : celle de l'accès aux marchés publics, celle de la logique entrepreneuriale, celle de la propriété sociale.

L'association est au coeur de l'articulation des systèmes habermassien du monde vécu et des sous-systèmes administratif et économique.
Composante de la codification des rapports sociaux elle renvoie aux trois médiums essentiels : le droit par la publicisation d'actes individuels associés, la convention fondatrice, le contrat, à l'argent, au pouvoir, autant de médiums.
La grille régulationniste semble bien coller aux mutations de l'association, en particulier parce que les formes institutionnelles ne s'appuient pas seulement sur l'adhésion à des normes et des règles, mais aussi la contrainte, privée ou étatique et le contrat, individuel ou collectif (Boyer, 1986, p 58).

Pour autant elle n'épuise pas la question de l'unité, de la cellule productrice, réalisant une valeur produite sur un marché. Dès lors, l'approche classique apparaît elle aussi comme tout à fait pertinente pour appréhender la dérive associative.

1-2 Père de la théorie de l'équilibre général, Walras -mieux que tout autre - peut nous conduire dans les arcanes de l'entreprise associative face au marché : Walras ce réformateur, plus radical qu'un Charles Gide, dont on a voulu réduire la contribution à la théorie du consommateur, alors que son apport majeur est la mise en évidence qu'*un réseau d'interdépendance généralisée parcourt l'économie* (Baslé, 1988) et l'énoncé des procédures de *tâtonnement* et de *renégociation des contrats,* autant de formes de compromis ; Walras grand zélateur s'il en fût des associations.

Rien ne dit, dans la théorie des marchés, que la forme entrepreneuriale individuelle de la cellule de production soit la forme unique et obligée pour laisser jouer les mécanismes de l'équilibre. La forme "entreprise" s'est certes progressivement imposée dans l'imaginaire social qui lui a conféré un caractère naturel, confondue qu'elle est aujourd'hui avec la propriété privée individuelle. Mais c'est certainement au sein des évolutions des rapports sociaux de production et des modes de régulation, dans l'histoire concrète des capitalismes nationaux que peut être élucidée cette "évidence" d'aujourd'hui : vérité en-deça des Alpes, erreur au-delà, par exemple.

Au stade du capitalisme concurrentiel, le débat était largement ouvert entre propriété industrielle patrimoniale c'est-à-dire individuelle, i.e.familiale, et la création d'un capital appartenant à tous les sociétaires indivisément.

Pour Walras, comme il le rappelle par exemple dans les *Associations Populaires de consommation, de production et de crédit* (Walras, 1865), la richesse sociale se décompose en trois composantes : le capital foncier, le capital proprement dit et le capital personnel ou facultés intellectuelles et physiques des hommes ; "*de ces trois espèces de capitaux émanent trois espèces de revenus : la rente foncière, le profit des capitaux, et le travail des facultés personnelles lesquelles s'échangent sur le marché social, savoir : la rente foncière contre un fermage, le profit des capitaux contre un intérêt, et le travail des facultés personnelles contre un salaire*" (Walras, 1865, p 8). Le marché social est constitué à partir des marchés partiels.
L'équilibre général est donc un équilibre additif. Sa stabilité est obtenue par le fameux *tâtonnement, la renégociation des contrats* tant raillés mais que l'on redécouvre avec l'économie des conventions ou des contrats

A partir des *types sociaux idéaux* (Walras, 1936), Walras repère les catégories sociales des propriétaires, capitalistes et travailleurs correspondant à ces trois types de revenus s'échangeant sur le marché social, Walras n'en déduit pas une cristallisation des fonctions dans la réalité sociale ; pour lui ce ne sont que des catégories méthodologiques "*au point de vue abstrait et idéal*". Mais, "*dans la réalité des faits*", l'économie capitaliste *ne nous condamne pas plus à vivre exclusivement* de l'un ou de l'autre :

"S'il est un fait certain et excellent aux yeux de l'économiste, c'est que les diverses fonctions économiques ont toujours tendu, et tendent encore, au sein de la société, à se trouver de plus généralement et de plus en plus largement cumulées" (Walras, 1865, p 10). L'association est bien ce lieu confusionnel des genres où chacun peut produire et s'auto-proclamer par la consommation, nier l'argent et socialiser ses projets.

La théorie des marchés n'implique nullement des formes univoques et l'on ne peut pas tirer un trait d'égalité entre marché et entreprise libérale basée sur la propriété individuelle. Pour Walras, l'Economie Politique se définit comme la *"participation de plus en plus effective et complète de tous les individus à toutes les espèces de la richesse"*.
L'association y prend toute sa place, même plus : "*Et bien! ce que dit l'économie politique, c'est ce que font les associations populaires*" (ib p 11). On ne saurait mieux dire.

On sait aussi que Walras aimait à énoncer que la science, en particulier l'économie politique, était le domaine de l'idéal et de l'absolu et la politique celui de la réalité et du relatif : *"restons socialistes, c'est-à-dire progressistes ; et devenons économistes c'est-à-dire savants. Gardons la foi et acquérons la science"!* (ib. p 73) s'écrit-il dans un bel élan à faire frémir bien des "post-modernes".

Walras distingue trois niveaux d'exercice de la démocratie, respectivement conquis : les *institutions civiles*, les *institutions politiques* avec l'instauration du suffrage universel. N'oublie-t-on pas trop souvent qu'il n'existe en France pour tous les nationaux que depuis l'après-libération ? (asservissement des femmes disait S. Mill !).
Restait encore, pour lui, au "*flot montant de la démocratie à envahir nos institutions économiques elles-mêmes, et couvrir toute la société entière ! Deux canaux l'y conduiront : la réforme de l'impôt et l'application du principe des associations populaires*" (Walras, 1865, pp 62-63).
La démarche est constante : la démocratie politique et l'économie politique, d'essence différente, se rencontrent sur un terrain *où elles se donnent la main et unissent leurs destinées*, celui de l'association.
Dans ses leçons publiques de Paris (1866-1867) sur la "Théorie

Générale de la Société", (Walras, 1936), il insiste sur le fait qu'il faut distinguer "*la coopération qui est une question d'initiative individuelle, et elle n'a rien de commun avec la réforme sociale qui est une question d'initiative collective ou commune*". Contrairement à Stuart Mill qui voyait dans l'association coopérative de production libre sa solution, pour Walras la question sociale, i.e. la réforme sociale, est liée à la théorie de la répartition, donc à l'impôt et à la propriété.

Ainsi donc la forme associative, comme instance particulière de prise de décision, d'organisation sociale indivisaire a sa place, toute sa place sur le marché. Son irruption n'est donc pas une révolution. "*Leur terrain, c'est le terrain commun de l'industrie, du commerce, et du crédit. Ce terrain est-il obstrué ? L'Etat seul peut et doit le déblayer. La place une fois libre, les associations populaires y marcheront dans la seule force de l'action et de l'énergie individuelles*" (Walras, 1865, p 25).

Ce qui brouille les cartes, c'est la seule question du non-partage des bénéfices de l'association constituée comme personnalité juridique, et non de son apparence formelle. Que les associés ne retirent aucun bénéfice personnel de l'activité associative n'implique donc pas du tout la mise hors-marché de la forme associative, par nature. Au demeurant, la théorie walrasienne, elle aussi décriée, n'impliquait-elle pas des profits nuls à l'équilibre et que *la fonction de l'entrepreneur était un service gratuit* ? (Blaug, 1981). L'association ne ferait-elle pas, dès lors, de chacun un entrepreneur ?
L'out-put associatif acquiert une autonomie marchande dès qu'il se valorise sur le marché et de ce fait valide les décisions préalables qui ont conduit à sa détermination.

Dès lors qu'elle intervient sur le marché et indépendamment de sa forme, l'association participe - par cet autre biais - à la régulation fondamentale, celle des marchés auto-régulateurs et donc de l'argent.

1-3 Qu'elle renvoie à la régulation ou au système dérivé des préférences individuelles, l'association trouve donc sa place au sein même de l'articulation entre le politique et l'économique.

C'est encore chez le vieux Weber qu'on en trouverait l'approche la plus pertinente avec sa notion de *groupement régulateur* (Weber, 1991) qui renvoie aussi bien à la codification des rapports sociaux chère aux régulationnistes qu'au marché walrasien et à ses acteurs individuels et collectifs.
Pour lui, les moyens de l'activité économique - indépendamment du système - relèvent soit de l'échange soit de formes d'association. L'échange peut être soumis à une *régulation juridique formelle* ou *matérielle* . Les autres moyens sont soit des *groupements économiques proprement dit* soit des *groupements régulateurs de l'économie* (groupement d'ordre normant formellement; groupement administratif à direction économique homogène, globalisante; groupement de régulation des économies particulières autonome).

Voilà donc l'association placée, comme forme particulière et polyvalente, au coeur des autres modes formels de régulation :

- unité économique pure (*groupement économique*), elle participe de la régulation matérielle comme productrice de valeur, incorporée dans des marchandises immatérielles, et la pertinence de ses choix est vérifiée par un marché auto-régulateur. L'out-put associatif intervient directement sur le marché, la compulsion est externe. Sans avoir directement une finalité première économique elle peut également y intervenir de manière incidente,
- basée sur une convention entre seulement deux ou plusieurs partenaires, elle participe de la codification des relations sociales par le contrat, la réciprocité. La cotisation - signe unique de l'adhésion - ne peut-elle également être analysée par la grille de la monétarisation du lien social, de la compulsion interne. L'échange monétaire n'est-il pas l'achat d'une convivialité, d'une certaine image de soi, voire d'un pouvoir ?
- sédimentation de rapports de force elle intervient comme groupement d'ordre, soit par la reconnaissance de son utilité publique ou de son pouvoir de négociation, soit par la dévolution de certaines compétences administratives. Elle peut être intégrée dans un processus global de négociation sociale (défense de l'environnement par exemple), voire même par le lobbying ou la mobilisation, modifier les normes juridiques. Elle participerait, ou laisserait partiellement la place, en développant l'aspect procédurier, de la juridicisation des liens sociaux.

II - Qu'elle procède de la codification des rapports sociaux ou

réalise son out-put sur le marché, l'association renvoie à l'échange social mettant en rapport les *ordres institutionnels du monde vécu* - la sphère privée et l'espace public - et les *sous-systèmes économique et administratif* régulés selon Habermas (1987) par les deux médiums *argent* et *pouvoir*.
L'association selon le texte de notre Loi de 1901, est bien "la *convention* par laquelle deux ou plusieurs personnes *mettent en commun d'une façon permanente leurs connaissances ou leur activité* dans un but autre que partager des bénéfices". Nous voilà donc renvoyés à la norme juridique et à l'ordre productif.

2-1 Organisme de droit privé, l'association tire toute sa légitimité actuelle d'une publicisation non-étatique du lien social. Elle s'émancipe et se donne à voir comme instance *indépendante*. Collectivités locales et pouvoirs publics savent user et abuser de cette image - de même facture que celle des Autorités Administratives Indépendantes - pour se défausser sur ces instances de régulation, émanant souvent d'eux-mêmes ou sollicitées dans le partenariat.
Ainsi le recours à l'association gestionnaire, d'*administration mixte* pourrait-on dire, ne peut pas être lu comme seule échappatoire aux règles du droit et du contrôle administratifs. Il s'agit bien de légitimation.
Une telle dévolution de certaines prérogatives de puissance publique participe de cette transfiguration du politique que signifient par exemple le recours à l'administration-commando ou de mission, aux formes urbaines districales ou inter-communales échappant, au nom de l'efficacité, au contrôle démocratique direct.

La convention associative, dans sa constitution comme dans sa *déclaration* en Préfecture, renvoie directement de cette "*extension du droit à des sphères où régnait la liberté informelle* et à ses *effets indirects pathologiques* qui signifient *simultanément bureaucratisation et monétarisation de domaines centraux de la vie vécue*", selon les formulations d'Habermas qui indique que le droit est bien ce "*médium complexe qui n'a pas de force constitutive, mais régulatrice*" (Habermas, 1987).
Le droit des associations en Europe n'implique pas généralement la reconnaissance publique, sauf pour recevoir legs et libéralités; la loi de 1901, non plus puisqu'une *association de personnes peut se former sans autorisation ni déclaration préalable* (article 2). Le recours à la procédure déclarative a bien d'autres significations que la seule quête d'une personnalité juridique, il participe de la

démarche régulatrice du droit et du processus de codification-légitimation.

Convention fondatrice, quête de la reconnaissance, partenariat obligé, l'association participe directement de la polymorphie actuelle de la juridicisation du lien social. L'inflation contractuelle, la manie procédurière du "recours", le litige et son interprétation résolutoire à partir d'une sédimentation de rapports de force réifiés en jurisprudence figurent ainsi aux côtés de la convention associative dans cette colonisation juridique du monde vécu.

Les praticiens du droit s'inquiètent de la dilution des responsabilités, par les co-présidences Préfet / Président du Conseil général par exemple, de la prolifération et de l'instabilité croissantes des textes, de l'encombrement procédurier des cours, de cette mise en place d'un *droit flou, mou, à l'état gazeux, d'une dégradation de la norme* selon les mots du Président Braibant (ID, 1992) :"*quand on ne commande plus, on recommande*" disait-il encore.

L'association renvoie à l'imaginaire de la socialité élémentaire et spontanée, de la gratuité, de l'amitié; elle figure pleinement dans cette naturalisation des sources du droit. Rosanvallon invoque par exemple ces *segments de la société civile* comme "*sujets de droit et instances productives d'un droit autonome par rapport à la loi d'essence étatique*" (Rosanvallon, 1981).
P. Devidjan parle d'un "*droit de plus en plus contraignant et de plus en plus naturel*" et H. Portelli indique que le droit apparaît comme "*un élément régulateur décisif émanant des autorités chargées de dire le droit : les juridictions*" (ID, 1992).

On ne saurait réduire le foisonnement associatif (58000 créations en France en 1990, pour 12000 en 1964 et quelques centaines au cours des premières décennies du siècle) au seul délitement du tissu social urbain, en particulier. La réification et la monétarisation du lien social portent aujourd'hui les stigmates de la juridicisation outrancière qui redouble le fétichisme inhérent à la marchandise et cette dernière envahit la sphère des relations réputées non marchandes.

2-2 Plusieurs lectures de l'*être associé* sont possibles :

l'agrégation de préférences individuelles, une fonction hégémonique de confortation ou de subversion des rapports sociaux existants à partir du repérage du capital comme "rapport social essentiel", la recomposition des formes de solidarité naturelle ou obligée.

2-2.1 L'air du temps voudrait voir dans l'association les effets d'une nouvelle citoyenneté, d'un micro contrat social. La perte des références citoyennes républicaines ouvre, à nouveau, le champ de la quête d'une démocratie de micro-structures. Le débat Démocratie / République s'en trouve revivifié.

Le jeu associatif du droit et de l'amitié, la <philia>, était déjà énoncé par Aristote dans l'Ethique de Nicomaque : *"la mesure de l'association est celle de l'amitié et aussi celle du droit et du juste...si les citoyens pratiquaient entre eux l'amitié ils n'auraient nullement besoin de la justice"*.

Mais le retour en force de Tocqueville qui voyait dans la *science de l'association* la science mère *"du progrès de laquelle dépend le progrès de toutes les autres"* masque la réalité de l'association, instrument de marché plus que de citoyenneté. La quête de ces *pouvoirs secondaires*, instruments de *résistance des citoyens à l'Etat social* (Tocqueville) n'est pas nouvelle. H-G. Wells, député fabianiste autant que fameux littérateur, prônait ces *"organisations non-officielles créées pour surveiller et critiquer diverses administrations publiques"* qui devraient se développer dans sa *République Nouvelle* (Wells, 1904).

Le vieux Weber leur avait déjà répondu qui voyait dans la démocratie américaine un *"embrouillement de sectes exclusives, d'associations et de clubs qui favorisent la sélection de ceux qui sont adaptés à la vie américaine en général en leur facilitant l'accès au pouvoir commercial, politique ou autre dans la vie sociale"* (Weber, 1910).

L'énoncé d'un tel groupement citoyen renvoie cependant directement à l'ordre d'un système subjectiviste. L'individu n'est pas constitué comme parcelle d'un être total mais comme sommation de certaines *qualités*, les *connaissances et activités* mises en commun par convention, constituées et reconnues au travers de plusieurs groupements éphémères. Il apparaît comme *sujet assigné* et non comme citoyen concret. Le débat, autour du R.M.I., sur l'exclusion et une insertion sociale supplétive à la perte d'identité et d'insertion professionnelles, cible bien les enjeux.

2-2.2 Ce n'est que dans l'apparence que l'association provient de la mise en commun de volontés individuelles, dégagées des solidarités traditionnelles. On a montré (Dreyfuss, 1992) qu'en Italie par exemple l'association n'était qu'une extension des *piliers* de la société civile, famille, partis, entreprises, Eglise permettant de jouer sur l'espace flou du droit et de la gratuité supposée.

L'association n'est pas simple agrégation d'itinéraires individuels mais renvoie au médium pouvoir; elle apparaît comme concentré d'une extension juridique du système de légitimation, comme instance régulatrice essentielle, vecteur d'*hégémonie* au sens de Gramsci, pouvoir conquis par et dans l'association.

S'affrontant à Mussolini au Parlement italien, lors du débat de la loi sur les associations secrètes, Gramsci affirmait qu'étant donné la *"faiblesse initiale de la bourgeoisie italienne, la franc-maçonnerie a été le seul parti réel et efficace qu'ait eu pendant longtemps la classe bourgeoise"*...elle en représentait ajoutait-il *"l' idéologie et l'organisation réelle"* (Gramsci, 1980). Nous retrouvons par là-même la notion d'*intellectuel organique* si riche pour analyser les fonctions idéologiques de légitimation.
D'ailleurs, de l'*agir ensemble* de Fourier à la *co-opération* de Marx, toute la tradition *utopique et socialiste,* de l'association renvoie à l'organisation comme moment de la subversion des rapports sociaux. Pour Marx en particulier, c'est parce que le capital est le rapport social par excellence que la *coalition*, expression subjective du collectif de travail, trouve son fondement subversif.

C'est encore Weber qui affirmait que le *"rapport entre n'importe quelle association et - au sens large du mot - la vision du monde existe partout même là où on ne pourrait pas s'en douter"* (Weber, 1910). L'anodin fait de chanter dans une chorale fait de l'associé *"très facilement un bon citoyen dans le sens passif du terme*".

Le lobbying, les itinéraires d'ascension politique fulgurante acquis grâce à l'associatif, confortent cette idée de l'association comme vecteur d'hégémonie.
L'association apparaît comme école du pouvoir. Cette fonction sélective et de carrière était déjà dénoncée par le même Weber :"*les règles du jeu qui déterminent la sélection des dirigeants, dans les catégories d'associations, de partis ou autres sont décisives pour la question du genre de personnalités qui s'emparent du pouvoir*". Cette question sociale est pour lui *essentielle et centrale*, tout autant que celle qui lui est liée : quels sont les "*moyens avec lesquels la couche dirigeante cherche à s'assurer la loyauté face aux associations et donc face à leur propre pouvoir*" ?

2-2.3 Le post-modernisme offre une troisième lecture de l'association conçue comme moment d'une socialité affectuelle retrouvée, celle de l'*<arché>*. Elle ne serait qu'une forme particulière de ce "*nous " fusionnel ou confusionnel*, du *tribalisme* de Maffesoli. On sait que ce dernier proclame la mort du *contrat* social et de l'*individualisme*, fondements de la modernité au profit d'un réveil de l'esthétique (Maffesoli, 1992). Cette socialité de l'éphémère s'opposerait à la sociabilité contractuelle.
Pour autant, l'association est bien basée sur une convention, sur un principe déclaratif, normatif et renvoie l'individu au centre d'une dyade de contrats inter-individuels. L'*individu*, enserré dans les institutions d'appartenance et de distinction, a-t-il jamais existé ailleurs que dans l'imaginaire philosophique ?

Le délitement des tissus sociaux, en particulier urbains - là où le réseau associatif est le plus vivace -, ne signifie par la fin d'une sociabilité contractuelle mais celle d'une solidarité naturelle et obligée. C'est le contrat social que revivifie l'association plutôt que l'affectuel.

III - Travaillée par le pouvoir, l'association l'est également par l'argent, l'autre médium de régulation de l'échange social. Elle l'est de deux manières, en monétarisant le lien social qu'elle porte et en réalisant sur le marché social la valeur qu'elle produit, son out-put.

3-1 Les *droits d'entrée* peuvent être très élevés, d'autant plus élevés que la *cohésion de groupement*, le *besoin de distinction* et le *sentiment d'appartenance* sont plus forts. Le lien social aurait-il donc un prix ? Dès lors, la cotisation, comme tout prix ne serait qu'un vecteur d'information, l'expression monétaire d'une valeur d'échange dissimulée derrière la valeur d'usage, la <philia>.

Sans prétendre épuiser la richesse de l'acte associatif trois valeurs d'usage peuvent être repérées :

- d'abord le *pouvoir* lui-même comme nous l'avons évoqué.

L'association est instrument d'ascension et de reconnaissance sociales qui fait du militant l'égal des *grands*, des élus. Comment analyser autrement la multi-appartenance qu'une recherche de situation dans la multiplication des micro-agrégats où l'on peut se positionner comme acteur? La valorisation institutionnelle du *leaderisme* associatif dans les établissements scolaires et universitaires, dans la carrière politique en serait un autre témoignage.
Pouvoir *par*, mais aussi *dans* l'association. Les rituels démocratiques en témoignent. L'association fonctionne véritablement comme un *Parlement*, ce lieu d'échange et de pouvoir par la *parole* comme l'expliquait Marx.

- ensuite une certaine *image de soi* qui ne renvoie plus au pouvoir bourgeois, de la parole mais au pouvoir subjectif, baroque, du *paraître.*

* cette image peut être physique : l'adhésion aux clubs sportifs (plus fort taux d'adhésion en France) ou de remise en forme en serait le témoignage;

* elle peut être constituée par le regard de l'autre, celui dont on force la reconnaissance par le militantisme commun;

* ce peut être le bénévolat; mais de qui, au fond, *veut* - on le *bien,* celui de l'autre ou le sien propre.

La récusation de l'acte caritatif est trop galvaudée pour qu'on la reprenne ici, mais a-t-on suffisamment pensé à cette inversion majeure qu'a été la mise en scène du donneur (1988) par le CCFD en lieu et place du receveur qui hantait les murs et la mauvaise conscience occidentale (cf le Biafra) ? Que dire du spectacle téléthonien et de la fantastique mise en scène de la seule *promesse* de don ? On est bien loin du toucher des écrouelles des malades, de la relation duelle, de la confrontation des corps, caractéristiques des formes subjectives du pouvoir.

- enfin et surtout ce peut être le *lien social* lui-même, réifié dans sa confrontation à l'échange monétaire.
L'individu, isolé, trouve soit dans la fondation d'un groupement, soit dans l'adhésion un rapport aux autres, une valorisation de ses *connaissances et activité* que le marché ne saurait reconnaître directement ou qu'il désigne comme obsolètes : certaines forces de travail, démonétisées, trouvent là un prolongement formel, symbolique de leur existence ; la poly-appartenance des retraités en serait un bon exemple.
Si le capital est bien le rapport social par excellence, on peut trouver dans l'association un décalque, dans l'apparence parodique, d'un *travailleur collectif* (le collectif de travail), maître de sa propre subjectivité. Il peut s'agir de valoriser des qualités que le travail lié ne reconnaît pas (les hobbies en serait un bon exemple) et que le travail libre peut, lui, constituer.
Il peut s'agir de la tentative de réappropriation d'une subjectivité confisquée par la parcellisation du travail, ou par l'épaisseur, densifiée par la consommation, de l'articulation entre le mode de travail et le mode de vie caractéristique du fordisme. Désormais, c'est le *"temps libre qui est devenu le temps social le plus long"* (Chéroutre, 1990).

Simmel rappelle que les formes multiples de groupements, certes conséquences de nécessités et d'intérêts spéciaux, conquièrent *"leur vie propre, une fonction libérée de tout enracinement dans un contenu, car elles se développent pour elles-mêmes et pour l'attrait qui en rayonne grâce à cette libération...par-delà ces contenus particuliers, toutes ces socialisations s'accompagnent d'un sentiments propre et de la satisfaction qu'il procure, du fait qu'on est justement socialisé"* (Simmel, 1981).
Ce serait alors cette simple satisfaction, *la valeur d'usage associative*, que l'on achèterait, en payant par la cotisation son *coût de production* .

3-2 L'autre composante de l'immersion de l'association dans le champ économique, c'est son évolution vers la forme *entrepreneuriale.*
Par la création et la réalisation de l'out-put associatif sur des *marchés auto-régulateurs*, comme par sa forme d'organisation, l'association devient une entreprise, du moins dans beaucoup de secteurs.

3-2.1 On ne saurait se contenter du simple énoncé d'un

impact croissant en France "*des associations sur l'économie de la Nation et la sphère de l'intérêt général*" (Rapport au Conseil Economique et Social, (Chéroutre, 1989), ni de la première place accordée aux *associations à fonction économique* dans l'explosion associative, ni des modes - capitalistes - de gestion des fonds collectés, voire de la collecte elle-même (Grande Bretagne). L'association devient véritablement productrice de valeurs.

L'économie politique avait l'habitude de distinguer biens et services, ces derniers n'étant pas indépendants de la personne de leurs offreurs. La catégorie INSEE de *services marchands rendus principalement aux particuliers* ou *aux entreprises* permet de mieux rendre compte de la *réification des domaines d'action structurés par la communication*, de la *colonisation du monde vécu* (Habermas), là où régnaient l'affectuel et l'informel.
Dès lors c'est la catégorie de *marchandises immatérielles* qui semble la plus pertinente pour désigner l'out-put associatif, quelque soit sa valeur d'usage concrète : lien social, image de soi, biens publics ou externes etc.

C'est bien parce que le producteur ne se rapporte pas à la marchandise comme valeur d'usage mais comme valeur d'échange, que celle-ci, en s'échangeant sur le marché social, peut se constituer comme vecteur matériel des rapports sociaux. C'est dans le métabolisme formel des marchandises que s'accomplit le métabolisme social matériel.

Est donc marchandise tout produit du travail humain, quelque soit son caractère particulier,

1) qui résulte de cellules individuelles de l'économie, entreprises privées formellement indépendantes les unes des autres. Les unités décisionnelles, entités de base, peuvent prendre des formes individuelles ou associées, de type capitaliste ou coopératif,

2) qui résulte d'une activité de travail "professionnel", autrement dit provenant de cellules partie prenante de la division sociale du travail,

3) qui va tester la pertinence de sa production privée sur le marché par la réalisation de sa valeur contre de l'argent (vente effective). L'échange établit une connexion directe entre producteurs marchands, influençant dès lors les choix de production eux-mêmes.

Le critère de la matérialité n'a plus de pertinence.

La déclinaison de ces conditions au domaine associatif indiquerait :

- que l'association, par son mode de constitution et sa nature, correspond bien à la condition 1),

- que le travail développé dans les associations est de plus en plus qualifié au niveau des cadres, d'un prosélytisme de recours aux compétences des hommes et des femmes de l'art, des bénévoles, volontiers trié et formés.

Une enquête réalisée dans notre région indique que la reconnaissance des bénévoles passe par leur qualification préalable, dans le domaine d'exercice de l'association ou ailleurs, que dans la moitié des cas une politique de formation des bénévoles est mise en place. La longue litanie des *"métiers sans frontières"* témoigne de ces orientations. Les salariés, largement présents dans les associations, sont recrutés de manière très professionnelle, mais on exige d'eux une forte adhésion aux buts et à l'éthique de l'association, en sus de leur temps de travail; c'est du moins ce que souhaitent massivement leurs présidents. Les formes de management participatif, de culture d'entreprise y trouvent un terrain expérimental de choix.

- la vérification de la pertinence du *produit associatif* est bien renvoyée au marché soit par la procédure des *marchés publics* (course aux subventions, appels d'offre etc.) soit par la sanction de l'appel à la *charité privée* et à son rendement.

L'*association-projet* trouve ainsi sa validation dans et par le marché.

Le collectif de travail, basé sur le professionnalisme, sur l'antagonique dynamisme salariés / bénévoles, sur le jeu superstructure présidentielle / gestionnaires professionnels est parfaitement constitué.

De même, on peut parfaitement repérer une accumulation du capital dans les associations : patrimoine immobilier, parc informatique et audiovisuel, gestion de capitaux à court et moyen termes. Les mutuelles n'ont-elles pas une obligation d'accumulation comme garantie d'environ un an de prestations ?

L'*association intermédiaire* serait le prototype de la dérive entrepreneuriale associative. Dans le service aux personnes âgées, dans les services de proximité elle atteste et certifie des qualités de la force de travail réinventant par là, ce qui était interdit depuis le début du siècle, le bureau de placement.

Elle répond par là à la vieille inconnue du marché de travail : qui va attester des qualités réelles de la force de travail dès lors que sur le marché elle est portée par un individu libre ? Les entreprises de main d'oeuvre interdites, l'Etat devait attester de ces qualités par les diplômes d'Etat ou autres *DPLG*, par les ordres professionnels dans les secteurs sensibles, les plus proches du corps (santé, social, habitat...). On vérifiera d'ailleurs qu'en ce qui concerne l'embauche des cadres, là où le "coût" de l'erreur serait le plus lourd de conséquences, les associations (anciens élèves, APEC...) ont toujours joué ce rôle d'attestation par du *réseau*.

3-2.2 Vient enfin l'*entrepreneur associatif*, l'entrepreneur au sens schumpeterien d'innovateur sans lequel il n'y a pas de projet d'entreprise. C'est sous ses traits que l'évolution apparaît la mieux dessinée.
Au moment où s'efface et s'affadit la figure entrepreneuriale dans l'entreprise privée ou publique par l'externalisation de nombreuses fonctions de direction , le recours systématique à l'expertise et à l'audit (c'est *le crépuscule de la fonction d'entrepreneur* disait Schumpeter), émerge, rayonnante, celle de *M. le Président* .

Conduits à situer leur action entre le lien social et le projet innovant, 44% des Présidents languedociens d'associations que nous avons interviewés se situent radicalement du côté du projet innovant et simplement 19% radicalement du côté du lien social.
De même 40% des citations concernant les buts de l'association font référence à la volonté de*"développer de nouveaux projets"* et *"promouvoir une idée"* alors que 18% font référence à la *"satisfaction des adhérents"*, 23% à *"répondre à une demande sociale"* et 16% à *"répondre à une mission de service public"*. Il se trouve même 17% des Présidents pour revendiquer la fonction de *chef d'entreprise* et 7 % pour se désigner comme *innovateurs*.
Ainsi un président sur quatre se positionne sur les marques de l'entrepreneur schumpetérien alors que les autres items concernaient les fonctions d'*animateur*, de *porte parole*, de *garant de la notoriété*.

Les couches dirigeantes des associations comprennent aujourd'hui de plus en plus des *"professionnels"*, porteurs de qualifications pré-existantes acquises dans des pratiques de métier antérieures. Ce sera par exemple le cas des pré-retraités formés à la gestion des ressources humaines. Les modes de reproduction (cooptation), la formation continue de ces "élites" dirigeantes acquise dans le rituel des "colloques", les éléments de reconnaissance croisée, liés à la participation démultipliée à nombre d'associations proches - à finalité complémentaire voire même concurrentielle -, la proximité des réseaux politiques et/ou techniciens font émerger des "couches" qui s'identifient et ce cristallisent elles-mêmes en d'autres réseaux.

C'est le mode même de l'entreprise qui va structurer le jeu du système associatif, en particulier dans l'ordre de la différence à faire entendre pour recevoir la dévolution des compétences et des moyens de l'Etat. L'une des vieilles étymologies d' "entreprise" n'est-elle pas "*différence entre deux personnes*" ?

Avec les associations-projets, les associations-produits, nous sommes dans l'ordre de l'innovation, celle qui définit l'entrepreneur comme celui qui "*réforme ou révolutionne la routine de production*" (Schumpeter). Si l'on veut obtenir des "parts de marché" dans la distribution des fonds publics ou dans la dévolution de certaines compétences, sociales en particulier, il faut rendre lisibles les différences avec des projets anciens voire nouveaux concurrents, témoigner de la pertinence de l'innovation en la matière.

L'entrepreneur associatif possédait déjà tous les attributs classiques de l'entrepreneur : l'*invention*, la *direction ou mieux la coordination*, l'*assurance contre le risque*, nous dit très classiquement Charles Gide. Ne lui manquaient que la *spéculation commerciale* et surtout le revenu qui tient à *certaines circonstances favorables, personnelles ou réelles*, permettant soit de bénéficier d'une *rente différentielle*, soit de se voir *conférer un véritable monopole*. Nous avons déjà vu que pour Walras, ce n'était pas un obstacle théorique, à l'équilibre.

Formellement, c'est pourtant sur le seul revenu que repose la différence, l'interdit du partage des bénéfices. Différence bien ténue cependant : les couches entrepreneuriales associatives s'auto-salarient d'une part (participation croisée par exemple) ; un certain nombre d'avantages matériels, plus ou moins importants selon l'association, peuvent être acquis, mais c'est surtout dans le domaine de l'accès direct à la consommation que la différence basée sur le revenu peut être sublimée.

L'aspect majeur est celui de la possibilité d'une auto-proclamation par la consommation, sans passer par la détention préalable de signes monétaires, situation tout à fait exceptionnelle dans une société marchande : ce sont bien des signes "lucratifs" que cette consommation effrénée de voyages, colloques et activités sociales diverses.
Le voyage, première composante du *géronto-consumérisme*, ne forme plus la jeunesse mais bien la vieillesse. La notoriété, l'accès aux médias, au partenariat sont d'autres formes déclaratoires.
Nous retrouvons là une des composantes majeures de la régulation fordiste, celle de la consommation de masse.

La posture entrepreneuriale est d'autant plus possible que la validation des initiatives ne passe pas par le pur marché, mais souvent par une reconnaissance intuitu personnae, par un colloque singulier entre le financeur et le concepteur-réalisateur. D'où l'importance-clef de la notion de *réseau décisionnel* : il faut laisser accroire l'efficacité de tel ou tel dispositif plutôt que la prouver.
En matière associative subventionnée en tous cas, médiatisée sûrement, comme dans les procédures effectives d'appels d'offre, il faut du *réseau*, du relationnel.
Le *réseau* est justement l'une des approches possibles de la science politique en matière de régulation, comme l'ont montré d'autres interventions dans ce colloque.
Bien sûr, une cartographie du tissu associatif indiquerait que l'accès au modèle entrepreneurial est très différencié; il ne s'infiltre encore dans certains secteurs que comme modèle comportemental, mimétique et non dans l'efficience réelle.

Pour terminer, je voudrais revenir sur un élément de la régulation sociétale qui renvoie aux effets pervers du foisonnement associatif. Loin de construire une nouvelle citoyenneté d'intégration, l'association peut déstructurer certains espaces sociaux en faisant émerger de véritables *créatures sociales*.

Dans leur jeu concurrentiel, les associations doivent cibler leur production symbolique, chercher des "*créneaux-porteurs*" pour utiliser les termes à la mode. *Associations-projets*, *associations-produits* : il s'agit de forcer la reconnaissance sociale et financière, publique et privée, en faisant émerger des figures nouvelles, valorisantes.

Avec la procédure de défaussement, l'Etat, par exemple, n'est plus producteur direct de social, il se contente de réaliser la valeur produite par les associations. Ainsi, l'on passe des figures larges, globalisantes (handicapés, assistés, chômeurs...) de l'Etat social à des figures fines (myopathes, chômeurs de longue durée, enfants maltraités...) portées par des associations.

C'est à une véritable entreprise nosographique que se livrent les associations (Enfance et Partage etc.). L'émergence de ces nouvelles figures, valorisées, rejette dans l'ombre les figures larges, objets des sollicitudes du *travail social global*, obsolètes et donc délaissées.
Dès lors l'association ne serait plus le vecteur du ciment social renouvelé, mais celui d'un délitement.

Etranges régulations...

BIBLIOGRAPHIE

ARISTOTE, *Ethique de Nicomaque*, Garnier-Flammarion, Paris 1965, 310 p.
BASLE Maurice (sous la direction de), Histoire des pensées économiques / les fondateurs, Sirey, Paris 1988, 373 p.
BLAUG Marc, *La pensée économique / Origine et développement,* Economica, Paris 1981, 851 p.
BOYER Robert, *La théorie de la régulation : une analyse critique,* La Découverte, Paris 1986, 142 p.
BOYER Robert, *La crise actuelle : une mise en perspective historique*, Critiques de l'Economie Politique, Nouvelle série n°7-8, Avril-Septembre 1979.
CHEMILLIER-GENDREAU Monique, *Réflexions sur un problème mal posé : le déficit démocratique européen*, "M", n°56, Septembre 1992.

CHEROUTRE Marie-Thérèse, *L'essor et l'avenir du bénévolat, facteur d'amélioration de la qualité de la vie*, Conseil Economique et Social, séance des 13 et 14 Juin 1989, Journal Officiel de la République Française, Paris, 105 p.

DREYFUSS Laurence, *Italie : associations et société civile ou l'insoutenable légèreté de l'Etat*, mémoire de Maîtrise AES, Université Paul Valéry, Septembre 1992.

GRAMSCI Antonio, *Ecrits Politiques III 1923-1926*, NRF, Gallimard, Paris 1980, 441 p.

HABERMAS Jurgën, *Théorie de l'agir communicationnel*, Fayard, Paris 1987, 2 tomes (1ère éd 1981).

Institut de la Décentralisation (colloque Marseille), Mai 1992, notes personnelles.

MAFFESOLI Michel, *Le temps des tribus - le déclin de l'individualisme dans les sociétés de masse*, Méridiens Klincksieck, Paris 1988, 226 p.

MAFFESOLI Michel, *La transfiguration du politique*, Grasset, Paris 1992,307 p.

MARCHAND Alain, *Association et régulation*, Document de travail, Mai 1992, 53 p.

ROSANVALLON Pierre, *La crise de l'Etat-providence*, Seuil, Paris 1981, 183 p.

SIMMEL Georg, *Sociologie et épistémologie*, PUF, Paris 1981, 238 p.

TOCQUEVILLE (Alexis de), *De la démocratie en Amérique - les grands thèmes*, NRF Gallimard, Paris 1968, 374 p.

WALRAS Léon, *Les associations populaires de consommation, de production et de crédit*, Edizioni bizzari, reprint de Dentu, Paris 1865, 222 p.

WALRAS Léon, *Etudes d'économie sociale - Théories de la répartition de la richesse sociale*, Paris & Lausanne 1936, 488 p.

WEBER Max, *Premier congrès des sociologues allemands* (19 au 22 oct 1910), Francfort s/Main, 1910.

WEBER Max, *Histoire économique, esquisse d'une histoire universelle de l'économie et de la société*, NRF Gallimard, Paris 1991, 431 p (1ère ed 1921).

WELLS H-G. *Anticipations ou de l'influence du progrès mécanique et scientifique sur la vie et la pensée humaines*, Mercure de France, Paris 1904, 304 p.

REGULATION ET MISE EN OEUVRE D' UNE POLITIQUE PUBLIQUE : LES CONTESTATIONS DE TRACE DU TGV MEDITERRANEE

par

J. LOLIVE
Attaché temporaire d' enseignement et de recherche au C.E.R.T.E.
Université de Montpellier I

Je vous présente une proposition de recherche pour 1993, préparée avec J.M. FOURNIAU, chargé de recherche à l'Institut National de Recherche sur les Transports et leur Sécurité (INRETS) .

Il s'agira d'analyser la mise en oeuvre de la politique publique de la grande vitesse ferroviaire, à partir de l'examen des contestations de tracé. L'analyse se développera selon trois dimensions :
Le premier temps de l'analyse est une mise en perspective historique des mouvements de contestation d'implantation d'infrastructures dans les 20 dernières années. Ensuite, nous nous intéressons à la mise en oeuvre de la politique du TGV et aux réactions des sociétés locales des régions PACA et Languedoc-Roussillon.
Nous examinerons cette mise en oeuvre successivement sous l'angle territorial, puis sous l'angle signifiant pour conclure sur les stratégies des associations.
Enfin, le troisième temps de l'analyse est une interrogation sur l'émergence d'un espace régional de décision en matière de

transport ferroviaire, résultant de l'interaction des différents acteurs dans la mise en oeuvre des politiques publiques TGV et TER.

Le plan de l'exposé rendra compte des diverses dimensions de l'analyse : il comprend 5 parties :

1 - Généalogie des contestations
2 - Analyse de la dimension territoriale de la régulation: le conflit réseau-territoire
3 - Analyse du sens de la régulation : le conflit normes globales - sociétés locales
4 - Stratégie des associations : une reformulation de l'intérêt général
5 - Emergence d'un espace régional de décision : espace d'une régulation réseau/territoire

I - GÉNÉALOGIE DES CONTESTATIONS D'IMPLANTATION D'INFRASTRUCTURES

Nous partons de l'hypothèse selon laquelle l'histoire de la décision du TGV Sud-Est a forgé un système reliant valeurs, normes et critères de décision qui a fonctionné dans les décisions ultérieures de lignes TGV. L'acteur central de la constitution de ce système a été la SNCF. L' articulation produite entre ces valeurs, normes et critères est forte : elle spécifie la conception française des grandes vitesses. En effet, le "système TGV" français se caractérise par une ramification de ses dessertes, grâce à la compatibilité entre infrastructures nouvelles et anciennes, mais une ramification "normée" par une contrainte de temps minimum entre grandes agglomérations pour concurrencer l'avion. La cohérence de cette conception a permis à la SNCF de prétendre ériger en intérêt général la rationalité technico-économique que formalisait ce système. Mais l'efficacité de cette conception de l'intérêt général s'épuise aujourd'hui.

Les contestations des décisions d'implantation d'infrastructures à grande vitesse se sont toutes développées selon deux axes principaux. Au nom de leurs conceptions du rôle structurant du chemin de fer pour leur territoire, de leurs conceptions de l'aménagement du territoire, elles ont mis en cause la validité de la norme des gains de temps, comme exprimant plus la rentabilité financière pour l'entreprise que l'intérêt général. Elles ont toutes cherché à opposer à cette norme temporelle de rentabilité d'autres représentations - territorialisées - de l'intérêt général. Contestant que les gains de temps profitent à tous, elles ont cherché d'autre part à faire valoir d'autres normes et critères du service public ferroviaire, exprimant une autre logique d'usage plus centrée sur les pratiques quotidiennes.

Notre analyse partira donc d'une synthèse de la logique décisionnelle qui a prévalu pour le TGV Sud-Est. Nous analyserons ensuite les contestations dont ce dernier fut l'objet : ville de Dijon au moment de la présentation des premiers tracés, puis mouvements dans l'Yonne au moment de la déclaration d'utilité publique. Nous analyserons plus particulièrement ensuite la contestation amiénoise pour le passage du TGV Nord dans la capitale picarde. Ces différents cas ont déjà fait l'objet de monographies. On cherchera donc à tirer de ces études, une synthèse d'un triple point de vue : les représentations territoriales de l'intérêt général mobilisées, les logiques d'usage opposées à la logique décisionnelle de la SNCF et des pouvoirs publics nationaux, les stratégies mises en oeuvre par les différents types d'acteurs contestataires.

1-1 Les représentations territoriales de l' intérêt général

La conception française des grandes vitesses, inaugurée par le TGV Sud-Est se démarque de la desserte linéaire du Shinkansen japonais, sur une infrastructure nouvelle incompatible avec l'ancien réseau ferroviaire, ou de la conception allemande intégrant la grande vitesse dans le maillage fin du réseau Intercity, reliant étroitement dessertes à grande vitesse et dessertes régionales. Il n'est pas étonnant de ce point de vue que "l'Association des villes européennes TGV" se soit appuyée sur cet exemple de l'Intercity, pour prôner une meilleure desserte TGV des petites villes afin de favoriser un aménagement égalitaire de l'espace. De la même manière, la région Nord, dont le territoire est l'un des seuls, en France, à disposer d'un réel maillage ferroviaire, préconise la mise en place de TGV régionaux pour articuler dessertes régionales et dessertes TGV à grande distance.

Ces exemples récents soulignent l'intérêt d'une analyse de la représentation des rapports réseau/territoire : rapports entre le système territorial régional, son insertion dans l'espace national et l'espace européen et le rôle qu'y joue le développement des transports ferroviaires. Les situations de contestation conduisent les acteurs à expliciter ces représentations et condensent les conflits de représentations. Elles constituent ainsi des moments privilégiés à étudier pour cette analyse.

1-2 Les logiques d' usage alternatives

Mais si le TGV inaugure une nouvelle conception de la desserte, c'est qu'il rompt avec l'ancienne inscription territoriale du chemin de fer, desservant en chapelet, par les fonds de vallées, les sous-préfectures. Très tôt et de manière constamment renouvelée depuis, la politique des TGV a été contestée comme instaurant une politique de "double desserte" - l'une classique, l'autre sur infrastructure spécialisée - comportant le risque pour le Service public d'une opposition entre une desserte à grande vitesse rentable et le reste du trafic, moins rentable, voué à la disparition progressive. Cette opposition à une évolution vers une SNCF à deux vitesses à laquelle la séparation des normes de gestion et de rentabilité des grandes vitesses sur infrastructure spécialisée pourrait aboutir, était déjà présente dans l'opposition du Conseil Municipal de Dijon en 1973. La référence au Service public y vise sa fonction sociale : même très largement utilisé, le TGV reste l'instrument de certains types de déplacements, peu fréquents pour la majorité des usagers. C'est donc la priorité relative de deux logiques d'usage - les déplacement d'affaires au détriment des déplacements du quotidien - que met en cause cette dimension de la contestation.

1-3 Une typologie des oppositions

On cherchera en conclusion de cette synthèse de monographies sur des oppositions à des décisions d'implantation de lignes TGV, à dresser une typologie de la stratégie de ces mouvements. Cette typologie croisera deux dimensions principales de nature, semble-t-il, à différencier les stratégies : la logique d'argumentation et les caractéristiques socio-institutionnelles des opposants. Les deux points précédents fournissent une grille d'analyse de la logique de l'argumentation. Du point de vue de l'analyse de la stratégie, cette grille s'attachera à différencier les argumentations à vocation universalisante, tentant de porter leur propre vision de l'intérêt général, des argumentations plus limitées au contexte local. L'autre dimension d'analyse différenciera les stratégies selon les acteurs qui les portent. Les composantes notabiliaires, les composantes écologiques, les composantes agricoles, les associations de défense des riverains, etc .., n'ont pas toutes la même prétention globalisante ni les mêmes pratiques de lutte et de négociation. Ces éléments de typologie devraient aider à repérer les caractéristiques des acteurs contestataires actuels en région PACA et Languedoc-Roussillon.

II - ANALYSE DE LA DIMENSION TERRITORIALE DE LA RÉGULATION : le conflit réseau / territoire

Le réseau apparaît comme un mode d'organisation coopératif, adaptatif et évolutif impliquant de nouveaux rapports collectifs entre acteurs et de nouveaux rapports à l'espace et au temps. Lorsqu'ils s'inscrivent dans l'espace géographique, les réseaux organisent le territoire (...). L'organisation du réseau n'est pas seulement celle de la "compagnie". Elle est aussi organisation ou réorganisation de la ville, de la région, selon des règles et des lois qui ne sont pas celles de la territorialité municipale ou provinciale mais celles de la réticulation (Dupuy, 1989).

Ainsi, la dynamique d'organisation du réseau est indifférente à la notion de frontière. A l'inverse, le territoire est précisément constitué à partir de cette capacité à identifier un espace singulier dans l'espace global. La frontière définit la pertinence du territoire non seulement parce qu'elle le ferme mais aussi en ce qu'elle délimite son ouverture possible. La gestion de l'antagonisme entre réseau et territoire a besoin d'un espace de régulation réseau/territoire qui mobilise et intègre les savoirs et les représentations (Négrier, 1989). Les contestations dont est l'objet la mise en oeuvre de la politique des grandes vitesses ferroviaires, qui d'emblée se sont exprimées sur le registre de l'antagonisme entre réseau et territoire, traduisent ainsi la crise de cette régulation du rapport réseau-territoire.

C'est ce que nous chercherons à analyser dans les deux régions retenues. Pour préciser cette hypothèse, nous examinerons successivement la mise en oeuvre comme greffe, les territorialisations et les crises territoriales.

2-1 La greffe d' un territoire-projet sur un territoire-substrat

La mise en oeuvre peut s'analyser comme la greffe d'un territoire-projet sur un territoire-substrat (Soubeyran, 1992). L'implantation du TGV est une tentative de greffer un projet de réseau, porteur d'une logique territoriale "réticulaire" (Ollivier-Trigalo et alii, 1991) sur un territoire-substrat (celui des acteurs locaux). Le dialogue entre territoire et réseau, c'est le dialogue entre la mémoire et l'avenir, entre les expériences successives des réseaux qui sont superposées les unes aux autres pour construire un territoire perçu comme tel et l'intrusion d'un nouveau réseau. Le nouveau réseau peut - soit confirmer le territoire dans son existence - soit le détruire progressivement. Les conflits s'alimentent de cette peur (justifiée ou non) de voir détruire les organisations de l'espace, mais aussi les cultures que portent les territoires traditionnels (préexistants). Comme tout élément matériel doit passer par le stade de la représentation pour devenir tout à fait territorial (Barel, 1986), le conflit mobilise les représentations territoriales des acteurs.

2-2 Les territorialisations

Leur mise en contact ne laisse pas les représentations territoriales inchangées. Cette friction les (re)territorialise toutes deux.

Territorialisation régionale de la SNCF

D'abord simples instruments d'une meilleure gestion interne, les Régions SNCF sont devenues avec la LOTI et la décentralisation de véritables acteurs régionaux. Un des avantages de la territorialisation régionale de la SNCF est de permettre la concertation avec la société locale sur le territoire-projet que constituent les projets d'aménagements du réseau. Cette concertation augmente les capacités de négociation et la marge de manoeuvre des responsables régionaux. Mais, limitée aux conseillers régionaux, maires des grandes villes, chambres consulaires, etc..., seuls partie prenante des procédures classiques de concertation, elle identifie le territoire-substrat au territorial institutionnel.

Territorialisation réactive

"Une société locale, c'est toujours un jeu à trois, jamais à deux, il y a toujours les indigènes, le terroir et l'étranger. Etranger-miroir mais aussi étranger actif, à la fois miroir de la complexité locale et acteur du changement" (Marié, 1989). La territorialisation s'effectue sous le regard du tiers qui fait (ré)exister le territoire local. En d'autres termes, à l'instar de la "panne" dans un processus industriel (Cauquelin, 1988), un projet d'aménagement met à jour par le fait même de son irruption inhabituelle, les mécanismes forgés dans l'habitude. Il met en cause "l'implicite territorial" dans lequel était immergé le territoire institutionnel, la mémoire confuse de manières de se comporter ensemble qui ne se donnent jamais comme règles explicites. L'aménagement bouscule cette mémoire implicite du territoire et la rend plus visible. Il contribue ainsi, à son corps défendant, à unifier le territoire-substrat. Malgré sa multiplicité, le territoire peut ainsi "se mobiliser", faire système, autour d'une dimension fédératrice. Ainsi les associations de défense, de protection arrivent à se gagner les élus locaux dans de nombreux cas.

2-3 Une crise territoriale

Ainsi ces deux territorialisations alimentent une crise territoriale. L'élu consulté hier comme représentant de la société locale, avait donné son accord mais ses administrés ne le suivent pas toujours et il sera peut-être amené à changer d'avis.
Cet affaiblissement (conjoncturel ?) de la représentation politique locale met les promoteurs du projet dans une position d'incertitude à l'égard de la société civile. A l'évidence, les notables ne sont plus des relais aussi efficaces que par le passé, car leur capacité d'intégration s'est singulièrement affaiblie avec ces conflits de tracé. Les metteurs en oeuvre sont confrontés à une protestation qu'ils ne peuvent intégrer. Tout cela pose la question de la frontière du système politique et de son accès. En particulier, les groupes sociaux qui n'y ont pas accès par le biais des institutions appropriées ont tendu à recourir à des actions de nature extra-légale et donc, le plus souvent, non légitimes (Duran-Monnier, 1992).

III - ANALYSE DU SENS DE LA RÉGULATION : le conflit entre normes globales et sociétés locales

Les premières conclusions de la Mission Transports Destination 2002 concernant la "crise de la démocratie" et les processus de décision expriment fortement le lien entre la crise territoriale et l'analyse du sens de la régulation. Une infrastructure de transport n'a pas le même sens, ni les mêmes effets, selon le niveau territorial auquel on le considère. Ainsi, lors de la mise en oeuvre au niveau local, l'enjeu n'est plus de réfléchir sur la faisabilité sociale du projet TGV (i.e. définir le calcul de l'intérêt général pour le TGV considéré) mais simplement de déterminer ses conditions d'implantation. Soubeyran et Barnier (1985) désignent par la notion d'hétéroréférentialité l'extériorité pour les sociétés locales, de l'appel à l'intérêt général et à la rationalité technico-économique comme justification d'un projet. Ces sources du sens et des normes de la régulation sont extérieures au milieu d'accueil et à la procédure de mise en oeuvre. Cette dissociation fondait la légitimité de l'action publique, elle tend à devenir contre-productive.

Nous étudierons d'abord comment le processus de la mise en oeuvre pose la question du sens de la régulation. La notion d'intérêt général fournit une approche synthétique de cette régulation. Puis nous examinerons la signification opposée des procédures de concertation.

3-1 La régulation par l' intérêt général

L' intérêt général est un idéal régulateur, il hiérarchise les territoires d'action et confère du sens à cette articulation (Nizard, 1974 - Barel, 1981 - Soubeyran, 1987 - Fourniau, 1988).
Il hiérarchise les territoires d'action. Il organise une pyramide hiérarchique de normes qui définit une position subordonnée (dernière dans le processus et dans l'ordre d'importance) des sociétés locales dans le processus de décision selon les schémas représentés dans les figures 1 et 2.

Figure 1

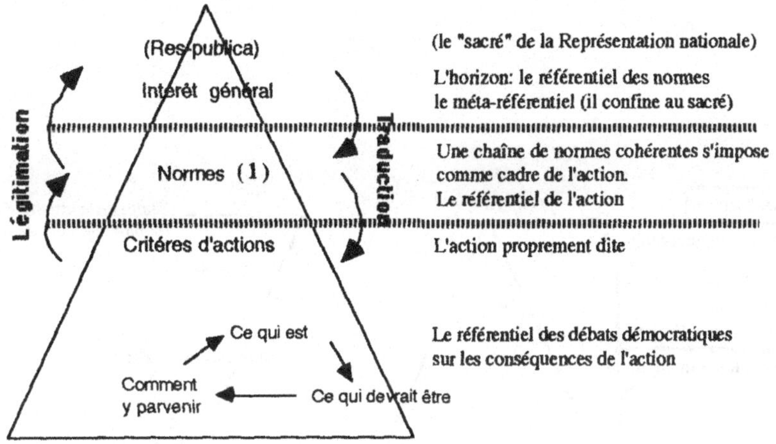

La pyramide hiérarchique des normes

(1) Les normes sont un dispositif de coordination de l'action. Elles permettent que des gens avec des valeurs différentes agissent d'une manière convergente à travers un accord sur les normes. Le dispositif de l'intérêt général évacue toute discussion sur les valeurs (le champ politique est ainsi limité). Les critères d'action sont une opérationnalisation des normes qui sont elles-mêmes une interprétation de l'intérêt général (qui émane de la volonté nationale).

Figure 2

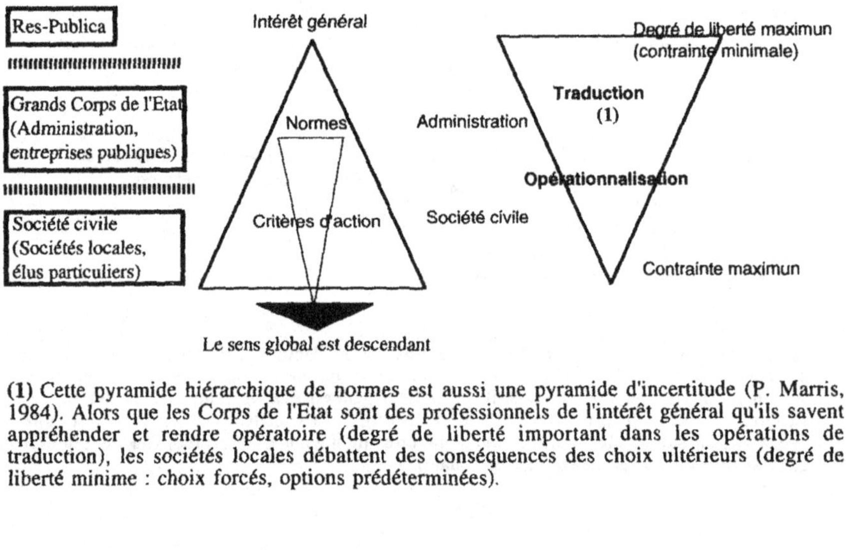

(1) Cette pyramide hiérarchique de normes est aussi une pyramide d'incertitude (P. Marris, 1984). Alors que les Corps de l'Etat sont des professionnels de l'intérêt général qu'ils savent appréhender et rendre opératoire (degré de liberté important dans les opérations de traduction), les sociétés locales débattent des conséquences des choix ultérieurs (degré de liberté minime : choix forcés, options prédéterminées).

3-2 L'intérêt général injecte du sens dans cette hiérarchisation

La rhétorique de l'intérêt général (Offner, 1989) illustre ces mécanismes de production du sens (Barel, 1988, 1989). L'administration est porteuse de l'intérêt général, à la fois parce qu'elle est subordonnée aux représentants élus de la Nation, et parce qu'elle est dépositaire d'un savoir qui lui permet de s'élever au-dessus des querelles partisanes traversant la représentation politique. Cette surprenante circularité illustre bien deux caractéristiques de la production sociale du sens. Par le biais de l'intérêt général, l'administration met en relation les micro-niveaux et les macro-niveaux de la vie sociale, le local et le global. Ce faisant elle parvient à conférer du sens à son action (et à celle des autres acteurs dans une moindre mesure) en universalisant quelque peu sa spécificité sans pourtant la trahir ou l'abandonner. Ainsi Y. Barel avance l'idée que, par nature, la production sociale de sens est une activité paradoxale. Parce qu'elle doit créer ce sens à partir de sources à la fois internes et externes à la société (ici le "sacré" républicain). La production sociale du sens est une ruse permanente avec et entre deux pôles : celui de l'immanence et celui de la transcendance, intenables tous les deux. L'intérêt général témoignerait de cette ruse.

3-3 La signification des procédures de concertation

La succession rapide des modes de consultation / information (direction de projet Izard, mission Querrien, commission d'experts indépendants et, à une autre échelle, mission Carrère) peut s'interpréter comme une crise de la légitimation hétéroréférentielle. L'extériorité de la source du sens est perçue comme arbitraire (Soubeyran, Barnier, 1985). Il y a débat et les conflits de tracé font ressortir la multiplicité des codes de rationalité pouvant définir la nature des problèmes et des solutions pour évaluer la faisabilité du projet.

Aussi les procédures de concertation prennent-elles de plus en plus d'importance. Pour les promoteurs du projet, elles constituent un "contre-feu". A elles de réinjecter du sens, de produire l'intégration de la norme externe par le milieu d'accueil. C'est dire qu'il appartient au processus même de mise en oeuvre de fabriquer la source du sens et des normes. Ainsi les procédures de participation, concertation, information, même quand elles sont dénoncées par les associations comme des "récupérations", ouvrent néanmoins la porte à la question explosive du calcul de l'intérêt général. Ce que les associations vont très vite remarquer.

Cette régulation symbolique par l'intérêt général est en crise. L'idée se répand qu'il n'y a plus d'intérêt général organisateur du centre contre les intérêts privés. Avec la décentralisation et la logique du gouvernement local qu'elle a favorisé, chacun des niveaux de pouvoir n'est qu'un intérêt général possible par rapport aux autres. Et les contestataires tentent à leur tour de créer leur propre notion d'intérêt général.

IV - LA STRATÉGIE DES ASSOCIATIONS : une reformulation de l'intérêt général ?

Pour analyser la stratégie associative, nous partons d'une question : comment les associations parviennent-elles à mobiliser un territoire-substrat, une société locale ? Comment parviennent-elles à rassembler des acteurs locaux différents, aux intérêts parfois opposés ? Certes le tracé unifie les riverains lésés. Mais on peut également imputer cette capacité de mobilisation à une stratégie des associations. Pour la comprendre peut-être faut-il la mettre en regard de la régulation territoire / signifiante de la décision qu'elle perturbe ? Nous interrogerons l'hypothèse selon laquelle cette stratégie vise à construire un dispositif de coordination de type "intérêt général". Selon cette hypothèse, la stratégie des associations se lit comme une tentative adverse de "dessiner des habits neufs pour l'intérêt général". Nous évoquerons alors le dessein qui se profile puis les difficultés de cette stratégie paradoxale.

4-1 La stratégie des associations

Nous étudierons la stratégie des associations selon deux hypothèses :

Nous considérons que c'est la politique publique en question, essentiellement sa mise en oeuvre, qui génère et construit dans son déroulement ce qu'il faut entendre par "environnement". La notion d'impact constituera le biais sur lequel "la procédure en action intervient dans la définition de l'environnement" (Riodan and

Sewell, 1981). Sous l'éclairage procédural, la vision de l'environnement se modifie, il n'existe qu'à l'état de crise, de vulnérabilité. Aussi chacun - associations - élus - metteurs en oeuvre - se bat-il pour une définition légitime de l'impact du tracé TGV. De cette définition dépend ce qu'il faut entendre par environnement du projet et son mode traitement : mesures réparatrices ou autres ... Nous chercherons en particulier à analyser les "objets" - êtres vivants, choses, faits - que les personnes mobilisent pour faire valoir et renforcer la validité de leurs arguments ((Boltanski-Thévenot, 1991). En résumé, nous soulignerons comment l'enjeu de l'impact structure le conflit et la stratégie des associations.

La deuxième hypothèse permet de discriminer les associations, entre les associations agréées et les autres. Les premières sont moins combatives (semble-t-il). La loi du 10 juillet 1976 (et le décret du 27 octobre 1989) constituent un élément d'explication. Elle confère deux prérogatives aux associations agréées.
Exercer le droit de la partie civile quand il est porté atteinte à l'intérêt collectif qu'elles représentent. Participer à l'action des organismes publics ayant pour objet la protection de la nature et de l'environnement. Il faudrait vérifier si la première prérogative n'est pas abandonnée au profit de la seconde. Plus généralement, si l'action revendicative n'est pas minorée au profit de l'action de sensibilisation et de gestion.

4-2 Un dessein ébauché

Le projet associatif se dessine en creux dans une critique "en actes" de la régulation par l'intérêt général. Au lieu de respecter le dispositif hiérarchisé, où trois niveaux "logiques" et territoriaux s'inter-légitiment fortement, "ils mélangent tout", ne respectant pas (ou mal) la règle du jeu. "Ils" confondent des niveaux logiques, critiquent les normes et les critères d'action là où ils devraient aménager les conséquences d'une décision déjà prise. Ils renforcent la crise du dispositif : chaque pôle se renvoie la balle, il n'y a plus de source ultime pour décider. Le méta-niveau - l'intérêt général associé à la rationalité technique et économique - est aussi mis en question en tant que source de légitimation.

Mais, peut-être, l'essentiel n'est-il pas là : il semble y avoir de la part des associations ou de certains regroupement d'associations pour la protection de l'environnement, une tentative de "reprendre le flambeau" de l'intérêt général aux ingénieurs des Ponts et chaussées, notamment. Les éléments constitutifs de cet intérêt général seraient la prise en compte du long terme et des interrelations entre décisions sectorielles, la diffusion de l'information, l'incitation à la participation, la protection de l'environnement.

La figure 3 nous montre que des similitudes sont nombreuses avec l'autre pyramide hiérarchique. Là aussi des professionnels de l'intérêt général se feraient les porte-parole d'une instance "transcendante". Fournisseurs d'un savoir spécialisé, ils peuvent interpréter l'intérêt général, le traduire en normes. Une différence résiderait dans le niveau local : celui de l'impact environnemental. Ce dernier est aussi producteur des normes - la notion d'impact intervient dans la définition ce qu'il faut entendre par environnement - et des objectifs : réparation, gestion, valorisation,... Du coup, les valeurs ne sont pas évacuées aussi fortement car le concept d'impact est étroitement lié à la notion de qualité de vie. Sens global et sens local tentent une articulation. Cela dit, et sous réserve d'une analyse plus approfondie, il est difficile de préciser plus les contours de ce projet minoritaire et pragmatique. D'autant plus qu'il n'est pas sans poser des problèmes à ses promoteurs.

4-4 Les difficultés d'une stratégie paradoxale (Barel, 1986)

Les problèmes résident bien sûr dans la difficile maîtrise d'une multi-rationalité des promoteurs de la stratégie. Cette stratégie fonctionne sur un double territoire (comme les précédentes mais c'est ici beaucoup plus explicite), celui de la Planète (du "global change") et celui des sociétés locales. C'est indispensable pour que sens global et sens local communiquent à ce niveau intermédiaire qu'est celui des regroupements régionaux. C'est là que résident les difficultés. Les associations concernées voient reconnaître par l'Etat leur capacité de représenter les intérêts collectifs de l'environnement. L'agrément qui sanctionne cette reconnaissance les "intègre" dans les procédures de protection de l'environnement et les autorise à co-gérer des espaces protégés avec les directions régionales de l'aménagement et de l'environnement. Ce faisant, elles doivent garder un lien avec les associations "de base" et "l'extériorité sauvage" des luttes locales (ainsi le Comité de liaison des associations de protection de l'environnement en Languedoc-Roussillon). Inversement, si elles doivent soutenir des luttes locales pour maintenir une pression sur les partenaires administratifs et politiques, cela ne doit pas nuire à leur légitimité auprès de l'Etat.

Figure 3

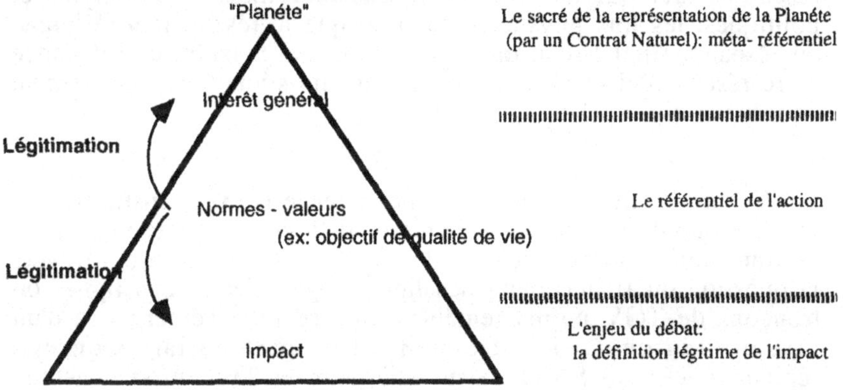

"Planéte"
Intérêt général
Légitimation
Normes - valeurs
(ex: objectif de qualité de vie)
Légitimation
Impact
Le sacré de la représentation de la Planéte
(par un Contrat Naturel): méta- référentiel
Le référentiel de l'action
L'enjeu du débat:
la définition légitime de l'impact

V - L'ESPACE D'UNE RÉGULATION RÉSEAU / TERRITOIRE : quelles interactions entre les acteurs contestataires et les acteurs institutionnels ?

L'interrogation sur la formation d'un niveau régional de décision constitue le troisième temps dans la définition de la grille d'analyse. Le secteur des transports ferroviaires est un bon exemple pour décrire le processus de "relocalisation des politiques publiques" '(Muller, 1990). La dialectique réseau/territoire fournit une clé de cette analyse.

«Une nouvelle géographie du pouvoir permet d'interpréter le réseau comme ensemble de projets "transactionnels" d'acteurs localisés dans l'espace et tentant par ces transactions avec d'autres lieux de faire entrer d'autres acteurs dans leur territoire. Se dessine ainsi un réseau virtuel, à tendance connexioniste et maximaliste. Un "opérateur", résultant des jeux de pouvoir des acteurs ponctuels, sorte de fondés de pouvoirs territoriaux, est chargé de réaliser le réseau virtuel. Ici réapparaissent les contraintes économiques et politiques, les lois physiques qui font que le réseau réel s'éloigne du réseau virtuel : d'où une frustration, une tension, une distance entre réseau réel et réseau virtuel, caractéristiques du changement de territorialité ». (Dupuy, 1989).

La décentralisation modifie profondément le paysage institutionnel local, en conférant au Conseil régional la compétence en matière de transport et d'aménagement du territoire. C'est ensuite à travers la question du financement des lignes régionales et des lignes ou tronçons de TGV moins rentables, que se joue l'émergence d'un niveau régional de décision. Un partenariat Conseils régionaux/Régions SNCF existe déjà pour les TER ou se constitue pour le TGV. Nous examinerons d'abord la stratégie des élus de ce point de vue puis l'interaction des acteurs institutionnels et des acteurs contestataires.

5-1 La stratégie des élus

Pour étudier la stratégie des élus, nous nous limiterons à deux aspects. Le premier concerne un des effets de la décentralisation : l'imputabilité du discours économique aux élus locaux. De plus en plus, même dans les petites villes, les élus locaux s'attribuent non seulement les résultats mais le référent managérial devenu la représentation valorisée qu'ils se font de leur rôle. Il est intéressant d'analyser ce que devient cette représentation moderniste quand les élus locaux sont confrontés à une contestation sur le tracé d'un TGV, qui lui aussi est perçu comme un puissant vecteur de modernité. La formulation politique des articulations réseau/territoire peut devenir alors enjeu de conflits (par exemple à Lunel (34), l'élu doit arbitrer entre les producteurs de Muscat et les éleveurs de taureaux). Nous examinerons en particulier, le cas où le référent managérial est sacrifié au profit du soutien aux associations.

Un deuxième aspect permet de compléter le précédent. Il s'agit d'examiner en quoi le réseau TGV, plus exactement sa logique territoriale "surdétermine" les enjeux politiques locaux évoqués précédemment. Les caractéristiques du réseau TGV définissent une logique radiale de liaisons entre villes et grands pôles dans lequel n'entrent plus en compte les arrière-pays des capitales régionales. Ainsi les communes situées sur le tracé se différencient-elles entre centres desservis par ce mode rapide et communes "qui regardent passer le TGV". Ces effets de segmentations de l'espace par le réseau expliquent sans doute le peu d'empressement des communes non desservies à défendre le projet TGV bien que ses effets pourraient être compensés par le développement de dessertes régionales adéquates. Plus précisément, les contestations du tracé concernent des usagers. Elles font ressortir l'existence d'une "double logique territoriale", la logique réticulaire du TGV déjà évoquée et la "logique zonale des déplacements à l'intérieur et à l'échelle du territoire régional" (Ollivier-Trigalo et alii, 1991). Cette dichotomie recoupe-t'elle un clivage entre les élus des grandes villes desservies et les autres ?

5-2 L' interaction avec les autres contestataires

Nous nous proposons d'apprécier les interactions entre les acteurs institutionnels (directions régionales de la SNCF et Conseils régionaux) puis les acteurs contestataires (regroupements régionaux d'associations) pour savoir si le niveau régional peut devenir un "espace de médiation". N'est-on pas alors en train d'assister à l'émergence d'un opérateur régional de transport ferroviaire à partir de la mise en oeuvre des politiques TGV et TER, c'est-à-dire un processus d'organisation des diverses régulations

-techniques, économiques, sociales, commerciales, etc...- nécessaires au fonctionnement du réseau ?

Si l'hypothèse de l'émergence d'un opérateur régional est pertinente, quelle sera sa logique territoriale intégrant celle des acteurs le constituant ? "L'opérateur de réseau fonde son pouvoir sur une capacité à réunir, à desservir, à traverser l'espace et le temps, à créer techniquement, juridiquement et économiquement, les conditions de son monopole (...). Ce qui importe, ce sont les possibilités pour ce processus de transformer la fonctionnalité du réseau en l'adaptant constamment, en jouant sur la multiplicité des services-réseaux, en modifiant les noeuds, les arcs, les frontières" (Dupuy, 1988).
La "logique zonale" sera-t-elle confortée ou bien assistera-t-on à une pénétration progressive de la "logique réticulaire" (Ollivier-Trigalo et alii, 1991) ?

La question est importante car, dans l'hypothèse d'interactions entre les acteurs institutionnels des transports et les contestataires, le niveau régional jouerait le rôle que lui dessinait "en pointillé" le projet associatif. Celui d'être le territoire (institutionnel) qui assure la mise en relation du global et du local, l'espace de médiation entre les normes externes (intérêt général et rationalité technico-économique) et les intérêts "généraux-locaux" portés par les associations.

CONCLUSION

Pour conclure, et même si c'est un peu prématuré, je voudrais formuler quelques recommandations pratiques qui se dégagent en l'état actuel de cette recherche sur les procédures de mise en oeuvre.

Alors que la constitution d'un réseau TGV constitue une profonde transformation du territoire, le système de décision pour le mettre en oeuvre n'a pas connu une mutation d'ampleur équivalente. La Mission Transports Destination 2002, chargée d'animer le débat national sur les infrastructures de transport a souligné ce problème : «Toute la question est de savoir comment, quel processus nouveau, une autre manière d'informer, de consulter peut permettre de parvenir à une décision comprise - sinon toujours admise - et donc finalement mieux et plus vite appliquée et en tout cas pas remise en cause » (Carrère, 1992). Nous nous proposons de suivre trois pistes sur les conditions de renouvellement des procédures décisionnelles.

* L' ouverture européenne et la mutation de l'offre de transport font émerger des enjeux globaux dont l'appréhension ne peut être que territoriale. La représentation de l'espace de la concurrence entre modes de transport, une conception territoriale du service public des transports (avec, par exemple, des normes d'accessibilité entre régions et villes, traduisant l'égalité des citoyens face au droit des transports), sont des questions globales pour une politique des transports et en ce sens qu'elles exigent des réponses cohérentes aux différents niveaux territoriaux. Pour aller à l'encontre de la confusion du global et du national, qui est l'une des expressions de centralisme de l'Etat français, les procédures de concertation doivent permettre l'expression des conflits dont ces conceptions sont l'enjeu.

* La cohérence du système des valeurs, normes et critères porté par la SNCF avait fait de l'entreprise l'acteur central des décisions en matière de grande vitesse. Cela lui a conféré un rôle prédominant dans la définition de l'espace national redessiné par les infrastructures à grande vitesse, reléguant les autres représentations territoriales à un rôle subalterne. Mais, devenue une entreprise à part entière, guidée par des normes de rentabilité de ses investissements, la SNCF ne peut plus prétendre à la prépondérance de sa représentation concurrentielle des territoires de la mobilité. Se trouve donc posée la question de la constitution d'une expertise indépendante du Maître d'ouvrage.

* De ce fait, la représentation de ces territoires devient un des enjeux centraux de la politique des transports. Faire émerger ce débat ne consiste pas à rechercher un consensus sur les valeurs : les finalités d'une décision sont toujours multiples. Il ne s'agit pas seulement, non plus, de traduire en normes d'action les nouvelles valeurs qui émergent dans la société civile et politique. La démarche de la Mission Transports Destination 2002 indique qu'il ne faut pas séparer débat sur les valeurs et élaboration des normes et des critères qui leur donnent un sens concret. Il s'agit en revanche de rendre plus lisible les liens entre valeurs, normes et

critères qui sont à l'oeuvre dans les processus de décision. C'est là sans doute, une condition de la participation effective des multiples acteurs concernés, un gage de démocratisation.

BIBLIOGRAPHIE

BAREL (Y), *Territoires et codes sociaux*, C.R.U., Paris, 1981.
"Le social et ses territoires" in AURIAC (F), BRUNET (R) et alii, *Espaces, jeux et enjeux*, Fayard, Paris, 1986.
"Le sens fait sa crise", in *L' autogestion, disait-on !*, Actes du Colloque de Délémont sur l'actualité d'Albert Meisner, PUF, Paris, 1988.
"Territoires et corporatismes", *Dossiers des séminaires Technique*, territoire et société n° 8/9, Paris, sept. 1989.
CARRERE (G), *Transports Destination 2002. Rapport d'étape du débat national sur les infrastructures de transport,* Mission Transports Destination 2002, Paris, avril 1992.
CAUQUELIN (A),"Note sur la panne", *Annales de la recherche urbaine* n°39, Paris, septembre-octobre 1988.
CHARON (JM), *Les mouvements d'opposants aux décisions d'implantation d'aéroports et de la ligne nouvelle du TGV*, ARDU-Ministère des Transports, Paris, 1979.
DUCOING (S), *Histoire et sociologie d'une mobilisation (la lutte amiénoise pour le passage du TGV Nord)*, DEA du CURAPP, Université de Picardie, Amiens, février 1989.
DUPUY (G) (ed), *Réseaux territoriaux,* Paradigme, Caen, 1988
"Réseaux (philosophie de l'organisation)" *Encyclopaedia Universalis*, vol. 19, Paris, 1989.
DURAN (P), MONNIER (E), *"Le développement de l'évaluation en France. Nécessités techniques et exigences politiques"*, Revue française de science politique vol. 42 n° 2, Paris, avril 1992.
FOURNIAU (JM), *La genèse des grandes vitesses à la SNCF*, rapports INRETS n°60, Paris, janvier 1988.
GODBOUT (J), *La démocratie des usagers,* Boréal, Québec, 1987.
JOBERT (B), MULLER (P), *L' Etat en action, Politiques publiques et corporatismes,* PUF, Recherches politiques, Paris, 1987.
LAFAYE (C), CORCUFF (Ph), *Processus de traduction et légitimités quotidiennes dans les relations entre agents de l'équipement et élus locaux : le cas de la DDE de la Gironde*, DRI-ADRESSE, Paris, novembre 1990.

MARIE (M), *"Questions introductives pour un séminaire"*, Dossiers des séminaires Technique, territoire et société n°8/9, Paris, septembre 1989.
MARRIS (M), *"Future of Social Policy"*, Berkeley Planning Journal,vol. I, 1984.
MENY (Y), THOENIG (JC), *Politiques publiques,* PUF, Paris, 1989.
MULLER (P), *"Les politiques publiques entre secteurs et territoires"*, Politiques et management public, vol. 8 n°3, Paris, Septembre 1990.
NEGRIER (E), *"Réseau, régulation, territoire"*, Quaderni n°7, printemps 1989.
NIZARD (L), Rapport introductif au Colloque *Planification et Société*, PUG, Grenoble, 1974.
"Esquisse d'un modèle de l'administration comme acteur politique" in de BAECQUE (F), et QUERMONNE (JL), *Administration et politique sous la Vème République,* Presses de la Fondation nationale de Sciences politiques, Paris, 1981.
OFFNER (JM), *"L'intérêt général en quête de raisons"*, Annales de la recherche urbaine, n°37, Paris, décembre 1987-fév.1988.
OFFNER (JM), OLLIVIER-TRIGALO (M) (ed), *Les grands projets de transports. Langages de l'évaluation, discours de la décision*, synthèse INRETS n°10, novembre 1987.
OLLIVIER-TRIGALO (M), BOURSIER-MOUGENOT (I), FOURNIAU (JM), *Etude exploratoire de la notion de réseau à la SNCF*, CNRS-GDR 903 "Réseaux", Paris, avril 1991.
SFEZ (L), *La décision*, PUF, Que sais-je, Paris, 1984.
SOUBEYRAN (O), BARNIER (V), *"Les enjeux du virage aménagiste"*, *Loisir et Société*, Presses de l'Université de Québec, octobre 1985.
SOUBEYRAN (O), *"Malaise dans la planification"*, Annales de la recherche urbaine n°37, Paris, décembre 1987.
"Un territoire de prospective", contribution au 2ème rapport intermédiaire sur *La façade Atlantique*, CRISSA-CNRS, Paris, avril 1992.

III

LES EXPÉRIENCES
À
L'ÉTRANGER

LA REGULATION COMME INSTRUMENT D'ANALYSE DES FORMES DE RESOLUTION DES CONFLITS

par

Ana Lucia de Lyra TAVARES
Pontificia Universidade Catolica- Rio de Janeiro

Dans le cadre de l'accord CAPES /COFECUB, qui lie le Centre d'étude et de recherche sur la théorie de l'Etat (CERTE) de la faculté de droit de l'Université de Montpellier I, et le département de Sciences Juridiques de l'université Pontificale Catholique de Rio de Janeiro (PUC/RJ), sont en cours, depuis 1990, des études sur l'emploi de la notion de régulation dans le champ du droit.

L'orientation des professeurs Michel MIAILLE, Jean-Louis AUTIN et Guilhem DEZEUZE doit être enregistrée ici. Leurs exposés et l'apport bibliographique qu'ils ont donné à ces recherches ont été fondamentaux pour vaincre certaines difficultés majeures concernant la compréhension même de la notion de régulation lorsqu'elle est appliquée au domaine juridique.

Vu précisément les difficultés d'ordre théorique, le groupe a estimé plus raisonnable de prendre comme point de départ certaines situations empiriques précises, en les étudiant à la lumière des possibilités offertes par la notion de régulation, afin, dans une autre phase, d'établir une évaluation critique sur l'utilité de son emploi en tant qu'instrument d'analyse juridique.

Le groupe a également retenu la notion de régulation telle qu'énoncée par G.GANGUILHEM comme "l'ajustement, conformément à quelques règles ou normes d'une pluralité de mouvements ou d'actes et leurs effets ou produits que leurs diversité ou leur succession rend d'abord étrangers les uns aux autres"(1).

Le plan d'un rapport, qui a pour but de rendre compte de cette recherche collective ne peut donc qu'obéir aux phases de cette démarche. Dans une première partie nous indiquerons les domaines sur lesquels a porté l'analyse, en réservant un deuxième moment pour signaler les réflexions que ces études ont entraîné concernant la valeur de la notion de régulation pour les recherches dans le champ du droit.

I - CHAMPS D'INVESTIGATION

Il faut tout d'abord remarquer que les critères de choix de ces champs ont été personnels, traduisant à la fois des intérêts académiques et professionnels.(2)

A partir de cette motivation individuelle ont été retenus des domaines très diversifiés d'analyse, ce qui a permis de mieux évaluer le potentiel d'application de la notion de régulation. En regroupant ces différents champs, on a pu identifier trois situations-types :

A - situations où l'Etat mène le jeu ;

B - situations où la société civile essaie d'introduire des changements dans l'Etat ;

C - situations où l'Etat n'est pas présent

---

(1)*Régulation* in Encyclopaedia Universalis, volume 14, 1980, p.1.

(2) On n'ignore pas qu'au Brésil, comme dans la plupart des pays d'Amérique Latine, le corps enseignant dans les Facultés de Droit est constitué en majorité par des avocats, des juges, enfin par des praticiens du droit, les professeurs à plein temps constituant des exceptions. Les champs choisis ont souvent découlé de ces intérêts professionnels, l'expérience pratique ne pouvant qu'enrichir ces recherches.

A - SITUATIONS Où L'ÉTAT MÈNE LE JEU

La crise générale de l'Etat-Providence, incapable de pourvoir aux demandes croissantes de la société entraîne dans les pays développés la recherche de solutions par voie de déconcentration du pouvoir étatique et la création d'autres centres de pouvoirs locaux et/ou privés. Dans les pays en voie de développement, où l'Etat a forgé et forge encore la nation et où le citoyen est conditionné à tout attendre de lui, un processus différent se produit. On entend que l'Etat même cherche d'autres voies, en y associant, selon le cas, des représentants de la société civile, mais tout en conservant le rôle de meneur de jeu.

Dans cette première situation-type, peuvent être insérées aussi bien les recherches portant sur des conseils étatiques où siègent, à côté des fonctionnaires de l'État, des représentants de la société civile, que celles ayant trait à des instruments de procédure, mis à la portée des citoyens et des groupes par l'État dans le but de mieux les associer à la gestion publique et à l'administration de la justice.

1 - Conseils établis au sein de l'État

La création des conseils, soit au sein de l'Exécutif, soit du Législatif, traduit au fond l'impuissance du Judiciaire à résoudre de façon peu coûteuse et rapide les innombrables conflits qui surtout en matière économique et administrative se sont multipliés ces dernières années, à la suite des échecs successifs des mesures gouvernementales prises dans ces deux domaines.

Parmi les conseils examinés, il a été possible d'identifier certains traits communs : participation de représentants de la société civile, pouvoir normatif indépendant, pouvoir de sanction administrative, et autres, ce qui a amené les auteurs de ces recherches à établir quelques rapports avec les autorités administratives indépendantes étudiées par la doctrine française.

Trois conseils ont été examinés : deux dans le cadre des programmes de défense des consommateurs, et un troisième dans le champ de l'administration publique dont le but est celui de régler les conflits entre les fonctionnaires publics et l'Etat.

En ce qui concerne la défense des consommateurs (3) deux entités ont été étudiées :

- le PROCON (programme d'orientation et de protection du consommateur de l'Etat de Rio de Janeiro), institué auprès du secrétariat à la justice de l'Etat de Rio, donc, au sein de l'Exécutif.

- la COMDECOM (commission de défense du consommateur de la chambre de la commune de Rio de Janeiro), organe par conséquent appartenant au Législatif.

Les affaires sur lesquelles ces entités sont appelées à se prononcer, les réclamations sur l'achat et la vente de marchandises mises à part, ont notamment trait aux questions de contrats de location, d'assurances médicales et de mensualités scolaires.

Une comparaison entre les résultats obtenus par ces deux organes dans la résolution des conflits par voie de conciliation et de persuasion a montré que la COMDECON, installée au sein du Législatif a atteint un taux de réussite plus élevé que celui du PROCON. Les auteurs de la recherche ont souligné que ces études leur avaient permis de constater l'essai, en cours, d'un nouveau type d'accord entre l'Etat et la société civile, au moyen d'une action concertée, ayant en vue surtout de surmonter les difficultés d'accès à la justice. Ils ont également mis en relief que si l'on voulait prendre la régulation en tant qu'instrument d'analyse, afin de dépasser la dichotomie classique Etat/société civile et obtenir une vue globale des sources de production juridique, on ne pouvait ignorer que dans le domaine des questions du droit des consommateurs l'Etat continue à être la principale source de production du droit.

Le troisième conseil institué au sein de l'Etat fut le CRASE - conseil de recours administratif des fonctionnaires civils de l'Etat de Rio de Janeiro - organe appartenant à l'Exécutif et ayant comme but de trancher les litiges entre les fonctionnaires civils et l'État.(4)

---

(3) Etude entreprise par le Professeur José RIBAS VIEIRA et les étudiants en maîtrise Maria Isabel, Sa Earp R. CHAVES et Cecilia Maria MARTINS ANTUNES.
(4) L'auteur de cette recherche est Francisco Mauro DIAS, ancien secrétaire à la fonction publique de l'Etat de Rio de Janeiro et Professeur de Droit Administratif à la PUC/RJ.

Disposant d'un pouvoir réglementaire et de contrôle, dont les décisions ont une portée aussi bien collective qu'individuelle, ce conseil où siègent des représentants des fonctionnaires publics, à côté des autorités administratives, fut également rapproché des autorités administratives indépendantes de la doctrine française.

L'auteur de cette recherche avait prévu d'examiner un autre conseil celui de l'éducation, institué dans le cadre de l'exécutif de l'Etat de Rio de Janeiro et dans lequel devraient siéger des représentants de la société civile. Toutefois, sous cette forme, ce conseil n'a pas encore vraiment fonctionné, ce qui l'a amené à restreindre son enquête au conseil précédent.

Quoique dans un champ purement administratif, la régulation, comme le souligne l'auteur, est présente dans la mesure où le CRASE apparaît comme une véritable instance intermédiaire qui règle les situations contentieuses entre l'Etat et ses propres fonctionnaires.

Sous cette rubrique d'organes étatiques jouant un rôle de régulateur, une dernière étude a récemment débuté ayant comme objet la commission des titres de la bourse, similaire à la commission des opérations de bourse en France.(5)

2 - Instruments de procédure (6)

L'offre par l'Etat de certains mécanismes de procédure capables d'assurer la mise en oeuvre des droits fondamentaux reconnus par la constitution répond à un but ancien d'éliminer les hiatus traditionnels entre ce qui est proclamé et ce qui est fait. Aux mécanismes prévus dans les constitutions précédentes, le texte de 1988 en a ajouté bien d'autres.

On a estimé qu'ils ont une nature régulatrice dans la mesure où leur création répond au dessein de mieux ajuster des ordres indépendants

---

(5) Cette recherche est en train d'être développée par Alejandro Bugallo ALVAREZ, Professeur à la PUC/RJ et avocat à la Confédération Nationale de l'Industrie.

(6) Etude à la charge de Ana Lucia de LYRA TAVARES, Professeur à la PUC et travaillant également au judiciaire fédéral.

tels que l'Etat et la société civile, ainsi que les trois pouvoirs exécutif, législatif et judiciaire dans leur rapport réciproque.[7]

Ce travail a été conçu autour de deux objectifs principaux. Le premier étant celui d'examiner le potentiel régulatoire de certains instruments procéduraux tels que le mandat d'injonction, le mandat collectif de sauvegarde, l'action d'inconstitutionnalité par omission et l'action civile publique, censés rendre effectif le contrôle par le citoyen et les groupes de la gestion de la chose publique et, assurer une protection réelle des intérêts individuels et collectifs reconnus par la loi.

L'autre objectif a été celui de faire une analyse des difficultés de la mise en oeuvre desdits mécanismes dues notamment aux interprétations restrictives des cours supérieurs du judiciaire.

La frustration que l'échec de cette mise en oeuvre peut faire naître nous a conduit à certaines réflexions sur les effets dérégulateurs que ces instruments, dont on a trop attendu, risquent de produire.

B - SITUATIONS Où LA SOCIÉTÉ CIVILE ESSAIE D'INTRODUIRE DES CHANGEMENTS DANS L'ÉTAT

La première recherche qui s'inscrit dans ce cadre a porté sur le fonctionnement des Conseils populaires pendant la gestion du Parti des Travailleurs (PT) dans la commune de Sao Paulo.[8].

A l'origine, ces conseils étaient envisagés par le PT comme des espaces d'organisation d'un pouvoir populaire qui pourrait se juxtaposer au système institutionnel pour essayer de le transformer. L'Exécutif issu du PT s'est éloigné de ce but. Ces conseils ont été traités comme des organes de collaboration de l'administration publique et non pas comme des espaces pouvant être stimulés et renforcés. L'idée primitive d'une forme originale de régulation n'a pas trouvé des conditions favorables à son développement.

---

[7] Il est prévu dans le cadre de la deuxième partie de cette recherche l'examen de la mise en oeuvre, pour la première fois sans l'histoire du droit constitutionnel brésilien de la procédure de l'impeachment à l'égard du Président de la République.

[8] L'auteur de cette recherche est Joaquim Leonel de Rezende ALVIM qui, à présent, fait ses études de doctorat à l'Université de Montpellier, dans le cadre de l'accord CAPES/COFECUB ci-dessus mentionné.

L'autre étude qui met à jour ce but de transformation de l'Etat à travers de nouvelles formes de régulation, s'attache à examiner certains modèles de pratiques officieuses de résolution des conflits, très répandues dans un pays comme le Brésil, où les inégalités de tous ordres font naître des espaces où le droit officiel ne prévaut pas. L'auteur du texte [9] a essayé de mettre en rapport - toutes réserves faites - ces expériences brésiliennes avec celles qui ont eu lieu en France concernant la création d'autres voies de résolution de conflits, notamment au moyen d'agences informelles, telles que l'expérience des boutiques de droit, traduisant un mouvement centrifuge de sortie de l'Etat vers la société civile.

Au Brésil, selon l'auteur de cette recherche, le mouvement est, au contraire, centripète, car il s'agit d'expériences de groupes privés qui veulent pénétrer la machine de l'Etat pour essayer de la transformer, autrement dit, c'est un mouvement vers l'Etat. L'auteur conclut que ce mouvement inverse rend difficilement applicable la théorie de la régulation au milieu brésilien, tout au moins pour ce qui est de l'accès à la justice, car cette théorie impliquerait un but de rétraction du pouvoir public, comme en France et non pas le renforcement de l'Etat comme au Brésil.

Cela indiquerait tout compte fait, pour reprendre les mots de l'auteur, "la différence entre un Etat bureaucratique moderne et un Etat patrimonialiste" ; la différence entre une société qui possède une classe moyenne solide et une société avec un contingent significatif de misérables. Bref, la différence entre le vin et la "cachaça."[10].

C - SITUATIONS Où L'ÉTAT N'EST PAS PRÉSENT

Deux recherches sur le terrain ont été entreprises sur la naissance et le développement de formes non officielles de résolution des conflits. La première [11] prit comme champ d'observation la "Mare", un bidonville, une "favela" de Rio, où habitent environ 90000 personnes.

---

(9) Il s'agit d'Eliane Botelho JUNQUEIRA, Professeur à la PUC/RJ et, lors de cette recherche, Directrice du Département de Recherche et de Documentation de l'ordre des avocats du Brésil, période pendant laquelle elle a pu relever les données pour son étude dans le "Morro da Corea", une "favela" du centre de Rio.

(10) Voir cahier n°5 du CERTE, où, du reste, ont été transcrits les travaux du groupe de recherche de l'Université Pontificale de Rio de Janeiro.

(11) L'auteur est Maria Guadalupe Piragibe da FONSECA, Professeur de philosophie du droit à l'Université Fédérale de Rio de Janeiro.

Elle s'est assignée comme but d'observer non seulement les conditions de production d'un droit non étatique, parallèle ou parfois contraire au droit de l'Etat, mais aussi l'existence d'une possible logique juridique non officielle.

Les conclusions provisoires de cette recherche encore en cours signalent qu'il n'est pas facile de spécifier la production juridique non officielle car elle se présente quelquefois associée à des pratiques juridiques officielles que l'instabilité des mouvements revendicatifs se répercute de façon négative sur leur efficacité et rend plus difficile leur identification à une forme de régulation juridique ; car des raisons utilitaires dictent le plus souvent les initiatives collectives ou individuelles ; car le conflit joue un rôle de rénovation des formes d'ordonnancement social ; et car enfin, il existe des voies propres aux "favelas" pour régler leurs conflits, lesquelles peuvent être considérées comme des formes de régulation juridique.

La deuxième recherche(12) a pris le même champ d'observation, c'est-à-dire la "favela" de la Mare, mais s'est assignée comme but l'examen du rôle des associations de voisinage dans ce bidonville et le partage de l'espace public dans un processus que l'auteur a considéré comme représentant une forme de régulation juridique participative.

II - LA VALEUR DE LA NOTION DE REGULATION

Il faut tout d'abord souligner que malgré certaines discussions qui ont eu lieu dans le groupe concernant l'emploi même du mot "régulation" par rapport à cette série de recherches si diversifiées, il a été reconnu que la notion de régulation :

- possède des éléments qui facilitent l'examen des formes médiatrices, aussi bien officielles que non officielles, de résolution des conflits. Elle permet donc de rapprocher des réalités distinctes et de les envisager comme appartenant à un même ensemble,

- permet d'observer les différentes sources de production juridique formelles et informelles en éliminant les cloisons qui séparent l'Etat de la société civile,

---

(12)Recherche menée par Maria Arair Pinto PAIVA, Professeur à l'Université Fédérale Fluminense.

- met à nu l'insuffisance du droit officiel, des sources officielles du droit, dans la résolution des conflits dans une société tellement contrastée comme la société brésilienne,

- rend plus dynamique la recherche juridique dans la mesure où elle permet de nouveaux encadrements et met en relief le rôle du social dans le droit.

En ce qui concerne l'emploi du mot "régulation", certains membres du groupe ont estimé que ce mot serait acceptable dans les cas de résolution de conflits où l'Etat ne serait pas présent. Les situations où les conflits sont réglés par la médiation d'autorités administratives indépendantes devraient en revanche être considérées comme des exemples de déréglementation.

Il a également été mis en relief la difficulté d'établir des comparaisons avec l'expérience française étant donné les différences fondamentales qu'elle présente par rapport à la société brésilienne, compte-tenu des traits qui distinguent les deux sociétés depuis leur origine.

On a finalement souligné tout l'intérêt de cette notion de régulation pour le développement des études concernant les formes de pluralisme juridique.(13)

---

(13) Le Professeur José Ribas VIEIRA a produit un texte sur "l'analyse de la régulation : le pluralisme juridique et l'autonomie de la norme juridique", qui fait partie du deuxième cahier remis au CERTE avec les recherches du groupe de la PUC/RJ.

L'EXPÉRIENCE DE LA "RÉGULATION" EN ITALIE: LE MODELE DES "AUTORITES INDEPENDANTES"

par

Laura AMMANNATI
Université de Sienne

1. La fortune du terme de régulation dans le débat culturel et dans la doctrine est sans doute bien plus vaste en France qu'en Italie, malgré l'ambiguïté souvent évoquée au regard de son utilisation dans les disciplines juridiques. Toutefois ce colloque manifeste l'intérêt à réfléchir sur cette notion, à éclaircir les contours d'une catégorie qui est de plus en plus usitée surtout dans le vocabulaire des juristes et des politologues, mais aussi des économistes.

Dans l'expérience italienne ce terme a gagné tout récemment une position dans le débat juridique (mais aussi bien sûr dans les domaines des sciences économiques et sociales). Son usage se rattache à l'essor des politiques de régulation dans les différents secteurs économiques et à une tendance toute récente à la privatisation des entreprises publiques, c'est-à-dire, en résumé, à un remodelage des rapports entre l'Etat et le marché.

A propos d'une utilisation de plus en plus vaste du terme de régulation dans le vocabulaire des spécialistes et même dans le débat public, quelques chercheurs - surtout parmi les économistes - nous conseillent de faire objet d'une véritable explicitation sur une notion forgée aux Etats-Unis dans un contexte tout à fait différent. Et ils proposent aussi d'expliciter les éléments constitutifs d'une différence entre les modes et les manifestations indiqués par la notion traditionnelle d'intervention publique et ceux qu'on désigne par le terme de régulation. En effet il parait que l'introduction dans notre vocabulaire des termes de *régulation*, *dérégulation*, *antitrust* a produit parfois une remarquable incohérence par rapport à leur signification dans les différentes contextes.

On remarque, alors, que dans le dessin institutionnel prévu dans la très récente loi relative à la défense de la concurrence et du marché se manifeste une certaine confusion à propos de la diversité entre les deux notions : *antitrust* et régulation publique. Ainsi la politique antitrust rassemblerait davantage au modèle de la *régulation* qu'à l'*antitrust*.

Si ces positions ne sont pas à sous-estimer, il est évident néanmoins - me semble-t-il - que les réflexions les plus conscientes remarquent les points de différence et d'analogie et les équivalences fonctionnelles des politiques dont il s'agit dans les différents contextes institutionnels. En effet on ne souligne pas seulement la différence entre les Etats-Unis et l'Europe, mais aussi celle entre les autres pays européens (surtout le Royaume Uni et la France) et l'Italie où le remodelage des relations entre l'Etat et le marché se réalise moins vite et d'une façon plus confuse.

Dans la phase actuelle, le rythme de cette transformation a été accéléré après l'édiction de lois de réforme et de discipline dans de très importants domaines économiques (des marchés financiers ou des assurances ou encore de la concurrence ou de la communication), la création des autorités indépendantes et le choix en faveur d'une vaste privatisation. A ce propos on soulignera l'importance des orientations et des instances des politiques et des institutions communautaires.

2. Face à cette réalité, il est intéressant d'évoquer en bref les aspects les plus remarquables des rapports entre l'Etat et l'économie dans l'expérience italienne au moins jusqu'au tournant de la décennie quatre-vingt.

a) Pendant toute l'histoire de l'Italie le rôle de l'état dans l'économie a été exorbitant. L'absence de politiques de régulation est tout d'abord une conséquence de l'extension des entreprises publiques (il s'agit par exemple de l'INA, Institut National des Assurances, de la Société des chemins de fer, FF.SS., des entreprises municipales pour les services publics ou de l'Enel, l'Etablissement national de l'énergie électrique, etc.) et, depuis les années 30, de l'essor de la gestion étatique des entreprises, même si dans le cadre des règles de droit privé (l'IRAI ou l'ENI, etc., c'est-à-dire les entreprises à participation de l'Etat). L'intervention étatique, donc, se manifeste presque exclusivement comme gestion directe qui se réalise par les entreprises publiques et la gestion directe de l'économie.

b) Or, il s'agit de se poser la question: comment en Italie cette modalité d'intervention étatique, ce qu'on a appelé aussi le modèle de l'"économie mixte", a été dominant jusqu'à aujourd'hui? S. Casse soulignait, il y a quelques années, qu'on n'a pas étudié sérieusement les raisons pour lesquelles l'Etat s'est engagé directement dans l'économie au lieu d'exercer une action publique de régulation. Pourtant, dans le deuxième après-guerre et parmi les membres de la Commission économique du Ministère pour la Constitution il était d'opinion presque commune que ce choix découlait dans le contexte institutionnel italien de l'absence d'une bureaucratie indépendante. En effet on redoutait que l'administration publique ne soit pas capable d'exercer des fonctions de surveillance et de régulation sans être soumise à une influence très forte des pouvoirs économiques ou du gouvernement.

c) Ce mode d'intervention publique (remarquable est le manque d'une loi sur la concurrence jusqu'en 1990) s'encadre aussi dans le modèle dessiné par la Constitution concernant les rapports économiques. Dans l'art. 41, qui résume quelques uns des éléments les plus importants de la "constitution économique", les auteurs de la Constitution, et après eux la plupart des interprètes, nous proposaient un modèle d'intervention des pouvoirs publics qui se manifeste dans l'exercice de pouvoirs de direction et de conformation très forts aussi bien à l'égard des activités économiques que des rapports entre sujets privés.

d) Cette conception n'a pas fondamentalement changé même après l'adhésion de l'Italie aux Traités communautaires, bien qu'au niveau communautaire les institutions visaient à mettre en oeuvre dans tous les domaines des politiques de régulation impliquant aussi les pays membres. Au-delà des problèmes concernant l'applicabilité directe des normes des Traités constitutifs, les principes fondamentaux de la "constitution économique" communautaire n'ont jamais exercé une influence remarquable sur la définition des modalités et des moyens de l'intervention publique (voir les décisions et la jurisprudence concernant la concurrence et les modalités de financement public aux entreprises). La constitution économique interne et celle communautaire sont jusqu'à présent demeurées relativement indépendantes l'une de l'autre.

3. Dès lors, il est possible de revenir au sujet principal de mon exposé, c'est-à-dire mon souci de vérifier l'usage de la notion de régulation dans l'évolution institutionnelle italienne.

Non pas pour revenir encore une fois sur une extension du terme assez lente par rapport à d'autres contextes institutionnels, mais il est à souligner que dans le domaine des sciences juridiques la notion a été utilisée au début par très peu de commentateurs qui envisageaient les traits caractérisants les réformes de très importants secteurs économiques : le marché des valeurs (1985), les assurances privées (1991), la concurrence (1990), et surtout par rapport à l'extension des organismes que la doctrine française a appelé "autorités administratives indépendantes". Jusqu'ici en Italie le débat doctrinal à propos de la régulation, bien qu'il ne soit pas encore dominant, se rattache presque entièrement à la réflexion sur les autorités indépendantes, leur régime juridique, leur mission, en bref sur leur rôle et leur raison d'être.

En général dans l'opinion des publicistes ces nouveaux organismes représentent une innovation très remarquable dans l'organisation de l'administration publique italienne. Il est évident d'ailleurs - du moins pour quelques-uns - que les catégories traditionnelles ne sont pas suffisantes à éclaircir leur traits essentiels.

Dans notre système les organismes appelés administrations indépendantes étaient, auparavant, la Consob (Commission nationale des sociétés et de la bourse), le Garant de l'édition et l'Isvap (Institut de surveillance sur les assurances privées). A ceux-ci se sont ajoutées récemment le Médiateur (institution qui a exercé au début son activité au niveau régional et, après la loi 142/90 de réforme des collectivités locales, au niveau communal), le Garant de la radiodiffusion (loi 223/90), l'Autorité de garantie de la concurrence et du marché (loi 287/90), et la Commission de garantie pour la réalisation de la loi sur l'exercice du droit de grève dans les services publics essentiels (loi 146/90).

Le trait le plus important de nouveauté de ces organismes au regard des structures administratives traditionnelles est l'indépendance, c'est-à-dire l'idée qu'elles sont soustraites aux influences politiques, bien que cette indépendance soit sous-tendue par des régimes juridiques extrêmement variables.

Dans notre droit public ce terme se rattache traditionnellement à deux structures: les *enti indipendenti* comme les communes, les provinces, les régions, les ordres professionnels, et les *organi indipendenti*, c'est-à-dire le Conseil d'Etat et la Cour de Comptes, qui ont le qualificatif d'organismes auxiliaires, dont l'indépendance est garantie par la Constitution. Ici le sens de la notion est la soustraction de l'activité au pouvoir de direction politique du parlement et du gouvernement et aux directives administratives du gouvernement.
D'ailleurs, considérant les finalités qui leur sont reconnues par la Constitution (art. 100), le Conseil d'Etat et la Cour de Comptes ont été indiqués comme les plus anciennes des administrations indépendantes (en tant qu'appareils de l'Etat et non du gouvernement) dans le système italien.

L'hétérogénéité de ces institutions publiques doit nous pousser à définir les éléments essentiels qui assurent l'indépendance, étant donné que cette qualification apparaît une condition nécessaire pour l'exercice des fonctions de régulation. De références intéressantes afin d'éclaircir cette notion se retrouvent, tout d'abord, dans le "Rapport sur la réforme de l'administration centrale" élaboré par la Commission pour la modernisation des institutions présidé par Franco Piga en Juin 1985, qui aborde la question surtout du point de vue de l'indépendance de jugement à l'égard soit du pouvoir politique soit des intérêts privés. Dans la typologie des "administrations atypiques" sont incluses aussi "les administrations indépendantes dotées d'un taux d'impartialité élevé". Leur spécificité principale se manifeste non pas dans la "réalisation d'intérêts publics conférés à l'administration, mais - comme il en est pour la fonction juridictionnelle - dans la protection impartiale des intérêts des citoyens (particulièrement vis-à-vis des structures économiques plus fortes et influentes)". Cette fonction doit être donc exercée selon un critère de "haute impartialité", et en jouant un "rôle *super partes* qui ressemble à celui du juge".

Dès lors, on pourrait avancer l'hypothèse que les autorités indépendantes ne seraient pas seulement une des manifestations de la tendance générale à la multiplication et à la différentiation des modèles d'organisation de l'administration adaptés à l'extension et à la variété des tâches qui sont leur confiées. La création de ces nouveaux organismes publics, bien que concernants des domaines parfois non homogènes, pourrait mieux s'expliquer par un changement dans les modes de réalisation de l'action publique et davantage par une conception renouvelée des fonctions publiques. Ils ne s'encadrent donc pas dans une évolution des structures administratives auxquelles le législateur a toujours conféré la réalisation des intérêts publics. Quant aux fonctions, il parait qu'elles n'aboutissent pas à la prédétermination de règles impératives et à l'exercice de pouvoirs de conformation des activités et des comportements même des sujets privés.

Aux autorités indépendantes le législateur italien a conféré essentiellement des fonctions de surveillance du déroulement correct des opérations et des rapports entre les acteurs sociaux, un rôle d'arbitrage entre les intérêts des sujets concernés et donc des conflits potentiels surtout moyennant des mesures préventives et des actes de persuasion ou de dissuasion.

A partir de ces constations, on peut essayer d'expliciter les éléments qui marquent la spécificité de ces organismes à l'égard du modèle des organisations administratives traditionnelles. Comme l'on soulignait dans le Rapport de la "Commission Piga", ces institutions "ne devaient pas être appelées à réaliser un intérêt dont elles étaient titulaires et qui soit en conflit avec d'autres intérêts mais maintenir une position *super partes*". Les autorités dont il s'agit jouent, tout d'abord, un rôle *super partes* par rapport aux intérêts et aux acteurs du domaine concerné. Ensuite, comme elles ne sont pas titulaires d'un intérêt public, elles ne sont pas dotées d'un pouvoir discrétionnaire, c'est-à-dire d'appréciation de l'intérêt public par rapport aux autres intérêts concernés.

Par conséquent, à mon avis, la qualification d'impartialité (ce principe se rattache notamment à l'exercice d'un pouvoir discrétionnaire) n'est pas suffisante ni pertinente pour définir le rôle et les modalités d'action de ces institutions et, en même temps, pour assurer un ancrage constitutionnel (voir l'art. 97 de la Constitution) aux autorités de régulation.

Plus exactement, on pourrait supposer que les autorités se caractérisent par leur position d'"équidistance" vis-à-vis des différents intérêts concernés, c'est-à-dire vis-à-vis non seulement de l'action politique du gouvernement mais aussi des pouvoirs et des intérêts organisés au niveau de la société civile.

En effet le législateur reconnaît que leur action doit être soumise au principe d'une appréciation "objective". Ainsi il ne s'agit pas seulement de l'indépendance de jugement, mais plutôt des critères mêmes du jugement. La loi reconnaît aux autorités indépendantes une marge d'appréciation qui est limitée par la nécessité de prendre les décisions les plus adéquates, du point de vue technique, à garantir une organisation et un fonctionnement corrects du marché.

Une autre question à évoquer concerne la configuration et la qualification du pouvoir normatif conféré en général aux autorités de régulation (particulièrement dans le cas des organismes comme la Consob, l'Autorité antitrust ou le Garant de la radiodiffusion). A ce propos, je ne me réfère pas aux rapports qui se réalisent avec le Parlement selon les différentes modalités de participation à la procédure législative, mais surtout à l'activité d'élaboration des règles visant à encadrer les conduites des acteurs sociaux et à garantir le respect d'une discipline donnée.

La qualification juridique de ces règles parait extrêmement variable (des actes réglementaires aux actes administratifs, et parfois d'autorisation entendue d'une façon large, aux actes qui ne disposent pas des obligations juridiques, surtout les avis ou les recommandations, aux actes de direction etc.).

En effet - à ce sujet on peut citer l'exemple de l'Autorité antitrust - le pouvoir de formuler des normes concrètes et particulières (pas à caractère général) élaborées par rapport aux conduites des opérateurs économiques a été indiqué, même par l'Autorité antitrust, comme le plus important des pouvoirs conférés par la loi. C'est à ce pouvoir que se rapproche la finalité de construire un "espace sûr et efficient de droit, c'est-à-dire des "normes" sûres et consolidées visant à protéger la concurrence. Donc l'Autorité antitrust même nous donne une représentation de son propre pouvoir normatif qui se manifeste dans l'élaboration d'une discipline aussi systématisée que possible des domaines soumis à son activité de régulation.

La doctrine française surtout, et maintenant quelques-uns des publicistes italiens, affirment que les autorités indépendantes n'observent pas les modalités et les processus traditionnels de formation du droit.

En premier lieu, parce que les règles concernant le domaine dont il s'agit ne sont pas élaborées exclusivement par l'organisme de régulation. Au contraire, le pouvoir normatif est exercé en association avec les sujets intéressés (à travers des investigations ou des informations, etc.), dans l'interaction de l'autorité administrative avec le milieu économique et social régulé.

En deuxième lieu, les normes se caractérisent par un caractère concret et empirique. Elles se forment dans le processus de jugement et de décision à propos d'un cas particulier selon une combinaison des principes juridiques fixés dans la loi et des critères et des connaissances économiques qui dérivent du milieu régulé et des sujets intéressés.

4. En conclusion, on souligne ici la nouveauté de l'introduction en Italie d'un modèle d'intervention publique indirecte, c'est-à-dire de politiques de régulation, et de la création d'organismes dont a été résumé la spécificité dans la catégorie d'autorité administrative indépendante.

Face à cette innovation, du point de vue qui nous intéresse, deux sont les questions fondamentales dans le débat : la configuration et le régime juridique de ces organismes de régulation, d'une part, et, d'autre part, les finalités, les instruments et les procédures d'une activité qu'on a appelé de régulation.

A propos de la première question, le dessin qui apparaît aussi bien dans les textes de droit positif que dans le débat doctrinaire reste incertain. Toutefois il faut évoquer quelques éléments qui marquent la spécificité de ces institutions par rapport à la configuration du pouvoir administratif. Sans revenir sur la problématique de l'indépendance vis-à-vis du pouvoir politico-administratif et des éléments organiques et fonctionnels qui peuvent l'assurer, quelques publicistes affirment que les autorités indépendantes ne se réduisent pas au schéma traditionnel légalité - pouvoir discrétionnaire - impartialité. La loi leur a confié un rôle *super partes* vis-à-vis des sujets intéressés, c'est-à- dire soit des opérateurs économiques et des privés que du législateur. Bien que l'idée qu'elles ne sont pas des institutions soumises uniquement à la loi comme le juge soit dominante, néanmoins, le jugement se fonde sur des critères "objectifs" qui sont le résultat d'investigations, d'enquêtes, d'études, etc., c'est-à-dire d'une connaissance profonde du milieu concerné.

Quant à la deuxième question, la mission des autorités est fréquemment définie par le législateur en utilisant les termes de "garantir", "assurer", "contrôler". Le trait commun apparaît une tâche de surveillance du respect des règles et de garantie des droits et libertés. L'action de ces institutions vise alors à réaliser des intérêts collectifs dont les contours n'ont pas été définis préalablement et d'une façon autoritaire, mais qui au contraire se définissent d'une façon dynamique dans l'interaction entre les instances collectives et les intérêts individuels (voir la surveillance des marchés financiers, la garantie de la transparence et de l'information, et ce afin de protéger les épargnants ou les investisseurs, ou la garantie de la concurrence comme protection des consommateurs ou la réalisation d'une allocation plus efficiente des ressources, etc.).

D'autre part, les normes qui orientent les conduites des acteurs sociaux se forment dans des différents procédures qui réalisent un nouveau rapport entre l'autorité publique et le milieu économique et sociale intéressé, entre fonctions juridiques qui relèvent du droit public et pratiques économiques qui sont expression de l'autonomie privée des sujets.

Enfin, bien que la plupart de la doctrine en Italie ait essayé d'encadrer ces nouveaux organismes dans les schémas interprétatifs traditionnels (la transformation des rapports entre politique et administration, ou l'évolution dans les formes d'organisation de l'administration publique, etc.) et d'expliquer leur fonctions selon des catégories forgées dans des contextes différents et non plus actuels (par exemple, la notion d'"ordonnancement sectoriel" formulée par M. S. Giannini), toutefois elles sont caractérisées par des traits originels que l'on doit éclaircir et systématiser à partir d'une comparaison avec les institutions des autres pays mais aussi avec les élaborations théoriques relatives.

LE DROIT NON ETATIQUE DANS LA REGULATION SOCIALE

par

Xavier ARBOS
Professeur Université de BARCELONE*

Le concept de régulation est un défi pour les juristes. Il se rapporte à un phénomène global, le système normatif émanant des institutions n'étant qu'une des composantes. Il est utilisé pour décrire ce qui arrive et non ce qui devrait arriver, et il est dépourvu de l'emphase volontariste qui caractérise les énoncés prescriptifs qu'on inclut dans les recueils législatifs. Il est possible que le chercheur qui veut connaître la façon dont la société établit des règles de comportement ne se sente pas spécialement intéressé par le droit étudié par la majorité des juristes. Les bulletins officiels et les recueils de jurisprudence constituent seulement une donnée pour les hypothèses, qui s'élaborent en prenant en compte le fait que les normes dérivées des institutions publiques ne sont pas nécessairement plus influentes que celles qui proviennent des organisations privées.

Les professionnels du droit se refusent à amplifier leur secteur de travail, d'autant plus que lorsque l'on parle de régulation, on conteste la primauté du système normatif qui constitue l'objet de leur savoir spécialisé. Le concept de régulation suppose une attitude différente qui requiert que l'observation de la réalité sociale se transforme en une habitude. Cette habitude est indispensable, non seulement pour

* Traduction de l'espagnol par J.P BASILIEN, I. COMA et L. FAUGERON sous la direction de Mme DORANDEU

montrer l'efficacité des normes mais aussi pour comprendre comment elles surgissent et à quel point elles sont accomplies. De toute façon il me semble que la crise du droit étatique nous oblige à nous demander quels sont les facteurs qui décident de la régulation de la société. Ceci est le but de notre bref travail, qui ne prétend qu'attirer l'attention sur l'importance des formes juridiques nées en dehors des institutions. Son développement suivra le schéma que j'expose par la suite.

Tout d'abord, je parlerai du problème de la soi disant régulation étatique. A mon avis, c'est la perception commune à partir de laquelle on discute généralement de l'utilité de la régulation sociale venant d'autres sources.
Deuxièmement, j'essaierai d'exposer la transcendance du droit non étatique. Je ne crois pas qu'il suffise de signaler son existence; il est important de réfléchir aussi sur ses implications. Finalement, j'essaierai d'intégrer les éléments de l'explication pour esquisser une perspective sur certains problèmes du droit constitutionnel qui constitue ma spécialité.

I - L'EXCES DE REGULATION ETATIQUE

Il semble presque normal d'affirmer qu'il existe un excès de normes. L'état moderne se caractérise par l'énorme quantité de lois et règlements qui ont une incidence sur la majorité des secteurs de la vie personnelle et collective. N'importe quelle décision prise peut avoir des conséquences juridiques, difficiles à prévoir par manque de clarté du système normatif. D'autre part, sa complexité est arrivée à un tel degré qu'il s'est produit un changement important : les tentatives pour la réduire nous amènent à penser que le droit, instrument de rationalisation, est devenu son objet.

De ce point de vue, il est facile de penser qu'il y a une régulation étatique excessive. Pourtant, on ne tient pas toujours compte du fait que les normes juridiques ne naissent pas comme produit mécanique du fonctionnement des institutions. Quelqu'un est à leur origine, en accord avec des critères d'opportunité politique ou de convenance technique, et parfois comme simple réponse aux demandes d'un groupe d'intérêts. Les lois superflues sont celles qui ne nous favorisent pas ou celles qui ne nous révèlent pas, à travers leur présence dans le journal officiel, l'influence du secteur auquel nous

nous identifions. De toute façon on peut expliquer en partie l'abondance de régulation par la perméabilité des institutions aux demandes sociales dont on peut difficilement se passer dans une démocratie.

Il n'est pas habituel, non plus, de considérer cette sensation d'avalanche législative du point de vue historique. Il y a quatre siècles, Michel de Montaigne se plaignait dans ses Essais du nombre excessif de lois qui pesaient sur la France de son époque. Comme il connaissait bien les auteurs classiques, il n'eut aucune difficulté à trouver une référence latine qui appuierait son reproche, il la trouva dans Tacite. Il aurait pu remonter en 365 avant Jésus Christ quand on suppose qu'Isocrate prononça son discours sous le nom d'Aréopagitique. Il signalait dans celui-ci que l'abondance et la précision des lois est un signe que la communauté est mal administrée. Ces références peuvent suffire pour comprendre que l'idée qu'il y a trop de lois n'a pas son origine dans notre siècle.

Par contre, la préoccupation pour un phénomène de sens contraire, l'anomie, nous apparaît plus proche. Il vaut la peine de rappeler brièvement comment Emile DURKHEIM présente le concept dans le "Suicide", avec ses dimensions plus négatives. La frustration, qui déroule de l'insatisfaction des passions et des attentes de l'homme, demande qu'on impose des limites établies par ce qu'il nomme "La puissance régulation" que l'individu reconnaît à la société. L'anomie ou "Etat de dérèglement" est une situation pathologique dans la mesure où elle considère comme un mal la situation dans laquelle les personnes sont dépourvues de référence à un ordre externe qui modère ses aspirations dans la mesure du possible. Ainsi la carence des normes se présente comme un pôle opposé à son excès, et semble également indésirable. Si on admet le point de vue de DURKHEIM, il faudra probablement conclure qu'un ordre externe est indispensable pour l'individu, dans n'importe quel cas pour assurer un minimum de cohérence sociale. Les conflits de la société industrielle au tournant du siècle, n'avaient pas ces mécanismes d'accommodement et de régulation dont on dispose de nos jours. Emile DURKHEIM présente l'anomie avec des profils indésirables, bien pire que l'hypertrophie normative. Bien évidemment, il ne s'agit pas de comparer ces deux phénomènes mais de prendre en compte la situation contraire à celle qui dans le présent reçoit autant de critiques.

En partant du concept d'anomie, peut être arrivera-t-on à voir d'une autre façon le phénomène de la réglementation étatique et ses excès. Il se présente comme un ordre externe à l'individu, mais dans les pays démocratiques sa configuration répond aux demandes sociales et en dernier lieu, à la volonté des électeurs.

A eux aussi on pourrait reprocher l'indifférence avec laquelle ils assistent à l'activité de leurs représentants dans les organes législatifs. On pourrait dire que les problèmes découlent de l'"autonomie" sociale, qui ne concède pas beaucoup de chances à l'individu isolé, surtout s'il manque en outre de liens avec les groupes influents dans le processus de formalisation normative des décisions politiques.

Dans l'Etat de droit, malgré toutes les nuances, la société rencontre une formule d'autorégulation. Cependant on affirme qu'elle est arrivée trop loin pour la sécurité juridique des individus incapables de connaître le droit en vigueur, et aussi pour l'économie de marché surchargée par les réglementations.

Depuis la philosophie qui caractérise la période post moderne que nous vivons, on a institué un contraste intéressant, propre à notre époque : ceci est peut-être dû à la perte de prestige des idéologies qui exigent une perspective générale devant le monde pour le comprendre. Dans les consciences individuelles, la simple perception de ce qui arrive pèse plus que l'interrogation sur ses causes. Le droit veut servir d'instrument de contrôle du devenir social, idée qui semble être abandonnée car elle est estimée impossible, et elle se réduit pour laisser place à l'écoulement des faits.

Certains sociologues du droit ont réfléchi à ce panorama et ont signalé les lignes principales des alternatives proposées. Le droit étatique, excessif ou suffisant, est un droit très formalisé. Cela le rend très difficile à comprendre pour beaucoup de citoyens et surtout cela lui confère beaucoup trop de rigidité pour s'adapter aux demandes et nécessités sociales. La surproduction normative peut se limiter, en théorie, si ceux qui possèdent la légitimité pour édicter les normes, à partir des institutions publiques, décident de se contenir. Le meilleur droit sera alors celui qui naîtra des propres intéressés, libre de la majorité des formalités requises auxquelles est soumis le droit étatique. Boaventura du Sousa Santos indique les traits fondamentaux du courant antiformaliste. D'un côté il postule pour la "dérégulation";

c'est-à-dire le renoncement par les pouvoirs politiques à réguler certains secteurs de la vie sociale. D'autre part, il défend un certain degré de non formalisation de l'administration judiciaire, une zone du système juridique dans laquelle une cogestion est plus évidente. De cette façon on insiste sur l'opportunité de développer des nouvelles formes de régulation, tant en ce qui concerne l'établissement de règles qu'en ce qui se réfère à la solution des conflits. Ici le droit non étatique peut être un produit conscient de la volonté de substituer l'excès normatif des institutions, et l'on va s'arrêter à ces questions dans le prochain paragraphe.

II - LE DROIT NON ETATIQUE ET SA PORTEE

Parfois, ce sont les pouvoirs publics eux-mêmes qui facilitent le déroulement de mécanismes informels de l'administration de la justice, et l'établissement subséquent d'un cadre soumis à un système de régulation que nous pouvons provisoirement qualifier de non-étatique.

La révolution française, pour me référer à un cas connu, a établi, par le biais du décret du 16 Août 1790 des tribunaux de famille dans lesquels, par des mécanismes arbitraux, des conflits domestiques auraient pu se résoudre indépendamment des professionnels du droit.
De ce fait, les juristes occupèrent, dans les jurys, des postes destinés aux citoyens communs, ignorants en Droit, jusqu'à ce qu'on revienne en 1796 à un système personnalisé.
Dans les anciennes colonies, qui ont obtenu l'indépendance dans notre siècle, on a enregistré des phénomènes similaires qui ont entraîné une identification de la justice informelle (ou inexacte) populaire à celle administrée par l'Etat.
Pour en finir avec les exemples, on peut signaler l'expérience, des Etats-Unis. Là-bas, comme on le sait, le contentieux est très élevé et on a recherché des moyens alternatifs pour résoudre les conflits, comme l'alternative dispute Résolution Act de 1979.

Je ne connais pas l'essentiel de ses effets mais je me permets de remarquer qu'elle a été l'objet de critiques aussi bien pour l'ingéniosité de ceux qui défendaient le procédé en termes idéologiques, que pour la référence à son efficacité douteuse.

Ainsi, le droit étatique a commencé à se retirer volontairement de certains cadres dans lesquels sa présence était le signe de la suprématie des pouvoirs publics.
Il est également certain, que dans d'autres domaines, il y a des régulations qui se substituent à celles qui sont d'origine étatique. Je ne me réfère pas à celles qui émanent de la communauté européenne ou à celles d'une organisation internationale formée par les Etats.

Dans ce cas, on pourrait aussi voir une cession volontaire d'attributions associées à la souveraineté. Je me réfère plutôt aux règles établies par des organisations non rattachées aux pouvoirs étatiques et dont l'efficacité dérive du travail de ses destinataires.

Indépendamment de la valeur juridique que chaque Etat attribue aux règlements intérieurs des entreprises, ces derniers peuvent matériellement imposer des règles de conduite aux employés. Il convient d'insister sur le fait que des questions personnelles comme la façon de s'habiller, et les endroits de loisir fréquentés peuvent constituer la matière de cette norme interne, en précisant que peu de personnes accepteraient que ce soit inclu dans le Droit étatique.

Si je peux me permettre un exemple moins important, je rappellerai le cas d'un important club sportif de Barcelone qui a projeté d'imposer aux membres de son équipe professionnelle de basket-ball une clause contractuelle selon laquelle l'entraîneur pouvait perquisitionner aux domiciles particuliers des joueurs pour s'assurer qu'ils n'y cachaient pas de la drogue.

A ce sujet, je me souviens de la sensibilité de l'opinion publique devant cette limitation de l'inviolabilité du domicile, qui fut certainement atténuée, mais beaucoup moins que celle qui apparut plus tard, quand fut discutée la nouvelle législation sur la sécurité civique; on pouvait entrer dans les domiciles sans autorisation judiciaire en cas de flagrant délit de drogue.

Dans le cas de multinationales, le contraste avec le droit étatique retient peut-être plus l'attention. Certains auteurs ont noté l'émergence de la nouvelle lex mercatoria qui régule les règles de conduite pour les relations économiques dans lesquelles interviennent des organisations dont la sphère d'activité se situe au niveau planétaire.

Dans tous les cas, la facilité même de transposer ses activités juridiques à l'environnement juridique le plus favorable confère aux entreprises multinationales une grande capacité de pression sur le Droit étatique.

Les autorités nationales jugeront nécessaire la nécessité de modifier les normes en matière de travail si cela permet de maintenir des emplois ou de favoriser les investissements.

Il est clair que l'environnement juridique est plural. La régulation sociale est complexe, avec une hiérarchie fluctuante entre le Droit étatique et les normes émanant d'autres organisations. On vit entre des systèmes juridiques qui ont des limites floues et une des incertitudes de notre époque, notre identité comme sujets de Droit, cherche une base sur laquelle se reposer.

III - ANNOTATIONS POUR UNE NOUVELLE PERSPECTIVE

Nous sommes habitués à la sécurité juridique qu'offre le principe de légalité, qui établit un système politique dans lequel tous sont soumis à la loi. Dans notre tradition culturelle, nous croyons que ceci est la condition de liberté. Cependant, nous évoluons dans un système juridique dans lequel il est difficile de percevoir la mission des normes. A mon avis, le constitutionalisme né après la IIème guerre mondiale continue de présenter, en dépit de tout, un élément de certitude.

Une de ses caractéristiques est l'abondance de principes, rassemblés en préceptes qui, s'il existe un contrôle de constitutionnalité, sont indisponibles pour le législateur ordinaire et dont la concrétion admissible est déterminée par les organes juridictionnels.

En Italie, le paragraphe deux de l'article 3 de la Constitution appelle à "déplacer les obstacles d'ordre économique et social qui limitent de fait la liberté et l'égalité des citoyens" et il est repris quasi littéralement dans l'article 9.2 de la Constitution espagnole. Celle-ci dans son article 53-1, impose que le législateur respecte "le contenu essentiel" des droits constitutionnels, probablement du fait de l'influence de l'article 19-2 de la loi fondamentale de Bonn. Les notes que je viens d'évoquer peuvent suffire pour attirer l'attention sur l'importance de l'interprétation sur deux terrains liés à l'Etat de droit et au constitutionalisme : l'égalité et l'assurance de la liberté moyennant la garantie des droits.

L'herméneutique juridique, d'autre part, peut se considérer dans le droit informel; Giorgio BERTI dit que les principes d'une Constitution ne sont rien de plus que les prémisses de la formalisation de critères normatifs.
Parallèlement, on peut observer la grande importance qu'ont acquises les positions des philosophes du droit qui se proposent comme tâche principale l'élaboration de directives pour que les juges tranchent ces "cas difficiles" si cela n'est pas suffisant ou qu'ils ne veuillent pas suivre ce que les énoncés des préceptes légaux offrent.

Tandis que nous admettons la perte de la primauté absolue du droit étatique, nous courons le risque d'accepter sans critique la virtualité normative des règles établies par les groupes d'intérêts. Peut-être s'explique ainsi l'intérêt pour le droit naturel, qui pourrait avoir une nouvelle lecture en prenant comme règles naturelles celles qui sont; une version du droit naturel, qui pourrait requérir que notre idée du droit concédant aux pratiques sociales une importance prescriptive supérieure à celle accordée au droit législatif. L'idée d'une régulation sociale correspond assez bien à cette mise au point.

Je crois qu'elle convient trop bien et j'avoue que mon mécontentement a des raisons politiques. Le droit étatique n'a pas la primauté qu'il prêche en soi-même, mais je ne crois pas qu'il doive abandonner le terrain à d'autres formes de régulation même moins démocratiques. Le système normatif actuel est complexe et excessivement prolixe, mais il propose au moins uns structure avec une hiérarchie transparente dans ses lignes essentielles : Constitution, loi et règlement.
Il offre un modèle de société ouverte, dans laquelle la flexibilité de ses préceptes est inversement proportionnelle à la charge politique qu'ils manifestent. De plus, son orientation peut se déterminer, en dernier lieu, par la décision d'un vote unanime et libre de n'importe quelle pression d'un groupe sur l'individu.

Le droit étatique ne doit pas nier l'existence d'autres formes de régulation, et pas plus que de céder devant elles. Sa tâche à mon avis, est celle de reconnaître les caractéristiques de l'environnement dans lequel il doit opérer et les résultats de sa conduite. Pour lui, il faut chercher des formes de participation dans l'élaboration de lois et règlements, donnant audience publique aux groupes d'intérêts. Dans l'évaluation de l'efficacité de la norme, qui détermine son développement postérieur, il faut maintenir également la porte ouverte aux groupes sociaux qui se sentent affectés. La rectification des normes doit être aussi ouverte que sa formulation.

Dans cette perspective, les juristes ne peuvent se limiter à la tâche de déterminer les buts occultes du "maquis" des textes obscurs et contradictoires. Sans renier ceci, qui constitue la spécificité de leur savoir, ils doivent affronter la réalité des forces qui établissent les règles du jeu dans la société, et apprendre à reconnaître ces dernières. Le concept de régulation peut être un instrument utile pour décrire le secteur des connaissances des juristes.

BIBLIOGRAPHIE

Me he referido a esta cuestion en X. ARBOS, *Notes sur la crise de la régulation étatique*, Revue interdisciplinaire d'études juridiques, n°26, 1991, pp. 123-142.

J. CHEVALLIER, *La rationalisation de la production juridique*, en C.-A. MORAND (dir de ed.), l'Etat propulsif. Contribution à l'étude des instruments d'action de l'Etat, Paris. Publisud, 1991, pp. 11-48 (p.11).

M. de MONTAIGNE, Essais, Paris , Garnier-Flammarion, 1969, 3 vols., Livre 3, Chap. XIII, pp. 275-277 (vol III).

Alude a la frase "corruptissima re publica plurimae leges" (Anales, III, 27, 3). He empleado la edicion catalana bilingüe TACIT : Annals, Barcelona : Fundacio Bernat Metge, 1965, vol. II, p. 38, a cargo de Miquel Dolç. Creo que las palabras de Tacito, tomadas en su contexto, no presentan la abundancia de leyes como un mal en si mismo, sino que des cribe una situacion historica. Las que preceden a la frase citada dan la medida de lo que podria ser la critica de Tacito, no tanta a la abundancia de leyes como a la existencia de muchas de las que hoy calificariamos como leyes singulares : "Lamgue non modo in commune, sed in singulos homines latae questiones, et corruptissima ...".

ISOCRATES, Areopagitico, 40. Cito por la edicion catalana bilingüe que aparece en sus Discursos, vol IIII, Barcelona, Fundacio Bernat Metge, 1991, pp. 49-65 (p. 56), a cargo de Joan Castellanos Vila.

E. DURKHEIM, *Le suicide*. Etude de sociologie, Paris, PUF, 1960 (1ra. ed. 1897), pp. 271-282 (especialmente p. 281). Sobre su concepto de anomia, ver también las pp. II y ss. de su trabajo *De la division du travail social*, Paris, PUF, 1986, que corresponde a la edicion de 1930, la segunda (la primera es de 1893), publicada con posterioridad a su muerte en 1917.

Es lo que me ha sugerido lo que he sido capaz de entender de las siguientes frases : "L'accadere costituisce il postmoderno come coappartenersi della desostanzializzazione dell'uomo soggetto e della riduzione della verità nei giuochi linguistici ... La rimozione del diritto della coerente estensione dell'acadere - presentato dal combinarsi dei regimi delle frasi e dei generi di discorso - nella quadlità delle relazioni". Son de B. ROMANO, *Relazione e diritto nel postmoderno. Una discussione iniziale*, Rivista internazionale di Filosofia del Diritto, n°4, 1988, pp. 735-747 (p.737).

Ver las reflexiones de L. FERRY, *Homo Aestheticus. L'invention du goût à l'âge démocratique*, Paris, Grasset, 1990, p. 333.

B. de SOUSA SANTOS, *O Estado e o Direito na transiçao Pos-Moderna : para un Novo Senso Comun sobre o Poder e o Direito*, Revista Critica de Ciências.

J. COMMAILLE, *Les formes de justice comme mode de régulation de la famille, questions sociologiques posées par les tribunaux de famille sous la Révolution française*, en, de diversos autores, La famille, La loi, l'Etat. De la Révolution au Code Civil, Paris, Imprimerie Nationale/Centre Georges Pompidou, 1989, pp. 274-291,(especialmente pp. 278 y 279).

B de SOUSA SANTOS, *O Estado e o Direito ...*, art. cit., p.29. Este autor alude a sus investigaciones sobre la nueva administracion de justicia en Cabo Verde tras la independencia de Portugal en 1975.

Previamente habia estudiado el orden juridicocreado por los habitantes de los barrios pobres de Recife, en Brasil.

Ver, respectivamente, R.L ABEL, *Règlement formel et informel des conflits : analyse d'une alternative*, Sociologie du travail, n°1, 1987, pp. 32-50 (pp. 33-34), y K. DAYTON, *The Myth of Alternative Dispute Resolution in the Federal courts*. Iowa Law Review, vol. 76, n°5, pp. 889-957.

En el caso de Espana, tiene interés para estas cuestiones et estudio J.L. GONISEIN, *El respeto a la esfera privada del trabajor*, Madrid , Civitas, 1988.
B. de SOUSA SANTOS, *Law : A Map of Misreading. Toward a Posmodern Conception of Law*, Journal of Law and Society, vol. 14, n°3, 1987, pp. 279-302, (p.287).

B. de SOUSA SANTOS, *O Estado e o direito ..." art. cit., p. 36.*

Ciceron, en su discurso, Pro A. Cluentio, 146, dice que debemos ser esclavos de las leyes para ser libres ("Legum ministri magistratus, legum interpretes judices, legum denique idcirco omnes serui sumus ut liberi esse possimus".) Empleo la edicion catalana bilingüe de J. Vergés, M.T Cicero : Discursos, vol. VIII, Barcelona, Fundacio Bernat Metge, 1962, p. 117).

El formalismo del Estado de Derecho continental es comparado con del derecho angloamericano por R.S SUMMERS, *On Analyzing and Characterizing the General Style of a Legal System as Formal or a Substantive*, Rechtstheorie, n°23, pp. 27-34, (p.33).

Merece la pena recordar un breve trabajo de François Gény, en el que sz referia a estos problemas en relacion con la Constitucion francesa de 1946 ; F. GENY, *De l'inconstitutionnalité des lois et d'autres actes de l'autorité publique et des sanctions qu'elle comporte dans le droit nouveau de la Quatrième République française*, Semaine Juridique, 22 de mayo de 1947, pp. 23-26. Una reflexion reciente la presenta G. BERTI, *Stato di diritto informale*, Rivista trimestrale di diritto publico, 1992, pp. 3-30, (especialmente pp. 18-21).

G. BERTI, articulo citado, p. 4. A este respecto, conviene recordar unas palabras clasicas de A. de TOCQUEVILLE, *De la démocratie en Amérique*. Paris, Garnier-Flammarion, 1981, 2 vols. (la primera edicion de la primera parte de la obra es de 1833, y de la segunda de 1840), vol. I, p.168, "Que le juge attaque directement le principe général, et le détruise sans avoir en vue un cas particulier, il sort du cercle où tous les peuples se sont accordés à l'enfermer : il devient quelque chose de plus utile et de plus important, de plus utile peut-être qu'un magistrat, mais il cesse de représenter le pouvoir judiciaire".

C.S NINO, *Introduccion a la ciencia del derecho*, Barcelona : Ariel, 1987, p.344. Esta linea es la que mi entender sigue R. DWORKIN : Law's Enpire, Cambridge, Mass/Londres, Belknap, 1986. Anado que me parece explicable en el contexto de una cultura juridica acostumbrada al valor de los precedentes judiciales, pero soy algo esceptico en cuanto a sus virtualidades : si los preceptos legales no consiguen estructurar el razonamiento de los jueces, no veo porqué van a lograrlo las directrices de caracter moral o politico.

Ver a este respecto RT. SHINER, *Norm and Nature. The Movements of Legal Thought,* Oxford, Clarendon Press, 1992, pp. 10-11. Shiner parece proponer un debate clasico, en el que parte de la nociones de physis y nomos : ambas tienden a confundirse cuando se otorga fuerza normativa a la costumbre. D.R KELLEY, *The Human Measure. Social Thought in the Western Legal Tradition*, Cambridge, Mass, Harvard University Press, 1990, p.10, ofrece un matiz distinto, ya gue para él nomos se acerca a nuestra concepcion de derecho positivo, en el que la regla aparece como algo distinto de la costumbre, que no es mas que una de sue fuentes.

La experiencia que describe J.J LAVILLA RUBIRA, La participacion publica en el procodimiento de elaboracion de los reglementos en los Estados Unidos de America, Madrid : Servicio de Publicaciones de la Facultad de Derecho de la Universidad Complutense/Civitas, 1991, es muy interesante.

LES TRANSFORMATIONS DU SYSTEME ADMINISTRATIF ESPAGNOL

par

Elisenda MALARET I GARCIA
Université de BARCELONE

INTRODUCTION

A - L'ABSENCE DE DÉBAT SUR LA "RÉGULATION" : essai d'explication

La "régulation" comme théorie ou notion ne constitue pas, en principe l'objet de ce travail. Toutefois, il convient de signaler d'emblée que quelques unes des questions qui sont à l'origine de la réflexion sur la "régulation" sont présentes aussi dans le débat qui anime aujourd'hui le droit administratif espagnol. Certainement, parce qu'elles découlent de la complexité des sociétés contemporaines qui tend à effacer la frontière entre public et privé.

La notion de régulation est utilisée dans le champ juridique sans portée précise ou concrète. Il s'agit d'une expression employée comme équivalent ou synonyme de "réglementation", ce terme n'apparaissant pas doté d'une signification spécifique.

Par contre, dans d'autres domaines, la notion apparaît avec un sens plus net et dans un contexte plus proche des questions se trouvant au centre de la réflexion sur la "régulation" qui se déroule en France. C'est ainsi que, vers la moitié des années quatre-vingt, s'est développé un débat sur la "dérégulation".

Avec cette notion on visait les "entraves" que les pouvoirs publics mettent au développement des forces guidées par les règles du marché. On visait tous les "obstacles" qui, soi disant, empêchent le libre jeu du marché, ne permettant pas "l'autorégulation" à travers cette instance.

Il est certain que plusieurs institutions étaient visées. A mon avis, l'hétérogénéité des techniques et des instruments d'intervention concernés (règlement, autorisation, concession, entreprise publique) rend très difficile le débat dans le champ du droit administratif.

De façon parallèle, et souvent même dans le contexte de la "libéralisation" de la vie économique, la question relative à la qualité des normes a été posée. A ce niveau de discussion - se traduisant postérieurement en décisions des divers gouvernements - les objectifs poursuivis visent la sécurité juridique (article 9 CE). Il s'agit à la fois d'éviter la prolifération des normes - clarté du système normatif - et de garantir l'accomplissement effectif des prescriptions adoptées - qualité des normes -, soit par les citoyens, soit par l'administration.
Ce dernier aspect concernant les moyens personnels, financiers et techniques dont l'administration est pourvue ; il s'agit d'éviter le phénomène des lois "manifeste".

Avant de finir cet aperçu nécessairement rapide, étant donné le contenu de cet exposé, il serait peut-être utile d'apporter quelques rudiments sur l'idée d'Etat et la notion de Droit présentes dans le Droit Administratif Espagnol, au moins dans la doctrine majoritaire. A mon avis, cela peut fournir quelques clés interprétatives sur l'absence de débat au sujet de la "régulation".

La constitution de 1978 définit l'Etat comme social et démocratique de droit (article 1.1). La réception constitutionnelle de cette formule se produit dans un contexte marqué par une conception de l'Etat qui ne répond plus à l'image chère au libéralisme (GARCIA PELAYO). Il n'est pas limité dans ses fonctions et surtout il ne se présente pas comme une instance extérieure à la société, intervenant seulement de façon autoritaire - ou selon les modes caractéristiques de la police -. L'Etat de prestations n'apparaît plus nettement séparé de la Société. L'idée qui parcourt le Droit public est celle d'une interpénétration étroite entre Etat et société (PAREJO), deux sphères auparavant séparées et autorégulées.

C'est peut-être à cause de ce contexte - socio-économique et culturel - que la clause d'Etat social aura rapidement une portée juridique et sera utilisée par le Tribunal Constitutionnel (PERRES ROYO) pour délimiter le contenu des droits constitutionnels à caractère économique et l'étendue de l'intervention administrative.

En revanche, à cÔté de cette image "faible" et de cette représentation de l'Etat où la ligne de démarcation entre public/privé n'est plus tout à fait nette, nous trouvons dans le droit administratif espagnol une vision de l'administration qui répond plutôt au modèle autoritaire (ORTEGA).

A mon avis, l'un des paradoxes du droit public espagnol, surtout si on le compare avec la logique du droit administratif français (CHEVALLIER), réside dans l'absence d'une certaine représentation de l'Etat. Celui-ci n'est pas défini d'une façon claire et précise. Aspect dont l'origine se trouve sûrement dans l'absence de légitimation liée au défaut de Constitution - période du franquisme, mais aussi auparavant -, vu que tel est le contexte où se déroule la période la plus fertile du droit administratif espagnol (à partir de la fin des années cinquante).

Cela explique peut-être la tâche constructive de la doctrine, selon le parangon établi par le développement du droit administratif en Allemagne et en Italie à la fin du XIX et au début du XX ème siècle établissant une claire différence avec le rôle du juge administratif français.

Dépourvue de cette référence et de ce prémisse essentiel dans les périodes initiales et, dans ses étapes de construction, le droit administratif espagnol a pris comme point de repère l'administration (GARCIA DE ENTERRIA, 1960).

Quand, postérieurement l'Etat se légitimera par l'adoption d'une Constitution reconnaissant les droits et les libertés des citoyens et établissant la séparation des pouvoirs, la portée et l'influence de la conception du "rôle normatif de la Constitution" (GARCIA DE ENTERRIA, 1980) effacera la fonction de la notion d'Etat comme proposition de base du raisonnement - comme le processus de constitutionalisation du droit administratif allemand le montre bien (GARCIA DE ENTERRIA, 1992 a) -.

J'estime que la notion d'Etat perd sa valeur dogmatique à partir du moment où l'idée de la normativité de la Constitution l'emporte et déploie toute son effectivité. Le droit administratif se construira à partir des sources constitutionnelles. Et, alors il faut remarquer que la Constitution de 1978 utilise la notion de "pouvoirs publics" au lieu de celle d'Etat quand elle oppose les citoyens au pouvoir en tant que réalités diverses. Ce terme fait référence à une réalité complexe, il englobe un ensemble hétérogène d'institutions pouvant être en quelque sorte rattachées à l'idée d'Etat-communauté et non seulement d'Etat-appareil.

Le droit administratif espagnol s'est construit sur une notion d'administration considérée en tant que sujet - dotée de pouvoirs et prérogatives - et donc, sur une idée d'administration "forte". La structure du droit administratif espagnol prend en considération "la puissance" (PAREJO, 1984), les moyens au détriment du "service public", la mission.

C'est sur une certaine représentation de l'administration que la doctrine a construit tout le système de garantie des individus qui constitue l'un des piliers essentiels du droit administratif. L'autre composante, les prérogatives, étant directement établie par la législation. Aspect qui établit une autre différence avec la construction du droit administratif français.

Le droit administratif a été bâti sur cette image et place le contrôle juridictionnel comme l'élément central. L'administration est régie par des règles spéciales, mais le respect de celles-ci est apprécié non par un juge spécial, mais par un juge ordinaire spécialisé. Cette formule a été consacrée par la Constitution (articles 106 et 117).

La référence à la Constitution ne s'épuise pas dans la caractérisation de la place du juge administratif, puisqu'en déterminant la position respective des pouvoirs publics et des citoyens, elle établit les bases sur lesquelles construire les relations entre administration et particuliers.

Deux autres facteurs conduisent, à mon avis, à une relativisation de la place de l'Etat dans les sources du droit :

a - le polycentrisme dans la production normative, consacré constitutionnellement,

b - le Droit conçu comme un "ordre juridique", ce qui signifie un Droit fondé sur l'idée d'organisation (SANTI ROMANO) et ne reposant pas exclusivement sur la notion d'Etat.

Quant au premier élément, il faut signaler que :

a - les communautés autonomes disposent d'un pouvoir législatif qui, à travers les statuts d'autonomie, dérive directement de la Constitution,

b - les collectivités locales disposent d'un pouvoir normatif propre en tant qu'instances constitutionnellement autonomes, un pouvoir découlant de la loi, mais leurs règlements ne viennent pas seulement en exécution de celle-ci : ils peuvent occuper tout l'espace que la loi permet.

En tout cas, ce travail ne se situera pas à ce niveau de pensée ; j'aimerai plutôt centrer mon exposé sur les principales transformations du système administratif pendant les dernières années et les défis que celles-ci posent au droit administratif. On trouvera là, peut-être, des éléments et des circonstances constamment évoquées dans les autres écrits.

Ainsi, on peut notamment se référer :

a - à la tendance croissante au polycentrisme, soit dans le domaine des sources, soit dans le domaine de l'organisation,

b - à la multiplication et à la diversification des intérêts et parallèlement, à la dilution de la différenciation classique entre intérêt public et intérêt privé,

c - au recul de l'idée de "puissance publique" au bénéfice du partenariat ou des mécanismes qui tendent davantage à l'incitation qu'à l'utilisation de l'autorité,

d - à la primauté du principe de concurrence au détriment de la règle de séparation dans l'attribution des compétences aux diverses instances territoriales.

B - QUELQUES DONNÉES DU CONTEXTE DE CHANGEMENT

L'analyse des questions qui font l'objet de cette communication doit partir nécessairement, puisqu'il s'agit du système juridique espagnol et de son droit administratif, d'une donnée de caractère historique et institutionnel : l'instauration de la démocratie et du nouvel ordre constitutionnel, la redistribution du pouvoir politico-administratif dérivant de la création des communautés autonomes et de la nouvelle configuration autonome des collectivités locales, ainsi que l'adhésion à la Communauté Européenne qui se succèdent en moins de dix ans (Décembre 1978-Janvier 1986).

Ce processus se déroule dans un contexte de profondes transformations du système économique, accélérées par l'alignement institutionnel avec les économies environnantes et par l'ouverture extérieure, dans un contexte international d'intégration croissante.

Ce nouvel ordre juridique et socio-économique impliquera des transformations rapides dans le "modus operandi" des pouvoirs publics, non seulement à cause des nouvelles missions à accomplir par les pouvoirs publics - liées à la configuration sociale de l'Etat -, mais aussi à cause de la nouvelle redistribution des tâches entre l'Etat et le marché.

La rapide transformation de la vie économique obligera l'administration à se munir d'instruments lui permettant une intervention flexible et efficace, capable de prendre en considération le "temps" de l'économie.

Au début, la doctrine s'est principalement occupée des questions relatives à la nécessaire redistribution du pouvoir, des problèmes posés par le partage des compétences entre les différents niveaux.
Maintenant, l'attention commence à se diriger d'une part, vers l'analyse des formes et des instruments d'intervention de l'administration et des organisations administratives non territoriales et, de l'autre, vers l'étude des relations loi-administration-contrôle juridictionnel dans l'actuel environnement. La notion d'acte politique et l'étendue du pouvoir discrétionnaire se situent au centre de ce débat.

L'apparition de nouvelles tâches confiées aux pouvoirs publics s'est traduite par une transformation de la fonction et du contenu de la loi, qui établit des fins et des objectifs plus que des conditions ou des limites. Cela implique corrélativement un rôle différent de l'administration et pose des problèmes vis-à-vis de l'étendue et des limites des pouvoirs du juge administratif - faisant partie dans l'ordonnancement juridique espagnol du pouvoir judiciaire -.

Etant donné les caractéristiques de ce travail, j'essaierai d'exposer synthétiquement quelques éléments de l'évolution des instruments d'intervention de l'Etat dans la vie économique, la transformation des structures administratives particulièrement liées au domaine de l'activité citée et quelques aspects innovateurs du droit administratif espagnol.

I - L'ACTION ECONOMIQUE DE L'ETAT ET SES INSTRUMENTS

A - DISCIPLINE DE L'ACTIVITÉ ÉCONOMIQUE PRIVÉE

Même si la notion de "dérégulation" est très en vogue, l'analyse de la législation espagnole des dernières années (aussi bien que la réglementation communautaire) montre que le mouvement n'est pas unidirectionnel. Puisque, à mon avis, on peut parfaitement affirmer que nous sommes en présence d'une plus grande "régulation" dans certains domaines - protection des consommateurs, environnement et santé - qui touchent et intéressent directement l'activité économique privée.
C'est précisément dans ces secteurs que l'on peut détecter une plus grande transformation de l'intervention administrative.

L'activité de contrôle de l'administration ne se limite plus à délivrer un acte favorable au particulier si celui-ci réunit les conditions préétablies. La législation établit souvent un système complexe d'autorisations (ou d'inscription sur des registres) ne pouvant être délivrées qu'à la suite d'enquêtes préalables ; souvent, ces autorisations ne pouvant être accordées que pour une période limitée, l'administration se voit donc obligée d'en contrôler les conditions imposées (voir par exemple, arrêt de la Cour de J.C.E. du 28 février 1991, affaire C 360/87). Ou bien, la loi établit directement un catalogue de devoirs susceptibles d'impliquer une sanction administrative s'il existe un manquement ; ce système suppose aussi l'attribution à l'administration de pouvoirs d'investigation. La fonction de contrôle exige aujourd'hui un rôle très actif de l'administration, ainsi que la réalisation d'une activité complexe ayant généralement un caractère technique qui s'écarte de la police traditionnelle vouée normalement à la seule constatation de l'existence des conditions juridiques (formelles) établies.

Mais, parallèlement à ce phénomène, on assiste à une "libéralisation" de l'activité économique. Le principe de la liberté d'entreprise inscrit dans notre texte constitutionnel (article 38) a entraîné une transformation de l'encadrement administratif de l'activité économique.

Ainsi, l'autorisation préalable subordonnée à l'existence de circonstances d'ordre exclusivement économique ne constitue plus la règle. La limitation de l'activité économique privée faisant appel à des causes exclusivement économiques tend à disparaître au profit d'une législation qui définit les différentes positions subjectives en présence selon la pluralité de valeurs et de biens juridiques constitutionnels (santé, environnement, défense et protection des consommateurs, protection des biens historiques et artistiques). Ce qui situe l'administration dans une position différente de celle qui traditionnellement dérivait du schéma classique des relations administration/privés marquée par le sceau de l'uni latéralité "pure". Maintenant l'administration apparaît comme arbitre et l'uni latéralité de sa décision se dilue par l'effet de la participation qui vise à obtenir le consensus des destinataires de l'acte.

La liberté économique privée s'inscrit dans un cadre de direction globale de l'économie. On peut signaler aussi quelques éléments de transformation dans les méthodes de gouvernement public de l'économie (MALARET 1991) ; celui-ci s'exerce de plus en plus à travers une combinaison de techniques diverses où l'élément "limitation" s'efface devant le facteur "encouragement".

B - ENTREPRISE PUBLIQUE : service public / activité économique simple

Ces dernières années, on a assisté à un processus de redéfinition du rôle de l'entreprise publique, étroitement lié à la redéfinition du rôle du marché et de l'Etat.

On peut citer, comme éléments explicatifs, deux facteurs d'ordre juridique étroitement liés puisque le deuxième en est une conséquence.

La Constitution espagnole sanctionne la liberté d'entreprise dans le cadre d'une économie de marché (article 38) ; cela implique la reconnaissance du rôle devant être joué par la concurrence dans la vie économique. Mais, il faut immédiatement indiquer que la place qu'occupent la concurrence et le marché n'est pas directement fixée par la Constitution. La loi fondamentale reconnaît le rôle de l'initiative publique dans l'activité économique sans conditionner celle-ci ou la limiter par le principe de subsidiarité (article 128).

L' affirmation du rôle de la concurrence dans le fonctionnement de l'économie a été évidemment accentuée par l'adhésion au T.C.E.E. (voir articles 90 et surtout 3 du projet de l'Union européenne). Comme on le sait, le régime communautaire des "aides publiques" aux activités économiques (articles 92 et suivants du T.C.E.E.) constitue une concrétisation du principe de la concurrence comme critère directeur de l'économie.

La surveillance de la Commission C.E.E. (voir directive sur la transparence des rapports entre l'Etat et les entreprises) et le contrôle juridictionnel de la Cour de Justice C.E. sur les politiques nationales ont non seulement permis la réalisation effective de ce principe ; mais aussi, cette intervention des instances communautaires a sûrement obligé, au-delà de la volonté initiale des signataires du Traité de Rome, à changer les règles de fonctionnement des entreprises publiques pour les adapter aux exigences du marché.

L'acceptation du principe de concurrence oblige à redéfinir la mission de l'entreprise publique et à caractériser avec précision la tâche que celle-ci doit mener à terme (voir par exemple arrêt C.J.C.E. 16 juin 1987, affaire 118/85). Cette opération étant inévitable à partir du moment où le régime juridique est différent en fonction des caractéristiques de l'activité.

On est donc en train de procéder à la délimitation des domaines respectifs de la "logique du service public" et de la "logique du marché ou concurrentielle" (voir par exemple le débat actuellement suscité au niveau communautaire sur les télécommunications, les transports, l'électricité, le gaz, l'eau et la télévision).

La détermination des champs respectifs est spécialement difficile si l'on considère que les activités relevant du service public - au sens strict de la notion - se caractérisent par la similitude qu'elles présentent avec les activités relevant de l'initiative privée. L'aire du service public se trouvant entre les fonctions inhérentes à l'Etat - lesquelles en tant que telles transitent par la voie de l'imperium - et la simple mise à disposition du marché de produits ou des services - laquelle en conséquence est régie par le droit propre aux particuliers. La position des entreprises publiques ainsi que le régime juridique de leur activité sera différent selon le terrain où elles agissent.

Si elles accomplissent une mission spéciale ou de service public (voir les Directives du 28 juin, 29 octobre et 17 septembre 1990 qui reconnaissent la possibilité aux Etats membres de maintenir des droits exclusifs ou spéciaux pour l'établissement et l'exploitation des réseaux publics) les règles de la concurrence peuvent être écartées (articles 77 et 90 T.C.E.E.).

A mon avis, l'état de la question montre la faiblesse du système européen d'articulation des pouvoirs, puisque jusqu'à présent l'initiative dans ce domaine a correspondu aux deux instances pourvues de la légitimité communautaire et dépourvues, par contre, de la légitimité démocratique : la commission et la Cour de Justice. Il faut signaler que c'est un débat encore ouvert, où les considérations d'ordre idéologique et les traditions propres aux différents systèmes socio-économiques jouent un rôle fondamental.

Le nouveau contexte économique et la contrainte européenne ont conduit, en Espagne, à une transformation du cadre juridique de certains secteurs - pétrole, gaz, télécommunications, audiovisuel -. La modification du régime juridique vise à ouvrir à la concurrence certains types d'activités ou catégories de services, mais aussi à établir avec précision le domaine où règne la logique du service public (avec le régime juridique qui est son corollaire).

Ce processus de délimitation est le fondement de la transformation du statut des banques publiques. On a ainsi procédé à la séparation des

activités d'encouragement au développement économique et social des activités ayant un caractère purement bancaire.
L'attribution à des organisations différentes des diverses tâches constitue le moyen utilisé. Parallèlement, le législateur a éliminé les contraintes pesant auparavant sur les activités bancaires en situant les organismes du secteur public dans une position équivalente aux particuliers (règle de la parité de traitement).

La même opération a été réalisée avec le "holding" public qui détenait la plupart des participations dans les entreprises industrielles et commerciales. Ainsi, on a procédé à la séparation des activités guidées par la logique économique "stricto sensu" de celles où prévaut l'objectif de la cohésion économique et sociale et du développement régional. Les premières sont assujetties aux lois de la concurrence et ne peuvent pas disposer d'un traitement différent de celui des établissements privés. Par contre, les autres peuvent bénéficier de l'aide publique (subvention, crédit officiel à des taux d'intérêt privilégiés...).

C'est dans ce même cadre qu'il faut considérer les opérations de privatisation réalisées. Celles-ci ont concerné deux types d'opérations :

a - la vente de quelques entreprises en mains publiques dans certains secteurs non stratégiques ou dans lesquels la dimension conseillée demandait un nouveau propriétaire,

b - la sortie d'une partie du capital en bourse, souvent comme moyen d'obtention de ressources pour effectuer de nouveaux investissements.

II - CHANGEMENTS DE STRUCTURES ET D'ORGANISATION

A - LES DONNÉES

Sans prendre en considération les transformations de l'organisation administrative espagnole qui découlent directement de la Constitution puisqu'elles sont la conséquence de la nouvelle redistribution du pouvoir politique - Communautés autonomes et collectivités locales -, il faut signaler comme principaux éléments innovateurs du point de vue des structures administratives les aspects suivants :

- Création de nouvelles organisations séparées de l'administration étatique, placées hors de sa hiérarchie et de sa tutelle (peut-être "indépendantes", en suivant la terminologie française), et dotées d'un pouvoir de décision propre (une très large autonomie fonctionnelle), ainsi que de pouvoirs forts -réglementaire, investigation et sanction (MALARET 1992)-. Les cas les plus significatifs sont la Banque d'Espagne et la Commission nationale du marché des valeurs.

- Recours croissant aux formules d'organisation de droit privé - société anonyme - pour la réalisation d'activités administratives d'encouragement et de promotion de l'action des particuliers et pour la réalisation de grands travaux d'infrastructure. Ceux-ci étant ensuite effectués par des entreprises privées conformément à des contrats régis par le Code Civil, puisque ceux-ci ne sont plus passés entre une administration et un particulier, mais entre deux sujets de droit privé.

La discipline communautaire des aides étatiques et des marchés publics doit introduire des correctifs à cette "fuite du droit administratif" (MALARET 1993). Il faut signaler qu'il s'agit d'une pratique menée à terme par toutes les administrations: Etat, Communautés autonomes et collectivités locales.

- Création d'organisations (dotées de la personnalité juridique de droit public) ayant comme mission l'exécution de tâches propres et caractéristiques du pouvoir public (investigation, sanction, recouvrement d'impôts, octroi d'autorisations...) et, en tant que telles, soumises à la loi de procédure administrative dans l'exercice des prérogatives de puissance publique ; alors que, par contre, toute l'activité logistique ou instrumentale (les travaux publics, les acquisitions patrimoniales et les relations avec le personnel) sont soumises aux règles de droit privé. Dans ce domaine, il faut remarquer que la création par le législateur de l'Agence d'administration fiscale à laquelle on a transféré toutes les compétences relatives au recouvrement des recettes du ministère de l'économie et des finances pose de nouveau la question du critère du droit administratif.

B - LE CHAMP DU DROIT ADMINISTRATIF

De cette façon, on pourrait peut-être de nouveau reprendre la vieille distinction actes d'autorité/actes de gestion, puisque dans l'ordre juridique espagnol le critère de distribution de compétences entre la juridiction civile et la juridiction administrative repose essentiellement sur le droit appliqué. Or, le problème posé n'est pas exclusivement d'ordre juridictionnel, puisque la question soulevée par la doctrine est de nouveau celle du critère d'application du droit administratif par rapport au droit privé.

Ainsi, maintenant, la doctrine se demande s'il existe une réserve constitutionnelle au profit du droit administratif comme droit propre de l'Administration. Par conséquent, la question est de nouveau celle de définir l'Administration. A cÔté des données que la Constitution fournit - et sur lesquelles opère le tribunal constitutionnel -, la doctrine fait appel à la jurisprudence de la C.J.C.E., les concepts et les modes de raisonnement de la C.J.C.E. pouvant éclairer ce panorama.

Cette jurisprudence étant construite à partir de principes et d'éléments communs aux systèmes juridiques des pays membres, elle est obligée d'opérer avec des catégories générales faisant abstraction des données fournies par les divers droits positifs des Etats membres. En conséquence, comme un effet "boomerang", cette jurisprudence peut ultérieurement apporter des effets positifs dans les droits nationaux à partir desquels elle a été construite.

III - L'ENJEU DU DROIT ADMINISTRATIF

Le droit administratif espagnol actuel est le résultat de deux apports fondamentaux. D'une part, il faut remarquer le rôle d'un ensemble de grandes lois (années cinquante) par lesquelles, à défaut d'une Constitution, on a essayé de discipliner l'Administration : loi de procédure administrative, loi de la juridiction contentieuse-administrative, loi et règlement des contrats administratifs, loi et règlement d'expropriation. Le droit positif a ainsi rempli un rôle beaucoup plus important que dans les autres pays jouissant d'une tradition de "régime administratif".

En deuxième lieu, il faut remarquer la grande contribution de la doctrine (GARCIA DE ENTERRIA et la génération de la "Revista de Administracion Publica") dans la construction du système de garanties, à défaut d'une jurisprudence peu active dans la mission de défense des particuliers face au pouvoir.

Plusieurs facteurs semblent actuellement mettre en cause quelques unes des constructions classiques du Droit administratif. Dans ce nouveau contexte, le rôle de la jurisprudence s'avère plus actif.
Les éléments mettant en cause quelques unes des catégories fondamentales ou la façon dont elles ont été traditionnellement formulées sont les suivants :

a - la croissante tension entre activité formelle et action en marge des schémas et des procédures traditionnelles - activité informelle - (PAREJO 1991),

b - l'importance des accords et des conventions et le déclin de la décision unilatérale exécutoire, même en dehors de l'administration économique,

c - l'importance du processus de prise des décisions et de la participation de tous les destinataires visés par celles-ci, ce qui permet de faire apparaître tous les intérêts en jeu et fournit l'information nécessaire pour l'adoption de la décision correcte - la procédure ne peut plus être considérée comme l'élément formel de l'acte -,

d - le développement de l'activité de prestation et d'incitation se produit en dehors de l'exigence d'habilitation légale et à travers le seul jeu de la prévision budgétaire - ce qui induit une relativisation du principe de compétence comme critère d'attribution des tâches publiques - ; par contre, le nombre de lois comprenant uniquement des règles d'organisation augmente.

Ainsi, les aspects de procédure et d'organisation commencent à occuper une place importante. Au milieu de ce panorama, le contrôle juridictionnel de l'activité de l'Administration devrait s'orienter vers de nouveaux schémas et devrait prendre en considération des éléments jusqu'à présent dépourvus de signification. La jurisprudence a déjà commencé à attribuer un rôle significatif à la procédure, suivant ainsi la voie indiquée par la Constitution (article 105).

Dans cette nouvelle perspective, les principes généraux accomplissent une mission fondamentale : proportionnalité, interdiction de l'arbitraire, protection de la confiance légitime, prohibition du détournement de pouvoir, non discrimination, caractère contradictoire de la procédure, publicité et transparence...

C'est dans ce contexte que s'insèrent les apports du droit naissant de l'administration européenne. Contrairement à notre tradition, il s'agit d'un droit de création jurisprudentielle car l'évolution de l'appareil administratif communautaire s'est faite sans une prévision légale du régime juridique applicable. La façon dont il se construit, en partant des traditions juridiques communes (voir article F du projet de Traité de l'Union européenne), facilite son incorporation postérieure aux droits administratifs nationaux respectifs.

A titre d'exemple, on peut signaler que l'octroi de mesures provisoires par le juge administratif espagnol sur la base exclusive du critère du "fumus bonus iuris" a directement fait appel à la jurisprudence de la C.J.C.E. (A.T.S. de 20/12/1990). Cette idée a été rapidement reprise par la doctrine qui en a souligné les aspects positifs (GARCIA DE ENTERRIA 1992 b).

L'évolution du droit administratif espagnol présente de nombreuses similitudes, des points communs avec les transformations opérées dans les systèmes de droit administratif voisins. Notamment, on doit remarquer l'importance des "bases constitutionnelles" du droit administratif. Et parallèlement, la progressive atténuation de la spécificité du droit administratif par rapport au droit privé.

Ce rapprochement obéit aux lignes qui marquent le développement respectif des deux ordres juridiques. C'est ainsi que l'on assiste au sein du droit privé à l'expansion d'une logique de protection et de garantie des particuliers situés dans une position faible - consommateurs, actionnaires minoritaires, investisseurs individuels... -. Ce processus fait un appel croissant à des règles et des techniques nées au sein du droit administratif, puisque c'est dans ce domaine où le déséquilibre des conditions est apparu en premier lieu. Par contre, dans le champ du droit administratif, le développement des droits de l'homme a conduit à un progressif équilibrage des positions de l'administration et des particuliers ; la parité tend à se substituer à la prérogative.

BIBLIOGRAPHIE

J. CHEVALLIER, "*Changement politique et droit de l'administration*", in *Les usages sociaux du droit*, Paris, PUF, 1989.

E. GARCIA DE ENTERRIA, *Verso un concetto di diritto amministrativo come diritto statutario*, Rev.Trim. D.P. 1960.

E. GARCIA DE ENTERRIA / T.R. FERNANDEZ, *Curso de Derecho Administrativo*, Madrid, ed.Civitas, 1989 (1974, 1ed).

E. GARCIA DE ENTERRIA, "*La Constitucion como norma juridica*", in E. GARCIA DE ENTERRIA / A.PREDIERI (dir), *La Constitucion espanola de 1978*. Estudio sistematico, Madrid, ed.Civitas, 1992.

E. GARCIA DE ENTERRIA, *La batalla por las medidas cautelares, Derecho comunitario europeo y proceso contencioso-administrativo espanol*, Madrid, ed.Civitas, 1992.

E. GARCIA DE ENTERRIA, *El concepto de personalidad juridica en el Derecho publico*, R.A.P., 1992, 129.

M. GARCIA PELAYO, *Las transformaciones del Estado contemporaneo*, Madrid, ed.Alianza, 1977.

E. MALARET GARCIA, *Régimen juridico-administrativo de la reconversion industrial*, Madrid, ed.Civitas, 1991.

E. MALARET GARCIA, *La comision nacional del mercado de valores (una aproximacion a su posicion institucional)*, R.E.D.A., 1992, 76.

E. MALARET GARCIA, *La organizacion de los Jueogos Olimpicos de Barcelona 1992*, Madrid, ed.Civitas, 1993 (sous presse).

S. MARTIN RETORTILLO, *La doctrina del ordenamiento juridico de SANTI ROMANO y algunas de sus aplicaciones en el campo del Derecho Administrativo*, R.A.P., 1962, 39.

L. PAREJO ALFONSO, *El concepto de Derecho Administrativo*, Caracas, ed. Juridica Venezolana, 1984.

L. PAREJO ALFONSO, *Introduccion : el surgimiento, desarrollo y consolidacion del Derecho Administrativo* in L. PAREJO ALFONSO / A. JIMENEZ-BLANCO / L. ORTEGA, *Manual de Drecho Administrativo*, Barcelona, ed.Ariel, 1990.

L. PAREJO ALFONSO, *Crisis y renovacion en el Derecho publico*, Madrid, ed. C.E.C. 1991.

J. PEREZ ROYO, *La doctrina del Tribunal Constitucional sobre el Estado social*, R.E.D.C., 1984, 10.

L. ORTEGA, "*Prologo a la edicion espanola*" du livre de M.S. GIANNINI, *Derecho Administrativo*, Madrid, ed.INAP, 1991.

L. ORTEGA, Prologo a la edicion espanola du livre de M.S. GIANNINI, *El poder publico*. Estados y administraciones publicas, Madrid, ed.Civitas, 1991.

RAPPORT DE SYNTHESE

par

Michel MIAILLE
Professeur à l' Université de Montpellier I
directeur du C.E.R.T.E.

Octobre 1492, Octobre 1992.

Le rapprochement des dates, célébrées longuement cette année, m'autorise une question : le navigateur est parti découvrir les Indes et a découvert tout autre chose qu'il ne pouvait identifier. Sommes-nous également dans cette situation où, partis à la recherche de la régulation, nous découvrons bien d'autres choses dont il nous faudra bien faire l'inventaire et penser les usages possibles.

C' est le fil conducteur de ce rapport qui, pour l'expliciter dès le début, ne respectera pas les règles fondamentales du genre : d'abord celle de l'objectivité d'un rapporteur qui tâche, dans un exercice de style à la fois savant et périlleux de tout dire et de tout classer. Je revendiquerai une certaine subjectivité fondée sur le travail du Centre de recherche qui a préparé ces rencontres et justifiable par la proposition que toute avancée théorique suppose des choix. Ensuite, je ferai de ce rapport moins un moment d'achèvement et de clôture, qu'une invitation au dépassement, à la continuation de ce travail et, si cela est possible, à la production de nouvelles recherches.

L'hypothèse générale qui me paraît résulter de ces deux jours de présentation et de confrontation pourrait se résumer dans l'interrogation suivante : quel usage faisons-nous, ou pouvons-nous faire de la régulation ? Cette question est bien relative à l'existence de cette notion dans nos discours et dans nos pratiques intellectuelles et me paraît dépasser celle de son essence - en tout cas la rend moins intéressante. Si l'on s'interroge de cette manière, on s'aperçoit qu' il y a finalement deux types d'usage de la notion de régulation : un usage que j'appellerai "positif" par lequel le terme employé sert à désigner des mécanismes et à les expliquer; mais il y a aussi un autre usage, plus délicat peut-être, que je nommerai "critique" : la régulation permet alors de révéler certains modes de fonctionnement plus ou moins secrets, de montrer ce qui apparemment ne s'impose pas au regard.

Ce sont ces deux usages que je voudrais caractériser et qui, d'une certaine manière, ont traversé les exposés et les débats de nos rencontres.

I - L' USAGE D'UNE NOTION POSITIVE DE LA RÉGULATION

L'expression de notion "positive" n'a évidemment rien à voir avec un jugement de type moral, où le positif s'oppose au "négatif" : elle voudrait seulement signifier que la régulation est une notion construite pour rendre compte de phénomènes sociaux particuliers et peut-être même, plus largement, d'une logique inédite dans les sociétés de cette fin du XXème siècle.

Les communications qui se sont succédées au cours de ces rencontres ont abordé cette construction à la fois sous l'angle de son élaboration et sous celui des limites qu' une telle proposition théorique manifeste.

1 - Les modalités par lesquelles cette construction a été produite sont multiples et concernent des perspectives d'explication différentes. J'en distinguerai trois qui sont apparues dans les exposés et les débats.

La première utilisation du mot régulation est immédiatement confrontée à l'univers juridique : le mot lui même par sa racine se rattache inévitablement au monde des normes et l'on peut tout de suite se demander ce qu'il apporte de nouveau au vocabulaire juridique et, plus encore, aux explications théoriques du droit. Plusieurs usages sont ici possibles évidemment. Il peut s'agir de désigner une fonction complexe comme celle du Conseil d'Etat qui se trouve par là même unifiée, au-delà des divisions et des approches séparées classiques. Comme M. BRAIBANT et M. STIRN l'ont bien montré, la fonction consultative comme la fonction juridictionnelle de la Haute Assemblée font partie d' un ensemble de procédés et de procédures que l'on peut désigner par le terme unique de régulation[1].

Cette idée de complexité justifie un deuxième usage du mot lorsqu'il s'agit de traiter des situations où différents modes de normativité s'expriment. C'est typiquement le cas pour Mme CHEMILLIER-GENDREAU en droit international où, à côté du droit, des régulations économiques ou politiques participent à l'ordre des Etats et de leurs rapports, même si cet ordre est éminemment discutable. C'est aussi précisément le cas de certaines hypothèses dans les sociétés en voie de développement comme Mme LYRA-TAVARES l'a montré à propos du Brésil : d'ailleurs, le thème du pluralisme juridique s'accorde parfaitement avec celui de la pluralité des régulations que la sociologie découvre, à côté du fonctionnement du droit - et quelquefois même contre ce droit. Ainsi, la régulation permettrait de rendre compte d'un univers juridique particulièrement complexe où divers niveaux normatifs se conjuguent dans un entrelas où les techniques et les acteurs diffèrent - ce qui est spécialement vrai à propos du droit européen dans ses rapports avec les droits nationaux.

Enfin, un troisième usage de la régulation provient de l'intérêt que représente cette notion pour expliquer un fonctionnement social particulier. Le mot tente de désigner un objet particulier : l'ensemble des procédés par lequel s'organise un ordre social permettant la pacification des rapports. Cet impératif est, comme

(1) Depuis ce colloque et en utilisant précisément cette notion de régulation, une thèse sous la direction de J.L AUTIN a été soutenue par L. WEIL, *L'erreur manifeste d'appréciation et le bilan coût-avantage, révélateurs de l'unité fonctionnelle du Conseil d'État*, Université Montpellier I, 1993.

on le comprend, spécialement sollicité dans les moments d'incertitude et de crise, notamment en fin de siècle où les repères les plus habituels semblent disparaître (J. CHEVALLIER).
Ainsi, l'utilisation positive de la notion de régulation peut se comprendre à des niveaux différents et entraîner des conséquences inégales, ayant des ambitions plus limitées dans certaines hypothèses (plutôt descriptives) que dans d'autres (où l'on recherche un effet théorique). C'est précisément dans ce dernier cas qu'apparaissent plus nettement des limites de ces usages.

2 - Les limites d'un usage positif pourraient être nommées "dogmatisme universaliste". Il faut s'expliquer sur ce jugement péremptoire. En posant la régulation comme un véritable concept théorique, on tend à lui donner une valeur générale et abstraite qui prétend rendre compte de situations et de moments pourtant très différents : ainsi se trouvent gommées non seulement les particularités mais surtout les différences réelles affectant la nature des situations traitées.

Cet universalisme paraît bien représentatif d'une image de l'Etat par les technocrates posant l'Etat comme "le grand régulateur", la machine unique et unifiante traitant tous les phénomènes, sans considération de leur spécificité. Cette figure machiniste ravale le droit à n' être qu' un simulacre, un instrument permettant de créer un "consensus mou" à l'égard de la fonction régulatrice posée comme centrale. Plusieurs intervenants ont souligné alors le caractère profondément idéologique de la régulation (J. CHEVALLIER) à cause des fondements implicites qui la soutiennent : conception pacifiée des rapports sociaux grâce aux mécanismes cybernétiques de l'Etat, discours rassurant de reproduction sociale. On comprend que le thème de la régulation ait prospéré à la mesure des "peurs" que suscitent les difficultés de fonctionnement de l'Etat-Providence.

Mais cette abstraction généralisante a une autre limite : celle de dissimuler les acteurs réels dans un système déterminé en mettant l'accent sur le système et sur son mode de fonctionnement. Les interrogations autrefois légitimes sur Qui agit ? ont dû céder la place à celle du Comment agit-on ? Ce n'est pas un simple déplacement d'intérêt : celui-ci est lourd de conséquences. D'abord parce qu' en occultant les acteurs, on fait disparaître les intérêts qui les animent en focalisant l'attention sur les procédures, plus neutres et moins discutables, apparemment du moins. Ensuite par ce que cela donne une légitimation nouvelle à l'idée de reproduction du système, considérée comme une fin en soi : c'est qu'en effet alors, l'attention portée sur les procédures permet de ne pas parler des fins et des valeurs recherchées par les acteurs (Mme CHEMILLIER-GENDREAU). Cette observation paraît particulièrement pertinente à cet auteur dans le domaine du droit international qui, grâce à l'image de la régulation, banalise les effets réels de domination des possédants et oblige les Etats dépendants à supporter le poids de cette domination. "Il n'y a pas d'éthique de la régulation" qui, dans son acception abstraite et générale, veut ainsi évacuer les contenus sociaux et politiques des rapports du monde contemporain.

L'effet majeur qu'induisent ces limites de la régulation consiste à étendre encore plus son usage comme "paradigme" (J.CHEVALLIER). Il faut entendre ici ce terme moins comme une matrice d'hypothèses et de méthodes que comme un terme au contenu plutôt flou, permettant de légitimer une certaine vision du monde. On comprend assez les limites, envisagées d'un point de vue de théoricien - qui sont donc des défauts de la notion - deviennent au contraire des "atouts" d'un point de vue idéologique. C'est cette dérive qui justifie que l'on puisse alors se proposer un autre usage de la régulation.

II - L' USAGE D'UNE NOTION CRITIQUE DE LA RÉGULATION

Il faut d'abord s'entendre sur ce que signifie la critique. Je reprendrai le distinction commode d' un point de vue didactique entre la critique externe et la critique interne que proposent F. OST et M. VAN DE KERCHOVE (Jalons pour une critique du Droit). La première, comme son nom l'indique, aborde un champ déterminé par son extérieur, avec un vocabulaire et des logiques qui lui sont hétérogènes; la seconde au contraire tente de saisir dans la logique même d'un champ ce qui trahit des contradictions ou des inconséquences.

On peut, dans ces conditions, faire jouer à la notion de régulation deux rôles assez différents suivant qu'elle est une arme critique

provenant d'un autre champ que le Droit pour mettre en valeur des phénomènes qui seraient occultés par celui-ci; ou au contraire, la notion peut jouer un rôle intéressant de dé-construction et de révélateur interne des mécanismes juridiques.
Dans les deux cas comme on le voit, la notion de régulation aurait apporté une contribution non négligeable à la connaissance des institutions et des pratiques des sociétés contemporaines.

1 - La régulation comme critique externe au champ juridique est peut-être ce qui frappe le plus le lecteur le moins averti de travaux où la notion est utilisée. C'est peut-être aussi, ce qui a rendu le terme suspect aux juristes : si proche du Droit par son étymologie qui la ramène à régula et à règlement, la régulation s'en éloigne fondamentalement dans la mesure où précisément elle tente de désigner ce que les termes juridiques dissimuleraient dans leur fonctionnement. Dans ces conditions, on pourrait ajouter que cette notion a une fonction polémique et qu'elle ouvre, à nouveau des débats et des enjeux sur la coexistence, la collaboration et la concurrence des sciences sociales entre elles.
Cette collaboration a été présente pendant ces rencontres ce qui n'exclut évidemment pas qu'il y ait des concurrences ou des émulations que suscite ce type de travail pluridisciplinaire.

Deux disciplines s'offrent ainsi à un usage critique de la régulation à l'égard du Droit.
La première est la science politique, non dans une quelconque hiérarchie des sciences mais par la composition des travaux au cours de cette rencontre. C'est aussi à partir de la science politique que le mot de régulation a été utilisé largement depuis les années soixante - ce qui explique la fortune dont il jouit encore et la fonction de "décodage" de l'univers des juristes qu'il assure. On ne peut pas ne pas citer l'exemplaire usage de la régulation à propos de la science administrative (J.L. AUTIN) lorsque P. GREMION propose la notion de "régulation croisée" pour rendre compte des rapports centre périphérie. Cette notion développée à partir des réformes de 1964 a déjà une histoire et se trouve évidemment soumise aujourd' hui à des réévaluations et à des réaménagements (J.P. GAUDIN). Aujourd'hui la régulation a permis de banaliser, au delà de l'image longtemps héritée d'une vision napoléonienne de l'Administration où s'opposent centre et périphérie, une représentation beaucoup plus complexe en termes de réseaux et de stratégies dans la conception et la mise en oeuvre de politiques publiques. Ce qui est certain, en tout cas, c'est que la notion de

régulation malgré, ou plutôt à cause des transformations qu'elle a subies, montre de plus en plus l'écart qui sépare une vision traditionnelle des juristes à l'égard de la société et celle des politistes.
Ces observations ne se limitent pas au domaine de l'Administration : elles concernent plus largement la représentation de l'Etat. Ce dernier, selon la logique compréhensible du constitutionnaliste par exemple, apparaît comme une institution, voire un "sujet" homogène, volontaire et relativement cohérent : or, c'est une toute autre approche à laquelle invite la régulation. L'Etat est la désignation de procédures, d'institutions et de pratiques extrêmement dispersées, hétérogènes et disparates. "Il n'est jamais donné d'avance" (J.P GAUDIN) sinon dans une vue qu'un politiste qualifierait de naïve. Il est le lieu de multiples tâtonnements, d'ajustements microscopiques qui se répondent et s'enchaînent sans qu'il y ait un plan préparé et préconçu, et le siège d'un véritable "polycentrisme" qu'il faut bien traiter comme tel au lieu de céder à la facilité d'un centre unique qui irriguerait une périphérie passive ou seulement imitative (J. LOLIVE).

La deuxième science sociale qui sert de terrain privilégié à la régulation est, bien sûr, l'économie politique. Il n'est pas nécessaire de rappeler longuement que la régulation et sa théorie, si théorie il y a, sont nées dans le champ de l' économie, à partir d'ailleurs de courants forts divers comme le démontre le petit ouvrage très pertinent de BOYER (Robert BOYER, La théorie de la régulation : une analyse critique, Paris 1986).

C'est qu'en effet, la régulation pour les économistes permettait de renouer avec les théories globales, holistes des faits économiques réinsérés dans l'ensemble des phénomènes sociaux - ainsi, par exemple, le rôle de l'Etat et la fonction du droit dans l'organisation de la vie économique. Ce n'est pas l'un des moindres paradoxes que la théorie régulationniste en économie ait des effets-retour sur le droit et le champ politique. L'intérêt de la théorie des économistes est de rappeler, si on avait tendance à l'oublier, que le marché reste le régulateur social par excellence, y compris dans les domaines sociaux qui lui paraissent les plus hostiles. Les interventions de G. DEZEUZE et A. MARCHAND ont bien montré, à propos des associations et leur rôle dans la société moderne, la fonction ambiguë de l'altruisme, du développement et du bénévolat (nés de la philia) lorsque la logique entrepreneuriale se saisit d'elles. La dérive la plus remarquable des associations en

France malgré le maintien du discours "loi de 1901" concernant les associations à but non lucratif, concerne cette insertion dans la logique du marché et dés lors la participation des associations à la régulation notamment pour régler les problèmes de l'emploi ou pour se comporter comme des agents économiques à part entière.

Dans le domaine international, les effets régulatoires du marché sont, peut-être, encore plus sensibles (Mme CHEMILLIER-GENDREAU) dans la mesure où la régulation des rapports internationaux passe par des sociétés supranationales ou transnationales, elle fait apparaître plus violemment le caractère souvent fictif des règles de droit. Elle révèle notamment des tensions d'intérêts et des contradictions fondamentales que le droit international pourrait dissimuler sous un consensus formel.
Bref, dans ces différentes hypothèses, la notion de régulation permet de montrer ce qui, hors du droit, se passe qui produit des effets d'éclaircissement ou de dévoilement sur le monde réel.
Une enquête parallèle, à l'intérieur du droit, apportera d'autres connaissances.

2 - La régulation comme critique interne au champ juridique apparaît plus intéressante et plus difficile. Plus difficile d'abord parce que le terme n' est pas tiré du vocabulaire juridique, même si aujourd'hui il tend à s'y banaliser mais d'ailleurs plus dans les travaux de la doctrine que dans la langue législative ou réglementaire, à quelques exceptions près. (J.L AUTIN). Ainsi il paraît difficile, à priori, de lui faire jouer un rôle critique dans un champ auquel il n'appartiendrait pas, sauf si l'on considère que le mot, absent, représente des réalités présentes dans le droit - peut-être depuis longtemps : c'est ici que perce l'intérêt de son usage.

Dans un premier temps, on pourrait dire que la régulation permet de mieux identifier un objet, l'objet Droit, au moment où celui-ci semble se déliter (J.L AUTIN). En effet, dans la mesure où les grandes institutions juridiques sont secouées par des questionnements fondamentaux, où l'on semble remettre en cause des mécanismes pourtant anciens, où l'on paraît inventer de nouveaux modes d'intervention, la notion de régulation rend compte des différences apparues depuis une trentaine d'années : proches de la société civile sans ignorer le secteur public et l'Etat, les mécanismes régulatoires occuperaient cet "entre-deux" selon des modalités spécifiques (ainsi des autorités administratives indépendantes). L'usage de la notion, ainsi en droit administratif répondrait à ce besoin de dépassement d'une société classiquement analysée sous la dichotomie privé-public ou société civile-Etat. Des indications précieuses ont été apportées par les expériences étrangères (Mme AMMANATI, M. ARBOS, Mme MALARET) spécialement celles qui relèvent du Tiers Monde (Mme de LYRA-TAVARES). Mais dans ce dernier cas, appel est fait à la théorie du pluralisme juridique pour expliquer les diverses situations.

Cette théorie apparaît parallèle puisqu'elle s'efforce de définir des "niveaux différents de juridicité avec des modes d'expression et des procédés d'effectivité spécifiques" : au contraire, la régulation tend à sortir du monde juridique pour développer une explication nuancée où les formes d'édiction comme d'application relèvent plus du sociologique ou du politique que du juridique. La question reste donc en suspens : ce qu'elle apporte, en tout cas, c'est une relativisation des modes de règlement "purement" juridiques.

C'est précisément alors, dans un deuxième temps qu'apparaît une autre voie d'analyse de la régulation dans le droit selon l'expression d'A. JEAMMEAUD : cette autre approche est contradictoire avec la précédente car elle juge que la relativisation du juridique ne rend pas suffisamment compte du jeu interne réel du droit. Cette recherche s'attache minutieusement à analyser comment les règles juridiques et leur usage social conduisent à produire ou à autoriser des stratégies diversifiées. C'est dans le choix, opéré par les acteurs, pour des raisons toujours liées à leurs intérêts, que se manifeste une régulation. Point n'est besoin d'aller la chercher à l'extérieur comme une sorte de contrepoint du droit. La régulation est présente dans le droit, comme un effet des mécanismes propres à l'univers juridique, mécanismes conjugués aux stratégies des acteurs. Se trouvent alors révélées des inégalités et des contradictions qui pourraient alors être véritablement les produits critiques de cet usage de la notion de régulation.
Cette ouverture sur la critique du Droit renouvelle indéniablement la perspective ouverte sur la régulation : celle-ci y est à la fois banalisée (tout le système juridique porte en lui une forme de régulation qui n'est donc pas aussi nouvelle qu' on le croît) et valorisée (puisque "au travers" de la régulation ainsi comprise, c'est toute une explication critique du droit qui s'y trouve en jeu).
Il n'est pas question d'essayer de réconcilier des aspects aussi différents, surtout par une synthèse qui serait factice. Il me paraît plus sain et plus productif de les laisser s'exprimer et, en

reconnaissant cette tension théorique, aller ainsi jusqu' "au bout" de la notion de régulation.

Usages multiples donc et qui, comme annoncé au début, ouvrent des perspectives quelquefois inattendues. Qu'en conclure ?

Peut-être que la notion est avant tout un "paradigme" (J.CHEVALLIER) et il vaudrait la peine de revenir sur ce terme un peu galvaudé aujourd' hui. La relecture du KUHN à propos de "la structure des révolutions scientifiques" nous rappellerait opportunément qu'un paradigme n'est pas une théorie. C'est ici que la distinction serait utile. Le paradigme est un accord à la fois théorique et social sur une manière d'envisager la monde : si le paradigme est riche, il permettra des recherches et ouvrira sur la production des théories. Ainsi, il ne faut pas demander à la régulation ce qu'elle n'est pas.

Un paradigme, en tant que production sociale est nécessairement historique. Il aura permis de produire des images et de suggérer des pistes ce qui, après tout, n' est pas si mal : et puis viendra sa fin.
La fin du paradigme est le signe de son usage, comme un outil qui ne peut plus servir après avoir beaucoup servi. S'il en était ainsi, à propos de la régulation, il faudrait nous demander quel est le nouveau paradigme - ou quels sont les nouveaux paradigmes - du savoir de demain.
Ce sera pour d'autres rencontres que je souhaite aussi fructueuses et amicales que celles que nous venons de vivre.

647598 - Avril 2016
Achevé d'imprimer par

1livre.com
du rêve à la réalité !

Made in the USA
Las Vegas, NV
12 April 2026

45214140R00151